知库

文学与艺术

———

融媒体环境下的
电视节目策划

姜常涵　著

新 华 出 版 社

图书在版编目（CIP）数据

融媒体环境下的电视节目策划 ／ 姜常涵著 . —北京：
新华出版社，2022.8

ISBN 978－7－5166－6589－3

Ⅰ.①融… Ⅱ.①姜… Ⅲ.①电视节目—策划 Ⅳ.
①G222.3

中国版本图书馆 CIP 数据核字（2022）第 228336 号

融媒体环境下的电视节目策划

作　　者：姜常涵

责任编辑：张　谦　　　　　　　　　　**封面设计：**中联华文

出版发行：新华出版社

地　　址：北京石景山区京原路 8 号　　　**邮　　编：**100040

网　　址：http：//www.xinhuapub.com

经　　销：新华书店

购书热线：010-63077122　　　　**中国新闻书店购书热线：**010-63072012

照　　排：中联学林

印　　刷：三河市华东印刷有限公司

成品尺寸：170mm×240mm

印　　张：17.25　　　　　　　　　　**字　　数：**277 千字

版　　次：2023 年 8 月第一版　　　　**印　　次：**2023 年 8 月第一次印刷

书　　号：ISBN 978－7－5166－6589－3

定　　价：95.00 元

图书如有印装问题，请与印刷厂联系调换：010-89587322

目　录
CONTENTS

绪　论

现在经常听到人们谈论：我家电视机几年不开了；我已经很久不看电视了；好看的电视节目太少了——是非偶然、也非暂时，近几年，电视开机率普遍下降，很多电视频道和电视栏目减退了昔日的风光和红火。

但是，隐藏在受众逐渐疏离电视机、电视节目作为半个多世纪的视听娱乐主角沦为配角的尴尬背后的现状是全国数千家电视台正掀起轰轰烈烈的转型运动：大屏与小屏联动的巨变带来电视台由原来的发布平台为主向更多的内容生产为主的转型。在有线光缆和通信运营商 IPTV 的网线竞速占据千家万户以后，互联网上的各类平台出口也由电视媒体最致命的竞争者变身为深度合作对象。

科技的进步赋权受众由被动的媒体传播信息的接收者变为很多发生在受众群体环境之中事件的主动发布者，在这些信息传播过程中，传统媒体由媒介舆论主体变成了再次解读或者补充信息的机构。电视不再作为即时直播反映当下世界的最快速渠道，而是成了一种记录正在发生的转瞬即逝的当下和选择娱乐样态的工具，因为新媒体替代成了第一手信息的获得渠道，电视机构似乎更多转向总结和再现。

面对这种巨变，各家电视台纷纷推出融媒体中心和类似机构，而从业人员也向融媒创作者过渡，电视制作正在探索一次采集、多重分发的全新采编播模式。

就像广播没有因为电视出现而消亡反而借助汽车工业、车联网兴起重现繁荣一样，电视传媒面对多平台、多渠道的分发传播路径，更加萌动了新生动能。随着 5G、AI、AR、4K、8K 等技术大潮扑面而来，一方面吐故纳新让传统媒体焕发生机，另一方面电视节目的基本规律和创新技巧在应对变革时显得愈加重要和富含生命力。

"万变不离其宗"，以受众为中心、为客户服务的理念永恒不变，发挥视听语言在不同平台的可视性和真实感的本质优势，是电视生产者必须坚持的固有原则。

依托于此，电视节目策划有了更丰富的内涵和更广阔的外延。本书就要依据这些需要坚守的原则理念和迎合的创新技术，探索性地结合实践阐述电视节目向全程、全息、全员和全效化传播过程中，电视策划的意义、原则、规律、方法、技巧和分类等问题。

本书第一章以中国传统文化切入，阐释电视策划在融媒体环境下的新变化和必要性；第二章从宏观视角到微观具象，层层剥笋式展开，系统梳理从媒体、频道、运营、栏目到单体节目独到和前沿的策划思维；第三章着眼介绍在融媒体环境里，电视媒体从人员队伍、节目和线索资源、传播渠道几方面如何内外整合、新旧融合；第四章对现在和未来电视节目的形式进行归纳分类，并分析各类节目的策划采制技巧；第五章着墨较多，对作为媒体之本的电视新闻的多种体裁细致探寻其策划精髓，总结普遍和本质规律，预测未来走向；第六章则从融媒体演播室策划设置入手，从与受众的互融性、贴近性、可视性等多角度着眼，既融汇了技术性提炼，也力图绘制实战操作指南；第七章和第八章介绍在融媒体大潮中，媒体如何顺势而为，引入创新的电视栏目串编、前后期拍摄包装等策划思维；承接推陈出新的理念，第九章对当下电视媒体向融媒体转型中的创意策划、拍摄与编辑技巧、编辑素养等条分缕析，以期具有指导价值；第十章阐明电视对上报道和对外宣传的原则和技巧；第十一章从公众服务、决策服务和客户服务三方面，概括融媒环境里，电视媒体如何闯出一条坚持以社会效益为中心，兼顾经济效益的成功运营之路。

本书力图在以下方面为研究者和学习者提供启发：探索电视媒体在融媒环境下，如何学习新媒体依靠大数据分析精准投放内容的供需互动型经验，更加有针对性地整合线索，排列喜好度、分清主次点，合理有序安排资源力量，组织媒体采制、播出和分发内容的思路和方法。广电的固有优势是队伍和资源、权威和专业。着眼广电媒体在新媒体的包围中，怎样扬长避短、化危为机，用新思维避其锋芒，借其利器为我所用，把危机转化为胜机。

如何从电视媒体的融媒体转型所面临的诸多困惑和成功经验方面，总结出更具典型意义和示范效应的理念和做法，也是作者思考的重点。本书结合传播学理论的精华观点和对未来的多维度预测分析，尽力提出更多有价值、有启示的导向性思路，为电视融媒体的深度转型和行业创新发展提供理论和方案支持。

本书的特点：一是形成相对独立完整的融媒环境里的电视策划理论和实践融合的知识体系，从定位、资源、形式、体裁、节目和运营、服务等方面由表及里、由宏观到具体、由内容到形式、由现状到未来形成逻辑严密的表述架构。十一个章节里对诸如电视节目体裁形式、新闻附加值等融媒体领域中几十个概念，笔者精心独到地给出了自己的定义。

特点二是增加了融媒体演播室策划、全媒体语境下的串编思维策划、依托于电视媒体的新媒体节目策划、包括小屏在内的前期拍摄和后期包装策划、适应于大小屏传播的短视频策划等章节，这些实招为电视媒体怎样突破重围、依托本体、借助新媒体渠道和新技术手段出谋划策，把节目制作、运营服务与受众、客户和政府无缝对接，实现电视产品和服务与市场经济的深度融合。

特点三是对融媒报道与电视采访的异同和关联等做出阐述，还对融媒环境下的后期编辑技巧等实操环节做了精确分析。这些实招行之有效，具有实战指导价值。

本书主要是研究归纳国内外媒体在目前和未来在融媒体领域对策划创新的探索，总结提炼出适合中国国情的融媒体环境下电视策划的具体先进做法；引用了最新的电视节目和运营的策划案例，如在新冠肺炎疫情下电视媒体的全媒体、常态化的立体报道；在2021年初发生的山东金矿爆炸事故救援活动，电视媒体借助新媒体传播渠道和拍编传新技术手段，快速、高效地赢得了报道战役的胜利；还介绍了建党百年、新中国成立70周年等一系列从央视到各级电视媒体依靠周密策划、团队作战取得辉煌战绩的经典案例。

另外引入大量具有代表性的电视栏目、作品等视频内容，以增加理论与案例结合易于理解的优势。多数案例由笔者参与策划、主创和审订出稿还集纳精选很多鲜活生动的图片，力求达到文图互动的效果。

第一章　策划的意义和必要性

第一节　什么是电视策划，为什么电视策划是必要的？

电视策划指针对受众需求展开，把以受众为中心作为主旨和第一要务，以为党和政府发声为基本原则和根本出发点，对电视频道、栏目、节目等提前预判、构思、创意的活动和做出技术、人力、物力等软硬件的准备。

电视策划的目的是使节目内容更有针对性和实效性，电视从业者要把乘风化人的理念贯穿其中，永远要牢记初心和使命；同时电视策划是为了使实际操作更有效率，从而节约成本。

电视节目策划不要局限在大屏和传统媒体节目、活动之中，从业者最应具备的是对未来媒体和社会走势的预判和学习，历练顺应时势的策划眼光。对很多学习者而言，将来择业可能选择传统电视媒体，也可能到新媒体工作。今天学习电视策划并非仅仅为了从事电视台的工作，而是学习和掌握电视媒体作为传统强势视听媒体的普遍规律和通用技巧；学习传统是为了扬长避短、取长补短，继承传统优势的同时突破桎梏、补齐短板。

第二节　电视节目需不需要策划？

以视听语言为特色的电视节目策划首先表现为构思。构思为何？看唐朝金昌绪《春怨》一诗：

> 打起黄莺儿，
>
> 莫教枝上啼。
>
> 啼时惊妾梦，
>
> 不得到辽西。

如果要把这首诗歌拍成短片，这时你在脑海中就要形成连续的活动画面，女主人公在家中小憩，院里树上飞来一只黄鹂鸟，啾啾叫个不休；同时要考虑诗歌的背景，女主人公在睡梦中好不容易得遇在跨时空远方——辽西的亲人，好梦却被叽叽喳喳的鸟儿打断，实在又气又恼，出来拾起石子就扔，不过即便黄鹂飞走，好梦依然难续。整首诗歌很有民歌风，作者金昌绪是杭州人，存世唯有这一首诗。但就这唯一一首诗铸就传世精品，这也说明文艺作品不在多而在精。

整首诗歌出现三个主体：一只黄鹂鸟、一位女子，还有幕后梦境中的一个丈夫。短短二十字环环相扣，如同一部短视频，采用倒叙手法，精练而富有画面感。如果拍成一部短片，就需要提前预设各种场面，实际上这就是策划的过程。

再看一首王维的诗歌《山居秋暝》：

> 空山新雨后，天气晚来秋。
>
> 明月松间照，清泉石上流。
>
> 竹喧归浣女，莲动下渔舟。
>
> 随意春芳歇，王孙自可留。

诗佛本人也是一位画家，在诵读这首千古名篇时，你眼前会出现一幅清新愉悦的画面：如果让我们拍摄一条短片，开始的画面出现用广角镜头拍摄的大全景：背景是一座暂时空寂的大山，时间是秋天的薄暮时分。接着切换到中景，这时明月已经升到深深松林的枝头。再切换一个从高到低的摇镜头，林中山石间，潺潺清泉涌流，颇有鸟鸣山更幽的意境，不仅画面很美，声音也有了。接着镜头由近到远，推到松林外的竹林，这时竹径深处传来嘻嘻哈哈的笑闹声，原来一群洗衣女正从莲叶何田田的溪边渔船上下来，互相追打嬉闹着往这边款款走来。

这首诗完全可以用连续的运动镜头拍摄出一个惟妙惟肖、让人心驰神往的散文诗般的短视频，而这酝酿的过程也即策划。

山东电视台《新闻联播》曾经播出过一篇一分半钟的新闻特写：《为你亮着一盏灯》，原文如下：

为你亮着一盏灯
山东台：王文龙　李杨　烟台台：李细亚

【口播】全国公安系统一级英模记录时代楷模张保国先进事迹报告团近日在烟台市宣讲。一个小时的报告会犹如一次深刻的党性锤炼和精神洗礼，一段段感人的故事，一个个震撼的画面，令现场不时爆发出热烈掌声。

【张宝国妻子 李静】原本是全家一起出门，半路他接到警情，二话不说就赶赴现场，把我们母女扔在了荒郊野岭。

【正文】说起丈夫张宝国，李静就忍不住发几句牢骚。2005年3月2号，张宝国处置一批废旧弹药时突发爆炸，看到报警人凝重的表情，李静意识到事情的严重。

【张宝国妻子 李静】他还活着吗？当时我只有一个想法，我可以什么都不要了，只要他活着，只要他活着，我的女儿就有爸爸，我们就还有一个完整的家。

【正文】张宝国最终挺了过来，成了7级伤残。出院第三天，他又走向排爆前线。妻子劝他调离岗位，甚至跟他吵过闹过，但张宝国说排爆能让更多的人安全，这是他义不容辞的使命。

【济南市公安局特警支队排爆中队负责人 张宝国】每次夜里出警，我爱人都会和我一块起床，然后静静坐在沙发里，亮着灯等我回家，我必须活着回来。我更希望千家万户的灯都能等到他们的亲人平安回家。

【正文】从最初的不解到现在的守望，妻子懂得了他的坚守、责任和情怀。每次张宝国出警妻子都会给他留着一盏灯。

【张宝国妻子 李静】排除危险，守住万家平安是宝国的岁月静好；他在、家在，就是我的岁月静好。

这条片子采访报道的是一场英模报告会，也就是说可以单纯报道会议，虽然按照新闻几要素：时间、地点、人物、报告主题、参加人员、引发反响等来拍摄采制一条会议新闻也可以完成任务，但是这条片子充分体现了记者前期策划的功效。因为这是一场排爆英雄的报告会，尽管在一个会场里举行，排爆英雄却有惊心动魄的精彩故事，所以记者对报告人身份事迹、报告内容做了充分的前期了解，提前准备了话筒、三脚架等用于大段拍摄报告现场的设备，并且有意识地抓拍了现场精彩报告片段和台下与会人员的互动反应。

会议新闻有哪些人参加？讲演人是谁？听众是谁？这些都是信息，但不是主要信息，关键是报告的内容和报告引起的反响。整条片子用两个人的同期重点塑造了英模的妻子和她的爱人张宝国相互支撑、家国与共的真挚情怀，极富感染力。

同时在后期剪辑时，整体结构也处处贯穿策划的脉络。一方面出彩的地方是几处同期声的运用：妻子对丈夫的怜惜，对丈夫随时可能牺牲的那种担忧，从她发自内心的表述中，表露出深深的爱。如果没有这几段现场同期声的运用，只用主持人的解说，效果会大打折扣。片子剪辑时先出的是排爆英雄的妻子，并没有让主角本人最早出场，这运用了反向采访报道的手法，即在人物新闻报道中，并不直接引出主角，而是先让与其有关联的人物出场、先讲述与主角主要事迹看似无关的事件，实际起了烘托铺垫、设置悬念的作用。通过妻子动情的诉说，引入受众更加期待的主角。片子后半部分通过张宝国同期的运用，从家庭小爱引出家国大爱，整个短片一气呵成、引人入胜，虽然仅仅一分多钟，却斜枝横生、曲笔通幽，让人动容。

这条新闻中，一方面同期声应用连缀起新闻主体；另一方面，排爆英雄做出视死如归、舍生取义的一瞬间举动，表现其英勇行为的镜头起到了画龙点睛的升华作用。这个从大量资料库里精选出的画面虽然只有短短八秒，但是在妻子提心吊胆的讲述中插入，震撼人心，运用得恰到好处，提升了片子的含金量和收视价值。

片子的题目《为你亮着一盏灯》也非常好，把最打动人心的内容凝结成看似平淡实则深情的七个字。记者提前对受众收视关注点的预判、对整体前后期节目结构的设计、对整个片子多个细节的刻画都显现了策划的力量，从而把一条很普通的新闻素材，做成了于无声处听惊雷的精品佳作。

电视节目制作时，在制订采访计划、拍摄之前就要开始策划，对将要报道拍摄的活动、事件、人物、现场等及早调研、掌握第一手尽可能详细的背景信息，并且不要放过周边相关信息，还要有意识抓取可能出现的细节和故事点，可以设计多套可能的策划预案。在这些基础上，应该周全考虑技术和设备因素，为把预想方案逐步变为现实节目做好软硬件的准备。在拍摄过程中也要随时随地、灵活机动调整策划方案，采取最适合现场的预案。而在后期脚本、稿件写作和剪辑制作过程中，策划意识也必须如影随形，因为后期流程仍然有较大弹性空间可以把灵感、技巧、创意随时加入未成形的节目当中，画龙点睛的妙笔往往在灵光一现中划过脑海，所以抓住瞬间的奇思妙想常常能为一部作品增光添彩。

由此可见，不管是拍电视节目，还是发一个抖音号、头条号或者视频号，抑或信手拍一段短视频，都要注意养成随时构思的策划习惯。

时下的电视节目除了按图索骥，拍摄报道外界发生的内容，还有完全靠策划采制的节目。这类策划优先的节目大多由电视工作者自主创意、选题然后创作，笔者曾经在 2014 年牵头策划过一期所从业电视台成立三十周年的片子。这是脚本：

场景一：（演播室内外）

（男主持人 1）相约 30 年，您见证了无数人的成长，也见证了烟台这座魅力城市的迅猛发展；（女主持人 1）我是幸运的，有您像母亲一样陪伴我走过了十几年的成长之路。我是幸福的，能够跟随您一直从事我最热爱的事业，愿您更加富有活力。（男主持人 2）这些证书里虽然写的是我的名字，但我知道是您的托举让我触碰到了荣誉的花环。

（女主持人 2）9 年前在一个阳光照在草上的春天里，我来到了您的身边，我要把自己全部的青春和理想献给您；（男主持人 3）我工作的第一个 10 年献给了你；（女主持人 3）在这里我遇到了生命中的他。（男主持人 3）今年是我们结婚三周年，（女主持人 3）更是您开播 30 周年，（男主持人 3、女主持人 3 合）真心地希望在下一个 30 年里依然与您心心相印。

场景二：（制作机房）

（女主持人 4）30 年的时光凝聚了无数相知相伴的深情，我把 30 朵鲜花献给您，祝愿您永远绽放夺目的光彩；（女主持人 5）在您眼里我也许只是一株柔弱的小苗，但我愿意在您繁茂枝叶的庇护下经历雨雪风霜。

场景三：（办公室和走廊通道）

（男主持人4）我的礼物是我15年来兢兢业业的播音工作，以及未来对这项工作依旧真诚炽热的心；（女主持人6）身处魅力葡萄酒城，我把这瓶30年的陈酿献给最美的您；（女主持人7）一笔一画间流淌着我对您的祝福，浓浓淡淡的墨色里渗透着我对你的爱恋；（女主持人8）最传统的也是最恒久的。这是我和你一起精心准备给观众朋友爱吃爱看的精神大餐；（女主持人9）八年的时光从记者到主持人，再到今天幸福的准妈妈，您也像母亲一样见证着我的蜕变和成长。（女主持人10）感恩您让我有机会采访了社会各界无数的嘉宾，我选取了部分代表绘成了一本书，这里的每一个字都是我对您无限的热爱和祝福；（男主持人5）事事可道非常道；（男主持人6）是非评说看琪谈（一档电视情景剧节目名称）；（男主持人7）建台30年。

场景四：（从走廊通道进电梯）

（女主持人11和两名小学生主持嘉宾）请把我的歌带回你的家，细细刻画的每一笔，记录着点点滴滴的每一刻，这是您对我的期望，是我对您的感恩。

场景五：（从电梯出来到大厅）

（女主持人12）丰收的果实属于400万烟台农民，也属于您；（男主持人8）哎，我尝尝；（女主持人12）你怎么吃了？（男主持人8）嗯，真甜！（女主持人13）30个春夏秋冬风雨无阻的陪伴，无论时间如何改变，我愿与您一路同行；（女主持人14）我们头一天呱呱坠地，此生最大的幸运就是与您一同成长；（女主持人15）我的青春我的家，愿你永远绽芳华；（男主持人9）广电30年年年创新，（男主持人10）糖果十周年周周精彩（室内情景喜剧栏目名），（男主持人11）电视收视率，月月飘红，（女主持人16）观众朋友们，天天开心；（男主持人12）这些录像带像一级级台阶记录着我16年来向上的步伐，而您就是我最坚实的支撑；（男主持人13）三十功名尘与土，八千里路云和月；（男主持人14）30年我们以茶代酒，敬您豪气冲天，勇往直前；（男主持人14、15合）跟网事干杯（一档电视集纳类节目名）；（女主持人17）是您培养了我，我要用手中的摄像机和所有同事一起记录下影像烟台。

场景六：（大厅中央，几十名主持人合）

三十岁，生日快乐！

这个视频短片四分钟，在一座楼宇内的六个场景用一个长镜头连贯到底，里面出现了 30 多名主持人。实际拍摄的路线长达 200 米，拍摄设备是加了稳定器的单反相机。所谓的"长镜头"经过精心策划：中间由演播室到机房再到办公室，从办公室内到走廊通道，从通道经由电梯再到一楼大厅多个位置变换。因为拍摄时用了相似物体如银色立柱和电梯门作为转场，所以经过后期相似点软接剪辑，在观众眼里好像四分多钟一个镜头到底；而策划者反复演练了几十名主持人的站位，让他们在不同位置自然顺畅地进入镜头，使整个片子在不停移动中出现不同人物和背景，浑然一体而没有穿帮或雕琢的痕迹。另外，诗言志、歌咏言，每位主持人进入镜头时都有道具：有的举一幅画、有的拿一本书、有的放了一摞录像带和证书、还有的捧着当地特产——苹果和葡萄酒……这些提前策划好的道具成为主持人庆祝电视台生日的祝贺词的由头，使代表不同栏目的主持人有的放矢地贴合自身经历深情讲述与电视结缘、相识相知的故事。这种策划因为包括了拍摄主体人物、场景路线、转场方式和道具说词的前期设计和预案，也包含了拍摄的软硬件准备，所以成熟的策划方案一出炉就预示成功了一半。

电视策划大到一个电视媒体的诞生、推出一个二十四小时播出的频道、再细化到一个具体栏目和单体节目，从媒体定位、线索收集、内容采集、节目形式、演播室形态、串编方式、后期包装、客户合作等多方面都需要提前策划。可以讲策划活动贯穿在电视节目的每一个画面和镜头。

综上所述，电视策划涵盖的内容主要包括如下几点：

1. 媒体定位
2. 线索收集
3. 内容采集
4. 节目形式
5. 演播室形态
6. 串编方式
7. 后期包装
8. 客户合作

第二章　电视媒体定位策划

电视媒体是指以电视节目采制播出为主的媒体机构，在新媒体环境下，电视媒体通常以大屏（电视屏幕，下同）为依托，借助新媒体制作和发布渠道，形成大小屏（电视和电脑、智能设备，下同）联动、多媒体传播的融媒体架构。

第一节　电视媒体宏观定位

在中国，中央、省直辖市自治区、地市、县区四级办电视的格局一直没有大的改变，当然一些工矿企业包括高校，二十世纪八九十年代甚至于一些小区也有自己的电视机构，但只限于内部传播，不能大区间和并网传输播放节目。当时有的小区和村里只要买台录像机，收集些录像带，用"大锅"接收电视信号后再把自己的节目插进去，小范围用户的电视机上就接收到自办的电视频道了。目前国内只有公立电视台，而在欧美等国家，往往是公立和私人资本电视机构并存。据国家广播电视总局发布的数据，截至2021年3月，地级以上广播电视播出机构及频道频率名录、教育电视台及频道目录和县级广播电视播出机构名录，共包括399家地级以上广播电视台、35家教育电视台和2107家县级广播电视台。因为近几年媒体融合的改革不断推进，很多广播电视机构已经调整合并为融媒体中心。

国内电视台办台原则是对党和人民负责，以社会主义核心价值观为导向，以人民为中心，以社会效益为主，兼顾市场导向。

与国内电视媒体相对统一的定位不同，国外电视媒体投资来源多元，也在频道设置和栏目编排定位时凸显金主利益。而欧美一些发达国家电视媒体技术肇始更早，模式与国内媒体有着较大的区别。

与国内中央电视台为单一的顶层电视媒体不同，欧美等国不少国家有数家全国电视机构，不仅辟有自己的电视频道，而且制作的节目供给很多城市电视机构。为了打破全国性电视机构的垄断地位，各城市台只能少量引进大型电视机构的节目源，所以本地新闻、信息资讯成为其立台之本。这与我国地市级电视台的办台宗旨有类似之处，与国内省级电视台力拼综艺和电视剧节目则有较大区别，尤其几家财力、影响力超群的上星省级卫视，如湖南台、江苏台、浙江台等，起到了和国外全国性电视机构类似的作用。

全国电视媒体作为党和政府的舆论喉舌，生存模式有一些差别。央视和一些经营效益上佳的省级台、地县级台基本能做到自收自支、尚有盈余；不少经营状况尚可、当地经济条件一般的省级台和地市级台基本能自给自足，但是需要财政支持；而大多数县市区台因为媒体竞争日趋激烈、广告分流严重、缺乏产业支撑等原因，所以需要财政兜底。

电视媒体半事业化半企业化的现状存在日久，随着习近平总书记提出融媒体发展的指导思想，很多电视媒体危中寻机、奋勇改革，正在或者已经走出顺应时代潮流的发展新路。

第二节　电视频道定位

电视节目和广告之间需要相互配合和衔接，有机贯通，如同一个人身手协调、服饰得体方有活力，个性鲜明才有魅力。像湖南卫视又称芒果 TV，主打青春牌，坚持走吸引年轻群体的综艺路线，20 多年间一大批现象级节目不断涌现，从较早的《快乐大本营》《玫瑰之约》到随后的《超级男声》《超级女声》《快乐向前冲》再到《爸爸去哪儿》《我们约会吧》《我是歌手》《中餐厅》《天天向上》等节目，不仅火透了全国、受到以青少年群体为主的受众的热烈追捧，而且引燃了国内上星台的综艺风暴，很多省级台、市级台纷纷跟进，逐步演变出了江苏、浙江、上海等台群雄逐鹿的综艺节目为标签的频道定位；几乎在省级台投入大成本、力推综艺和影视节目的同时代，省级地面频道、城市电视台独辟蹊径，掀起了一条小成本、贴近本地受众的民生节目浪潮。有影响力的板块式民生新闻最早于 2002 年从江苏台城市频道的《南京零距离》和南京电视台的《直播南京》开始，几年间星星之火、迅速燎原，火遍了大江南北，几乎处处可见《＊＊零距离》《直播＊＊》的民生栏目在各城市台和省级地面频道的荧屏上闪现。因为民生新闻的时效性强、贴合度高，素材来源于基层，关切民生疾苦，所以近 20 年来长盛不衰，并且由此催生了各地民生或者与之相关的生活等频道。

一、频道设计

电视频道设计从最初以观众性别、年龄、职业、阶层、教育程度、地域分布等为参考依据实行线性编排，再到以主打栏目为核心的圆圈扩散式编排，现在发展到以观众互动式的三维立体编排，经历着从策划者主观意识主导频道节目内容和形式安排，发展到逐步考虑受众需求的频道设计，再进化到节目提供者与节目接收者双向互动、同向共融的方向。

（一）频道按受众线性分类

线性分类使频道设计按照电视时间顺序线性展开，大众和小众节目互相穿插，各栏目样态丰富，突出频道特异化和贴近性等特点，是最为常规也最为普遍的频道编排策划方式。

频道按受众数量分类，可以概括为：大众节目和小众节目。现在最受欢迎的大众节目形态有：新闻类、娱乐类（含电视剧）；小众节目形态有：三农类、青少类等。和中央台大而全不同，卫视台现在着重在娱乐类节目上下功夫，而省级地面频道则强化娱乐和本地新闻节目，这点和地市台相似，但是城市台更多地要以小众（本地观众）群体为中心做特色节目。

从节目形态分：一是服务党和政府的自办节目，这是必须而且要重点做好的内容；二是民生类节目，因为城市台以此提高收视率，以人民为中心的办台宗旨决定了这类节目成为主流节目样态；三是市场服务类节目，这类节目投入产出比高，充分适应社会主义市场经济的大环境。其中生活服务如少儿、健康、车房等栏目还可以依托栏目进行产业化经营。例如，三孩市场对房地产市场、家政服务等具有拉动作用，频道节目就要围绕这些方面随时改造，跟进研发。还有文艺、体育等各类专业类节目样态。

频道定位务必明确和有独特想法，地方台要突出特异化和贴近性：如省台地面频道变身家庭频道，主打家庭牌，收看电视的单位大多数是家庭成员凑在一起，边聊天边看电视，收视群体是家庭成员，如果媒体创办的电视节目也以家庭为主体内容，很容易引起共鸣。无论从自办节目，像很多电视台自办的家庭生活谈话类节目和寻亲类节目；还是选择电视剧，如《父母爱情》《我们结婚吧》等；或者娱乐类节目，如《爸爸去哪儿了》等，都能引发大家共同的话题，吸引家庭成员的兴趣。

以中央电视台一套 2021 年 1 月 12 日的节目编排为例，先看从凌晨到早上六点时段的安排（新闻重播节目未列入）：

0:27——1:51	《故事里的中国》	专题类
1:51——1:57	《生活提示》	生活类
2:27——2:54	《人与自然》	纪实类
2:54——3:44	《航拍中国》	风光类
3:44——4:29	《开讲啦》	访谈类
5:27——6:00	《人与自然》	纪实类

这个时间段收视率较低，对少数收看节目的受众，往往喜欢一些节奏舒缓的专题纪实类节目。接着看一下上午时段的频道编排：

6:00——8:38	《朝闻天下》	新闻类
8:38——9:28	《生活大参考》	资讯类
9:28——11:54	《大秦赋》三集	影视类
11:54——12:00	《秘境之眼》	纪实类

上午这个时段，6 点到 8 点半早高峰是受众起床吃早餐、准备上班、上学、出行的忙碌时刻，而且过了一夜，国内外有一些新闻发生，这时安排时效性强的新闻栏目和服务性强的生活类栏目就很有针对性，到了半上午，收

看电视的受众以老年人为主，连播多集热播剧很能抓住这部分受众的眼球，提高空闲时段的电视媒体黏合力。再看下午的编排：

12：00——12：36	《新闻三十分》	新闻类
12：36——13：15	《今日说法》	法制类
13：15——15：46	《湾区儿女》三集	影视类
15：46——16：38	《最美的乡村》	纪实类
16：38——18：52	《第一动画乐园》	动画类

在下午时间段里，无疑中午12点到下午1点多钟的午餐休息时段最可能吸引受众收看电视节目，所以创办于1995年的新闻品牌节目《新闻三十分》一直占据这个大众黄金时间节点并长盛不衰。随后的《今日说法》作为一档法制专题也可划归大众节目，有着较好的受众宽容度，也即不区分层次的受众对同档节目都能普遍接受并能投入收看。进入半下午和半上午的时间段类似，很多电视媒体选择连播多集电视剧希望吸引这个时段有时间可能会坐下打开电视机的小众群体。下午4点30分以后小学生和幼儿园孩子开始放学，一直到六七点钟父母从工作岗位回家，这两个多小时常是孩子们最快乐的时光，他们也成为电视媒体的收视主流和最大消费群体，动画片和少儿栏目当仁不让占领了荧屏。

如果说早高峰和午高峰的片段时间算电视频道编排的黄金时段，下面就看看电视媒体一天中的系列钻石时段——晚高峰，这也作为电视行业竞争最为剧烈的主战场被各级电视台重点关注，成为投入人力物力精力财力最高的时间段，当然也是含金量最高即回报率最高的时段。最后看看这个时段线性编排的特点：

19：00——19：30	《新闻联播》	新闻类
19：40——20：01	《焦点访谈》	评论类
20：01——21：52	《跨过鸭绿江》两集	影视类
21：52——22：00	《秘境之眼》	纪实类
22：00——22：30	《晚间新闻》	新闻类
22：35——24：00	《星光大道》	娱乐类

晚间时段，央视的新闻联播作为最早、最权威的国内新闻栏目收视率遥遥领先，创办于20世纪90年代的《焦点访谈》作为新闻评论节目的典范，以其宏阔视角、典范选题也成为业界标杆和受众的热点选项，这一个小时是央视一台的最有代表性、收视率最高的钻石时段，但是如果把随后的电视剧时段比喻成一个战场，那么发生在这个战场上的战役投入兵力、弹药之多、战况之激烈恐怕在国际电视媒体界也极为罕见。而这个战场上最常见的两个"兵种"——日常的电视剧和周末的娱乐节目，在过去数十年争先恐后推陈出新的现象也蔚为奇观。

而城市台一般开设新闻、生活、影视、都市、娱乐、商务、少儿等频道。一些成功的城市台最大特点是频道定位准确，像影视频道利用穿插主持人点评、分析的手法带着观众看电视剧，像济南台《今娱满堂》等娱乐栏目名字很有特色。《有莫说莫》《今晚》则在黄金时段和第二黄金时段开辟地方台的新闻立台的优势。

频道节目线性编排具有条理清晰，受众针对面广的特点，同时按照电视收视的波峰波谷起落规律，把相应栏目依据线性时间分布，是目前电视媒体最为常用的频道编排方式。

（二）围绕主打栏目为核心的圆圈扩散式编排

主流的电视媒体现在当家的编排方式仍以线性编排为主，尽管随着新媒体的潮涌、短视频的兴盛，使传统频道编排策划出现分化，但是仍然在与受众的兴趣点接壤和互动上有较大距离。

山东电视台生活频道曾经尝试过以主打栏目为核心的圆圈扩散式编排。以18:00到19:40一百分钟的《生活帮》为核心栏目，前面是新闻串编栏目《当头炮》（节目来源于和上海台合作的视频中心，上传本台节目，可以下载同等长度的外地视频节目）；后面是《说事拉理》《说闻解字》20分钟，再接着是《让梦想飞》（周一到周五）、《请你原谅我》（周六）、《就你不知道》（周日）；到晚上九点是《生活帮——焦点版》。整个编排把晚间节目支撑起来，不用电视剧。

生活频道自办栏目非常有特色：《生活帮》从2007年创办，一直把食品安全问题作为栏目的支撑点和亮点、焦点，使整档栏目在吸引最大多数观众上讨了一个巧。主打食品安全主题是因为食品安全是每个人都关心的公众话题，谁也离不开，而且中国的食品安全问题很严重，同时大规模的食品制作不是普通人能够了解的，记者有能力进行调查，像崔永元做的转基因食品的纪录片，先不论他的观点准确与否，起码题材是吸引人的、题目是大家关心的。一个频道特别是地方频道，要有这种贴近地方特色的风格和定位。

这个栏目记者分为焦点、深度、现场三个报道组，重视策划，每天都有重磅节目，带动整个栏目，又通过强势栏目带动整个频道，形成生活频道鲜明的形象、独特的品质。

这种以主打栏目为核心的圆圈扩散式编排不仅会吸引一大批忠实的受众粉丝群，而且容易向专业化频道靠拢。

1. 圆圈扩散式频道编排，必须有一档以上的强势栏目。这一档或者几档栏目最好以日播为主，有相应时间长度，以此为核心，再从核心栏目衍生出相关联的其他栏目。节目形式如新闻直播板块、专题、评论栏目或者集纳式栏目甚至剧场类、活动类栏目可以有机联结，在两三个小时的黄金时段里形成收视高峰。这样才能够吸引固定受众群，形成口碑效应。

2. 这种编排方式要定位准确，具有鲜明的选题方向和栏目风格。既可以围绕当下社会热点进行议程设置，选取外来包括新媒体的同类信息、视频，结合本地内容，合理设置中心议题，引导受众的兴趣点和关注点。如选取公共卫生安全议题为一段时间的热点，不仅在核心的主打栏目征集相关线索，对社会不文明现象展开舆论监督类报道，而且与政府部门、行业协会建立沟通，及时发布相关政策法规和公约条文。同时在一段时间内，形成热点讨论，对疾病防控、卫生习惯养成、健康常识普及等展开策划。

3. 灵活策划节目形态，设置新闻、专题、活动、晚会等节目类型。圆圈扩散如同投石入水，中心点要溅起波浪。中心栏目必须有聚焦效应，依靠媒体提前策划、前期预热，在受众群里形成轰动效应，逐渐养成收视习惯。从中心泛起的涟漪，则是指其关联的栏目，如同深度报道的主体、背景、原因、影响和走势，围绕核心栏目，从这些方面策划关联栏目，解决受众意犹未尽的不满足感。让受众在层层递进、由表及里、从内到外、循序渐进的编排结构中看得尽兴过瘾，从而营造收视高潮。

（三）以和客户、观众互动式的三维立体编排的频道设置

三维立体编排体现了媒体、受众和客户三者之间的互动式关系，在节目编排策划中充分考虑三者需求和立场，形成双向沟通交流，更多地让媒体之外的收视主体成为参与频道编排的主角。

结构主义符号学中的固定所指因为解读者的再次建构，呈现出个个不同的能指意涵，这也启发了我们让受众参与编码过程，从而形成双向互动的电视策划思路。三维立体编排要扭转以媒体唱独角戏的主观式编排传统，更多考虑受众和服务的客户的兴趣及利益，甚至把编排权分出一部分赋权给后两者。这种编排方式能更好体现真正看节目人的需求。

网络传输信息方式具有即时性、海量性、多元性、精准性等优于传统媒体的特点，其中交互性可能是其最大优势。面对新媒体平台强势崛起、自媒体占据朋友圈和智能设备小屏传播收视的便利性，电视媒体在未来节目编排中一定要取新媒体之长、补自身所短。在这个过程中，改变媒体从业者的单纯凭自己的喜恶和价值判断来主观设置议程、关门闷头自己编排节目的习惯，到客户和受众群里调查研究他们的想法，听取收看主体人群的心声，认真分析他们对节目的喜好，有的放矢地调整编排策略。

三维立体编排方式也就是要以客户和受众为主体，让他们有充分的发言权和参与机会，如一档新闻资讯栏目，可以通过微信、邮箱、热线等渠道实时听取民意，对一段时间以来受众反映的问题根据热度和集中度排序，可以在底拉字幕或者在节目互动新媒体平台中随时推出，优先采访和播出排在前面的热点焦点题材。

并且，可以更多让受众成为节目表现的主角，充分让受众发声；条件许可时，可以邀请受众走进演播室，和主持人共同录制节目。让受众尽可能参与到电视栏目选题、策划、采访、拍摄、写稿、剪辑、录制、播出等流水线的各个环节，这样才是真正以需求拉动供给、让受众成为创作者。

同时，因为电视媒体还兼具经营性的经济属性，所以客户需求也是必须考虑的策划前提。新上一档节目之前，在调研社会效益多寡的基础上，还要思考它的生存空间和将来的产出效益。在确立节目和频道定位时，把受众利益放在第一位，同时明确服务功能：即在社会主义市场经济环境里，电视媒

体对经济有何拉动和促进作用？如一档三农栏目，它的收视群体包括农民（每个地域还存在粮农、果农、渔民等不同重点人员的区别）、农资生产流通企业和商家、政府相关部门工作人员、农技人员、行业协会等。策划这类频道和栏目既要充分与这些行业的人员接触，听取他们对三农领域目前焦点、地域重点和将来热点的分析和预测，从而有针对性地策划节目类型和频道定位。

国外的影视节目创作已有这种三维立体互动式编排的先例：美剧《纸牌屋》完全以受众喜好编排情节、选取演员和导演，取得巨大成功。电视频道在利用新媒体优势方面，下一步要再创新，如像影视频道的自拍剧，可以通过新媒体或者自媒体平台征集观众意见，完全可以根据观众喜好设计推进情节、选取相应的演员和导演。电视其他各种类型节目下一步也要在这方面探索，这样才能在与新媒体同类节目竞争中扬长补短。

由于电视媒体设备技术的局限，传输方式线性化的特点，在未来设备开发、技术研发中，要把互动需求融入其中。像电视机顶盒现在可以同步存储回放，将来是否可以考虑利用互联网进行更为便利的互动设置。

二、电视频道如何内生竞争力

英国现有 500 多个节目频道可以收看，BBC、ITV 等频道定位明确，观众收看时绝不会混淆，当然里面肯定有各类人群喜欢固定收看的频道。广州台的《烦事有的倾》作为方言节目，带活一个频道，杭州台的《阿六头说新闻》也有这种拉动作用。北方地市级电视台方言节目目前尽管在个别专题节目中有所尝试，但是还没有完全以此为主体形式的节目，将来完全可以创办；有的台把图文频道图像化，有的依靠本地特色资源整合频道。在沿海地区，海洋、农业、旅游等都是具有本土优势的产业，当地电视台可以作为频道改版的突破口。

（一）研究不同的收视群体，精准确定频道定位

从年龄、性别、文化程度等方面。年龄大小，他们看的节目兴趣点不一样：小孩儿爱看动画片，老人喜欢娱乐节目，主妇则偏好美食类栏目。而且收看时间也有不同，小孩子一般是傍晚，老人是白天和晚上九点以前。不同

性别的受众收看的节目也不同：男性更喜爱体育节目，女性更喜欢情感类节目，而且女性喜欢看电视剧的比例很高，她们又是消费主体，一些购物频道和栏目就要特别研究女性受众的收视习惯。文化程度不同的群体也决定了频道定位，如知识分子可能更多收看纪录片、科教、教育频道。从事不同职业的群体在收看电视频道时也有很大不同：农民喜欢包含很多农业技术、农产品信息的农科频道、学生群体更多选择一些文化类、知识类节目居多的电视频道。

笔者参与多次城市电视台频道改版，其中的生活频道设定的定位是"汇聚精彩、乐享生活"，体现当下城乡居民的五彩缤纷的生活现实。设计宣传片时，我们把圆的要素贯通在画面里，32 秒的片子共 14 组镜头，每个画面都有圆的物体，从开始的太极球到篮球、苹果、气球最后是红灯笼，包含了从海滩到山间、从室外到球馆、从城市到乡村、从果园到幼儿园、从孩子跑跳的操场到老人喜气洋洋装饰房屋，跨越六个场景，共有几十位群众出演。既体现了生活的圆满，又涵盖了老中青少各个年龄段、城市乡村不同群体和生产休闲等多个场面。充满暖色调的频道宣传片揭示了频道覆盖的受众层面、节目的制作方向。

在策划影视频道改版时，我们制作的宣传片也恰如其分反映出频道定位：我们选取一对夫妻的卧室一角，前景是一台电视机，主体设计了一年四个季节他们收看影视节目时的喜怒哀乐情绪的变化，季节则通过他们穿戴的服装体现，再搭配欢快俏皮的音乐，映射出这个频道的特点和所吸引受众的广泛性。

（二）大众节目和小众节目恰当穿插，营造收视波峰和波谷

大众节目是指面向的受众群体广泛，没有专门的细分收视指向的节目类型，这类节目受众群体可以各取所需，从中找到各自的兴趣点，受众区分度较低。比如新闻栏目、气象栏目等。小众节目则一般指面向的受众群体相对集中，有专门的细分收视指向的节目类型，这类节目受众区分度较高。像农业技术栏目、棋牌类栏目等。

电视频道往往需要兼顾大众节目和小众节目，调查分析受众收视时间习惯和不同受众群体偏好的节目形态、表现形式，尽量精确策划大众和小众节

目的时长、体裁，合理安排播出的时段，设置前后栏目的衔接结构，使不同类型的节目以最合理的方式出现在最能拉动收视率的位置。

一个电视频道不论全天候播出，或是间歇式播出，都很难做到每分每秒都有高潮和亮点。借用潮汐的波浪式起伏规律来表述，如果把每天二十四小时划分为波浪式曲线，那么有可能拉动收视率的精品节目要根据其面向的受众群，分布在相对最佳的时段，而一般不要集中在一个时间区域内。这样更容易打造频道的整体品牌，也能把不同受众群尽可能吸附于频道中。

要营造频道的波峰，可以在设想的时段安排收视率高的大众节目，如新闻栏目、天气预报、早晚交通信息等；波谷时段，策划者可以针对其间可能会收看节目的最大受众群或者特定群体，设置一些个性化强的小众节目，以拉高收视率和市场到达率，像少儿节目、烹饪节目、竞技类节目等。

波峰和波谷并非是衡量节目质量高低的指标，所谓的垃圾时段有时合理开发，也会有良好的表现，因为这样的时段常常竞争对手相对要少。如果经常引入一些直播类、时效性强的节目，并加强预告频次，还可能引燃出乎意料的收视热点。

相反在公认的黄金时段，绝大多数媒体会集中人力、资源力图攻占收视制高点，反而竞争最为剧烈。很多卫视台力拼晚间黄金档、周末节庆娱乐档，花大价钱购置电视剧、组建娱乐制作团队、邀请知名演艺明星，也许会收到奇效，但也经常事倍功半，造成巨大的财政支出，成本压力沉重。

一段时期以来，类似于"伪娘"现象等不健康价值观的传播，对青少年不啻于精神鸦片。有关部门对饭圈的出手整治、国家广播电视总局出台规定停办明星养成节目等举措，对整个媒体定位和频道设置产生了深远的影响。

怎样顺应国家大政、细分受众群体、调研客户组成，是目前很多电视媒体需要花大力气解决的当务之急。频道定位要准确，栏目设置必须以受众为中心、时刻为客户考虑，要开门办节目。

（三）研究编排技巧，形成错落有致的频道结构

1. 根据时段不同，配置不同形式的栏目：晚间黄金时段是最大多数受众集中收视的高峰期，这几个小时每档节目时长不宜过长，要针对不同受众群适当多安排形式多样的节目样态：新闻、资讯、专题、娱乐、影视剧等栏目

可以交错安排；早间节目考虑上班族匆忙、节奏快的特点，适当多播出交通类、天气类信息，新闻类型以快速、密集的消息、短消息为主，评论类、专题类、纪实类节目则适合在其他受众比较休闲的时间播出；而在以退休人群等老年受众为主体的上午和下午则以播放多集纪实类节目或者剧集为主。

2. 节目周播和日播：周播节目不易形成收视高点，但是容易吸引小众群体，所以要加强预告的次数，像《舌尖上的中国》等纪录片、世界杯等重大体育赛事；日播节目主要是大众类节目，如新闻、资讯类节目，一定要相对固定播出时间，轻易不要改变播出时段、时长和频道位置，因为受众收视习惯养成需要培育较长时间，所以一旦改变很容易造成受众不满甚至流失。

3. 节目形式的丰富性和贴近性：栏目定位不同，会使不同节目具有活泼生动和稳重深沉等不同风格，不同风格节目要考虑受众需求，对不同人群采用易于被接受的形式。应该发挥电视媒体生动形象的多元化表达特长，声画结合、寓教于乐。像文化类节目《百家讲坛》传播的是多种多样的历史人文知识，如果照本宣科，就不适合电视播出。而这档节目之所以能取得成功，不仅在于讲者活灵活现的生活化语言和抑扬顿挫评书似的传播形式，还在于历史资源与视听语言的较好融合。电视媒体从业人员要有丰富的文化内涵和接地气的娱乐精神，在频道策划和具体栏目设置时，随时把发扬电视多元化传播优势的理念贯彻其中。

4. 首播和重播时间和频道的编排技巧：电视栏目经常要多次播出，而在什么频道播出先要考虑频道的整体定位，在什么时间首播和重播必须研究收视受众的习惯。新闻节目作为大众类节目往往在新闻频道和主频道固定时段首播，重播时间一般要间隔一个小时以上，既可以在同频道也可在其他频道不同时段重播，因为新闻的时效性强，所以重播时可以适当增减新旧内容。再如"三农"类节目以农村受众为主，要考虑每个地方每个季节的农时，尽量安排到每日的非农忙时间首播，重播时如果在早间，夏日就要早于冬季，因为农民往往在夏季很早出工劳作。也可选择正午、黄昏时段，而要避开其他农忙时间。农人晚上休息时间要比城市居民早一些，晚间重播时段就不宜太晚。

三、电视频道运营策略

目前国内电视媒体运营包括多种方式。传统媒体依托自身频道、节目吸引广告，还有的通过与客户合作举办活动等增加创收，这是最为普遍的营收渠道；一些先行一步的电视媒体进行市场化运作，有的依托自身媒体优势，进行节目深度开发，形成现象级节目形态，把优质节目对外发售，或者向外衍生其他影视文化类节目，走向更大的市场；也有成功探索频道和栏目形态后，梳理出流水线式的电视节目运营模式，走出本土，把已经试验成功的节目开发和人员队伍模式对外智力输出；也有的借助广电的人脉、宣传优势，利用天时地利人和等机会，大举开拓与主业关联性不强的市场化领域，并取得成果；少数较为领先的媒体尝试资本化运作，拥有了上市公司，形成了媒体与资本的有机融合，赢得了更为广阔的发展空间。

在社会主义市场经济走向成熟的当下，传统媒体面临更多来自自身体制约束和外界竞争压力的多重挑战，有的起步晚、变身慢，失去先机，依靠自身市场运营养活不了自己，需要当地财政支持。

怎样依托主业、不忘根本，在市场大潮中寻找运营机会，更好为自身造血，这是电视频道面临的普遍问题。

（一）节目与广告的关系与设置

中外电视机构因为资本支持和从属关系的很大区别，使频道设置也千差万别。对受众而言最典型的表现在收费不收费，从频道内容上体现为有没有商业广告。国外频道有的纯粹以节目内容为受众付费收看的对象，基本没有商业广告的出现，但是更多的电视频道为免费收看，电视机构以政府支持和资本运营为生存发展基础，商业广告和泛宣传广告成为电视媒体的经济主要来源之一。

国内的电视媒体同样如此，当然也有诸如财政拨款即公益一类事业单位和差额拨款即公益二类事业单位的现象，在地市和县区级电视媒体中广泛存在。

很多电视媒体尤其经济较为发达地区的媒体，多以独立经营，最初的商业广告和泛宣传类广告经营一直作为创收主渠道，至今仍旧发挥很大的经济主体作用。所以在频道设置中，除了以社会效益为主，发挥党和政府舆论主阵地的关键使命以外，如何为广告营收服务的策划意识要时时渗透在频道设置、节目编排、栏目定位和时段安排之中。

目前，国家广播电视总局对电视频道正常节目与广告时长的比例做出具体量化规定，以期减少广告泛滥，广告插播电视剧的痼疾。另外，国家市场监督管理总局对诸如受众反应日久而强烈的医疗保健品广告等做出严格规定，这也对电视频道设置产生较大影响。同时宣传主管部门通过增加公益广告投放等手段优化电视频道公众品牌形象。

现在广播电视媒体硬广告比例较 10 年、20 年前大为减少，当然与新媒体风生水起分流商业推广的总盘子有主要关系，电视媒体自身属性决定的推广到达率、企业评价效果不易明确也降低了电视硬广告的吸纳能力。

电视兴起和繁荣的二十世纪八九十年代，资源稀缺使线性的有限广告时段价值倍升，媒体分出各种黄金和非黄金时段，明码标价、坐收其成。这时的硬广告从拍摄制作和播出一般以秒为单位，几十秒的广告价值不菲，而后又推出冠名、角标、字幕、背板等各种形式，电视荧屏与商业企业连接非常紧密，也对经济发展起到了促进作用，尤其品牌栏目的从属时段更经常被各类广告见缝插针。

与此同时，出现了购物频道，直接以卖货为主，使电视媒体的商业味日渐浓厚。软广告的兴起与受众的接受度有关：一种是利用优势品牌栏目直接变化角度宣传企业或者企业的产品和服务，以树立品牌形象为主；二是推出晚会、竞赛和公益活动等，搭船出海，在丰富电视荧屏内容的同时，把需要推广的企业商家植入其中，以直接或者间接方式推广。

与电视频道内容细分受众市场类似，电视频道运营也必须对受众市场做精细化调研。根据市场需求策划自身运营活动，同时也要超前研究未来市场走向，结合自己的优势谋划节目和运营策略，以有效供给引导受众市场的消费走向。如三孩市场的未来空间广阔，据调查，中国家长 20% 到 40% 的日常消费用于孩子的身体、特长和智力培养，这个市场以及预期市场前景极为广阔。围绕孩子和家长、亲属（一个孩子至少会与父母、祖父母、外祖父母等三个以上家庭保持密切联系），不仅可以在少儿电视节目上保持和推动创新型开发，而且可以举办晚会类、益智类、养育类、成长类等名目繁多的大活动，同时幼儿成长、少儿培训、父母辅导等市场空间非常巨大，以本体栏目为核心，向外围衍生包括与社会机构合作或者独立进行产业化经营等多样态的运营模式。随着互联网技术的飞速发展，大小屏此消彼长，电视硬广告日渐萧条，像活动宣传、联办联展等软广告形态不断涌现，已经逐渐占据电视频道运营收入的较大份额。

随着网络技术的日新月异和新媒体传播平台的日渐丰富，电视媒体在大屏基础上，联动中小屏，发挥电视融媒体矩阵的集团效应，以电视媒体为依托的融媒体推广成为电视频道运营的主导形式。一是分类宣传，利用统一的广告推广，针对不同产品和服务用一到多个融媒体平台单独或者联动宣传；二是以强势栏目为中心，阵地化定点宣传。

像目前方兴未艾的电商直播带货活动，最大的特点是充分运用视频传播手段，借助视频传播平台与商品营销结合，以多元化、形象化视频画面通过互联网技术实时与受众互动，以期在传播互动过程中，把受众尽快转化为用户。它脱胎于电视直播购物，只不过电视购物运用的互动手段和即时下单方式不如前者便捷。在传统电视媒体与大数据和智能化技术日渐融合的当下，如何把传统媒体优势与互联网技术更好结合，已经成为传媒界研究未来频道走向特别是频道运营趋势的重点领域。

目前不少电视等传统媒体的农业频道和"三农"栏目，已经试水电商行业。有的直接与农产品原产地和经销商联合，通过电视与视频直播平台互动，把电视大屏与手机和 PC 端小中屏打通，三屏同步带货。既可以选择在电视演播室，也能在产地或者工厂的第一现场，出镜的主持人一般由专业主持人和网红电商、农民、销售人员、村镇干部等一起联袂担任。直播活动信号可以推流到电视、公众号、平台 App、网络链接等若干终端出口，并且可以借助传统电视栏目提前多次预告预热，直播活动结束后，还可以继续通过多个出口回顾总结，提炼成短视频反复推送，把影响力做到最大。

（二）因人设岗的无奈和改变

广电媒体从无到有，从 20 世纪 30 年代英国广播公司建成世界第一座电视台，到 20 多年后的 1958 年北京电视台（中央电视台前身）成立，特别进入 20 世纪 80 年代，国内各级电视台如雨后春笋纷纷开播，国内电视行业进入黄金发展期。

电视作为当年的光电技术引发的新媒体，历经半个多世纪的飞速发展，已经在新兴网络媒体的后浪推动下，有些被动地被归类于传统媒体。加拿大传播学家马歇尔·麦克卢汉当初提出的地球村概念已经变为现实，而他总结的媒介即信息理论也从设想越来越得到超新媒体的验证，受众不仅受制于信息的影响，而且深深受到媒介形式的左右，受众接受外界信息的方式往往取决于他们选择专好的传播平台和表达方式，信息的重要程度和覆盖广度反而被放在了次要地位，娱乐化倾向也被专好的传播平台和表达方式所定义。

在电视媒体从无到有、从小到大的演变过程中，如同印刷业、平面媒体、广播、PC端等同被归于传统媒体的媒介类似，从弱到强、盛极而衰的规律一再出现，因为新型媒介快速被社会和受众接受并喜爱，在单一受众日常时间有限性的条件下，必然把相对固定的注意力分配给更为喜闻乐见和新潮的媒体。电视媒体面临的竞争从过去的同业操戈、同行较量变为与拥有实时性、海量信息的新媒体同台争抢，不仅固有的形象生动的优势已经不明显，而在互动性和便捷性等方面也愈加拉开了被动的距离。在四面楚歌的环境里，广电媒体在社会影响力和经营能力等方面开始弱化。

广电媒体作为事业单位的设置，人才引进、新人进入的门槛比较严格，由此也积聚了强大、齐全的员工队伍；而正规编制与社会聘任的双重用人模式存在着灵活吸引各岗位工作人员，增强流动性的好处，却也有双重身份差异，同工不同酬，对聘用人员无法更为有效使用的弊端。几十年过去，新人变成老人，而沿袭的体制没有多大改变，造成了聘用制优秀人才加速流失、正式员工竞争力降低的局面，而新进员工由于整个行业需求的减少而受到限制，缺乏新鲜血液供给，导致人员逐步老化、岗位工作和分配苦乐不均的危险局面。

在行业面临挤压的窘迫环境中，广电行业必须因时而动，对内改革增效、对外开放融合。现有体制一时无法破局，就必须最大限度利用现有人员队伍，合理整合增减岗位，扬长避短，充分调动员工积极性。对双重身份的改革是当务之急，怎样留住优秀能干的熟练骨干聘用员工，从升迁、待遇和未来的归宿等方面，灵活出台新的政策和措施，打破正式员工能进不能出、能上不能下，聘用员工使用中的瓶颈限制，这样才能保持和增添电视频道蓬勃旺盛的活力和动力。

（三）引进节目，社会化运作

制播分离很早就在国内的广电行业被提出来，最早是影视剧和娱乐综艺节目的试水，随后大量的科教、谈话专题类节目也加入其中，使国内电视频道的内容大为丰富。这也极大地刺激了社会影视制作公司的兴起。与此同时，优质节目抢夺战战火燃起，尤其在一线卫视，加码抢剧使电视剧市场异常红火，也抬高了电视频道的节目购置成本。全国若干家电视媒体负责节目采购和投资的负责人和相关工作人员在经济领域的违法犯罪行为也由此而生，所以规范整治这些领域的乱象、堵塞可能和隐藏的漏洞也是发展道路上的必要举措。

除了这种购销关系，在各级电视机构普遍存在的节目交换或者联制联播，因为成本较低，而且可以在不同收视群体的地区首播，所以这些交换节目一直是很多运营财力不足的电视频道的选择之一。

但是，随着对优质节目竞买加剧，无形中提高成本，导致电视频道为收回成本而加大广告插播量，又因为优质节目的稀缺性，制作方为增加收益竞价卖出或者一剧多卖、多轮销售的情况非常普遍。很多电视媒体同时或者先后购置，纷纷抢滩播出，实力不够的就随后播出、反复播出。一段时间以来，打开电视机同一部剧目在多个频道播出的现象屡见不鲜，深受诟病。其他电视节目也多少存在此类问题。因此造成受众对整个电视媒体的不满，日积月累，演变为收视率的不升反降。这种短期火爆背后隐藏的却是恶性竞争下的恶性循环。

近些年来，社会影视制作公司大量涌现，他们体量不一定大，很多有精干的前后期编摄采专业人员，一部分从电视媒体转行，具备较为成熟的制作理念和经验。针对市场空缺和受众需求，无论从美食纪录片创作，还是公众号、快抖、视频号、直播等新媒体等推广，这些公司都运作得风生水起，不仅受到广告商家欢迎，很多制作精良的片子推向社会，也被受众追捧，成为影视业发展的重要且具非凡潜力的力量，先后涌现出如李子柒、日食客、二更、一条、三只羊等视频内容制作团队。

四、实践经验

在国内地方电视台，频道数量和呼号由国家广播电视管理部门审批确定，大多数地方电视台从一个到多个频道不等。而频道的定位就很重要，既要本着服务当地经济社会、以民生为中心的原则，又要体现地域和民族特色，在社会价值和经济效益两个方面统筹考虑。

2015 年，烟台广播电视台四个频道全新改版，我参与主抓几个频道的定位。最后经过缜密广泛征求各界观众意见，确定了总的电视台宣传语：其一是情暖山海间，引领"心"方向。烟台电视台；其二为新视野、新境界、新跨越。烟台电视台。

新闻立台的理念为绝大多数电视媒体接受，像央视就有专门的新闻频道，而在一套节目中，又有每晚 19:00 和 22:00 雷打不动播出的《新闻联播》和《晚间新闻》以及《焦点访谈》等评论类栏目，绝对称得上频道的几颗明珠，也是点缀频道的铭牌。

烟台电视频道为四个，作为地方电视台，新闻综合频道必不可少。新闻综合顾名思义是采用以新闻为中心，同时兼顾电视剧、专题栏目等综合性节目的编排结构。2015 年改版，确定的新闻综合频道定位：家国情，时代潮。家国体现本地与全国是有机统一体，这个频道从最贴近每个人的家庭细胞为出发点，每档节目由小映大，扎根要深，眼界要高，用每条新闻反映大政方针、展现家国情怀；而时代潮则既体现时间线性流动、又一语双关、富含沿海城市的特色。

很多城市电视台，民生频道是仅次于新闻频道的标配，自 2003 年从南到北的民生新闻大潮席卷全国省级和地县区几级电视台，从最开始的《＊＊零距离》《直播＊＊》等名字类同、定位更为类似的民生栏目，逐步扩展壮大到民生频道，以人民为中心、以民为本的思想渗透到电视频道的设置中。民生栏目和频道的风生水起，不但带火了电视收视率，而且使地方电视频道在央视、省台的强势挤压下，第一次有了主动权。百姓身边事对普通观众来说不亚于国家大事，从关乎民众切身利益的地方法规政策到触及万户千家的水电气暖，甚至家长里短、针头线脑，因为地域贴近，所以心理认同。从一档十几分钟的栏目不停扩版到一两个小时的民生节目版块，从新闻资讯到专题评论，电视媒体放开了手脚、降下了身段；开阔了视野、放低下镜头的电视人，终于发现民生百姓事是电视频道的第一富矿。

我参与创办的电视民生新闻版块栏目《新闻直通车》最开始与当地时政新闻融合一体，设置在新闻综合频道，后来把时政新闻和新闻评论节目保留在新闻综合频道，这借鉴了央视综合频道的编排方法。而以另外多档纯民生栏目为核心设立民生资讯频道，这也是民生节目兴旺十余年后的必然发展趋势。民生大视角、资讯零距离，这是民生资讯频道的宣传语，充分体现了电视民生节目的广博性、贴近性和服务功能。

电视作为声音和活动画面的结合体，娱乐功能无疑是其最大卖点。众多电视媒体的娱乐节目五花八门，尤其以省级电视台为盛。国内省台几大花旦：

湖南、浙江、江苏、上海、北京等台，现象级娱乐节目层出不穷。从最初的纯以娱乐搞笑为主，到国家广播电视管理部门强令限娱后寓教于乐、弘扬社会正能量的创新娱乐节目，中国的此类节目从一味模仿到追求创意，已经走出了自身的发展之路。娱乐与生活如影随形。汇聚精彩、乐享生活，生活娱乐频道也是很多电视台策划频道设置的重点，另外电视剧频道、青少频道、都市频道等因为大众趣味集中也常常成为电视媒体的频道标配。

在未来电视频道的发展转型中，精办、巧办定位准确的小众频道也是方向之一。在我国，现在频道细分化已经开始，央视和省台十多年来创办了很多分领域、分行业的特色频道，如央视的风云足球、音乐频道，省市级台的收藏频道、钓鱼频道、家居频道、考试频道、出行频道等。受众遥控在手，可以各取所需，但是目前国内专业频道普遍投入不足，节目不够精良，还处于爬坡阶段，需要走很长一段路。地方台也创办了一些富有地域特色的频道，如有的沿海城市开办海洋频道、内陆地方台兴办专业化"三农"频道等。

受益于4K、8K技术日新月异的更新迭代，大屏和超大屏赏心悦目、极致视听体验的优势远超PC端，遑论智能设备的小小屏幕，车联网时代快速飞奔而来更为电视媒体的再次兴盛带来契机。在技术浪潮裹挟之下，电视频道创新的特色化必将重新聚拢受众、回归大屏。

第三节　电视栏目定位

品牌强，电视兴。在传统媒体包括电视台面临新媒体冲击的当下，依靠贴近生活、扎根基层、直指人心、喜闻乐见的品牌节目，仍是电视媒体的生存和繁盛之道。

一个电视栏目要明晰办给谁看？中央电视台的《新闻联播》《焦点访谈》《新闻调查》《新闻直播间》等新闻类节目以其信息的权威性、重要性、全面性、时效性能够牢牢占据电视新闻的龙头老大的地位；中央体育频道的《足球之夜》、财经频道的《回家吃饭》等则依靠鲜明的个性特色受到小众观众的喜爱；《百家讲坛》《中国诗词大会》则以通俗易懂、趣味横生的贴近性把阳春白雪的文化历史知识搬上了荧屏，吸粉无数；上海电视台的《欢乐喜剧人》

以南北西东各地的小品、相声、默剧等节目吸引了大量爱好喜剧元素的电视受众；还有湖南台的《快乐大本营》、江苏卫视的《非诚勿扰》对某一特定群体具有独特的魅力。

2005 年我参与创办了我所在的广播电视台电视版块式大型直播栏目《新闻直通车》。经过初始的多次策划，在这辆新闻动车组里，装入了《社会广角》《资讯平台》《时政新闻》《聊摘》等子栏目。

服务民生的定位：《聊摘》定位生活服务类，着眼于对大众百姓普遍面临的现实问题和心理状态的关照；《资讯平台》定位生活提醒类，立足于对人民群众生产生活细节和疑惑的调查和呈现。实际上，对观众日常生活（如健康、教育、消费等）、工作和经营等各方面的引导和指导作用能够集中发挥电视节目的服务功能，在市场经济高速发展的今天，这仍具有重要的价值。节目开办十多年来，整档节目充分体现了民生主题，居高不下的收视率和市场占有率也充分说明了观众对这种功能的喜爱和赞赏。

而其中的子栏目《社会广角》忠实记录本地城市和乡村居民的原生态生存状况，第一时间挖掘普通人群中的不平凡或者具有共鸣性的具有新闻价值的事件、现象和人物，反映他们日常的具有代表意义的喜怒哀乐，既表现平凡群体的善行义举、功德爱心，又尽可能表现他们在日常生活中遇到的矛盾纠纷、困难烦恼，用电视荧屏通达上下左右的桥梁渠道作用，帮助百姓解决问题和倾诉心声。另外，这档节目极力捕捉社会发展变化的澎湃脉搏和个体人性的动人旋律，通过电视节目展现还原一个时代的本色。

2007 年 8 月 10 日，《新闻直通车》创造了本地有史以来最高的收视率纪录。据央视索福瑞收视率调查，当晚最高点的收视率达到了 32.612%，这在全国城市电视台中是极为罕见的高收视率。因为如按照两百个样本户统计，该时段可能只有一百户打开了电视机，即使全部收看一两百个电视频道中的一个，收视率也只有 50%，所以 36.612% 的收视率意味着大多数开机用户在收看我们的节目。

这是当天出现最高收视率的《社会广角》栏目的节目编排：

片 1：大风刮断树（1 分 44 秒）

口 1：关注市井民生，记录社会百态，欢迎继续收看新闻直通车的社会广角。从昨天晚上一直到今天早晨，这大风大雨就没停过，芝罘区沿海的几条街上，有不少的树被大风刮断了。

片2：掏对钥匙开错门（1分35秒）

口2：芝罘区德信花园的张先生家住在六楼，五楼是王女士家，前天晚上，张先生回家时，掏出钥匙就打开了门，可进门一看，不对，这不是自己的家，赶紧出来一看，这是五楼。

片3：香椿树结果（1分34秒）

口3：香椿树在咱们北方不少见，可结果的香椿树您见过吗？在莱山区三十里堡就有一棵三十多年的老香椿结果了。

片4：家中起火 急坏邻居（1分44秒）

口4：昨天下午五点半，芝罘区建设路86号楼的一户居民家里突然起火，家里好像还没人，这可急坏了邻居们。

片5：赶公交撞破头（1分18秒）

口5：芝罘区朝阳街东侧的楼正在进行外表整修，施工的一些钢管就斜挂在马路上空。昨天晚上，市民李国庆急着去赶公交车，一头撞到了钢管上。

片6：夜间施工引纠纷（1分30秒）

口6：夜间施工是个老话题了，芝罘区建银大厦西侧的一个工地，从四个月前，就开始每天通宵达旦地施工，机声隆隆。昨天晚上，那里的居民实在是忍无可忍，纷纷下楼，要求工地立刻停止施工。

片7：骑自行车上俄罗斯（6分18秒）

口7：人活着总要有种精神，芝罘区德新街今年65的徐大叔用了将近一个月的时间，骑着自行车游了一趟俄罗斯，真是不服老啊。

从策划的角度看，这档节目达到这么高的收视率，与它的内容和编排有绝对关系。

20多分钟的栏目收视率最高产生在晚间7:00-7:15这个时段，整档节目有7个片子，第一条是讲了当天大风大雨的天气，有不少树被风刮断了，然后讲到了记者到了街巷里面去采访，采访园林部门工作人员和一些住户。恶劣天气对群众生产生活影响永远是新闻热点，而第一时间以新闻甚至直播把这种影响传递到受众面前极为重要，也最容易吸引受众。同时，可以把恶劣天气下的社会运转、百姓状况真实反映，便于政府部门决策和救助，也提醒大家注意相关风险、做好防范。

第二个片子很有趣，是典型的社会新闻，受众看了以后很可能会哑然失笑。这喝多酒确实没好处，六楼男住户用自己家的钥匙错打开了楼下五楼邻居的家门，而且进去了，在家的又是女邻居。既可笑又后怕。两个当事人都接受了采访，都讲了到底是怎么回事，看似有趣，实际上暴露了锁具的质量问题；第三条讲了香椿树开花的罕见自然现象，属于趣闻轶事。因为香椿树常见、但是开花少见，所以层层讲述分析了这种现象的科学原理，也就体现了新闻价值；第四条片子是条弘扬正能量的新闻：居民住户起火，邻居们冒险救助，然后记录了消防紧急救援。整个现场跟踪拍摄，非常真实，还原了当时那种紧迫危险的场面。记者在第一时间到了现场，镜头拍摄很到位：火苗噌噌地向窗户外钻，厨房里满地狼藉。消防队员把受伤的居民往外背，他还在硬撑着咬牙喊着不用帮忙，最后消防队员把他背到医院。整条新闻镜头跟拍得非常及时，没有那些后期补充的采访，也没有事后的补拍，所以贵在真实和即时。

第五条片子讲的是一个市民走夜路撞到了钢管上，头破血流，受伤严重。我们从这条片子也能看出来，记者第一时间到了现场。记者帮助当事人，又联系相关责任单位，整条片子很有条理；后面一条片子讲的夜间施工，深受噪声污染之苦的居民求助记者，记者赶去帮助他们联系主管部门工作人员赶到现场，督促施工单位停止施工，并且责令其不得再犯。这几条片子晚上去拍的居多，说明记者夜间值班、坚守岗位，侧面反映了记者的敬业精神。

最后一条《骑自行车上俄罗斯》，主人公徐大叔 65 岁，这个不得了，用了将近一个月时间，骑着自行车去了一趟俄罗斯，来回数千公里。这条新闻反映了这位老人的执着精神和乐观豁达的生活态度。老人不但身体好，而且精力旺盛、积极乐观，整条片子以小映大，通篇洋溢着一位普通人对生命的热爱，可视性很强。

一、见人见事见情节是做好电视栏目的要素

这整档节目的策划定位是什么呢？栏目记录了普通老百姓的生活，关注他们的衣食住行，映射他们的喜怒哀乐。在选择新闻的时候，整体上充满正

能量，而且充分运用电视语言形象生动的声画优势，前期选题和后期还原很真实，让受众觉得看的就是身边的事、身边的人。他们身处家中，打开电视机收看这档节目，就能遍知周边社区、所在城市里昨晚今朝最近发生的让人动容、触动内心情感的大事小情。

有故事、有人物、有情节这三"有"对新闻性栏目至关重要。目前国内新闻性栏目最打动人心的仍以人物新闻和故事新闻为主，做好这类新闻栏目关键要抓住人、抓住事，反映喜怒哀乐等人间真情，新闻有情感才鲜活、才有生命力、才能立得起来、才会被受众所喜爱。

二、贴近百姓生活，服务大众民生是办好电视栏目的主旨

电视栏目反映的是整个社会，其中人民群众的日常生活是重中之重。百姓无小事，把镜头对准他们的柴米油盐酱醋茶，这样的栏目定位能不受群众欢迎吗？这样的单体节目组合起来以后，就是一个有机的整体，如同一个个零部件一样，组合在一起就变成一档人间烟火气浓烈、活力四射的电视栏目。像央视一套的《朝闻天下》、二套的《第一时间》等栏目，里面既有当天全国重点地区天气、交通状况，又有时事、财经等社会新闻，还有趣闻轶事，突发的事件也能即时播发。老百姓遇到的急难烦事，也时有反映。这样定位民生、服务性强的大众栏目必然为广大受众欢迎。

娱乐影视类栏目仍然是将来很长时间具有持续热度的节目形态。因为电视技术声光电的技术特点，所以真实还原和聚焦五光十色的戏剧场面和娱乐场景成为其特长。无论舞台娱乐、现场活动，还是电视剧、电影等艺术形态，很适合通过大屏传输。随着技术发展，荧屏的大型化趋势会吸引受众回归电视。

小众服务类节目需要细分受众市场，抓住主流人群的收视兴趣点和偏好有的放矢找准栏目定位和具体方向。如中央台五套的《足球之夜》就是针对足球专业和业余运动群体以及足球爱好者而创办的专业小众栏目，突出足球赛事、足球运动员和球队、足球知识报道而不需要面面俱到；十一套的《九州大戏台》就专门播放各类戏曲，满足全国各地戏剧从业者和戏迷的需求；少儿频道的栏目就应该围绕从幼儿到少年这个年龄孩子的成长阶段，合理设置内容，服务他们的爱好，促进其学习和成长。

三、立场鲜明的评论类和互动式节目是未来电视栏目发展的趋向

目前国内的电视栏目缺乏观点鲜明、富有个性的评论类栏目，四平八稳的鸡汤式风格和中庸表达，很难引发社会多样化和见仁见智的受众共鸣。新闻、专题等纪实类节目应该适度增加议程设置的节目编排和评论比例。

议程设置理论认为大众传播不能决定人们对某一事件或者意见的具体看法，但可以提供给受众信息和安排相关议题来有效左右人们关注哪些事实和意见以及他们谈论的先后顺序。电视媒体作为大众媒介需要从行政本位向社会本位转变，媒体从业者在策划栏目和具体节目时，不能一味眼睛向上，而要多用平视和仰视的视角架起社会各阶层尤其是政府与群众沟通的桥梁。要有反映民意的思维，同时要从单纯的信息传播到动态解读、从意见单向传达到双向互传、从社会还原到对话沟通。表达的多元化不仅体现在信息多元化，还在于评论立场的公允和正能量，允许不同观点的发声，在议题设置的多样化和辩论中找到正确的社会发展方向。

另外，目前电视栏目偏重于关注中老年受众，也驱使最有活力的青年观众分流到新媒体。电视栏目的未来策划一定要注重互动性，整合社会主流的收视需求，尤其关注代表发展潮流的青年一代的需求。在栏目设置和节目采制流程中，从内容到形式吸取更多受众参与，不但让他们露面、发声，而且在确定主题、栏目走向上也要以受众意见为参考依据。

中央四套《中国舆论场》栏目利用微信公众号与电视直播同步播出，观众可以即时发表观点、点击评论，在电视屏幕上随时互动显示关注的受众数量，主持人在演播室互动的同时，第一时间摘选受众评论。不能由主持人摘选的评论，有的在屏幕下方以流动字幕形式滚动播出。这些吸收了新媒体特长的手段，进一步增强了节目的互动性，让受众产生身临其境的代入感。随着节目的深入，利用手机参与互动的人数不停变化，大小屏得到无缝有机融合，收视效果非常显著。

第四节　电视活动定位

电视活动是电视媒体依托媒体资源举办的以公益或者创收为目的的把媒体宣传与现场行为相结合的活动形式的总称。

电视活动形式丰富多彩。多年来，在中国特色社会主义市场经济蓬勃发展的大潮中、在改革开放的舞台上，新的业态、新的经济行为不断涌现。在此背景下，电视作为主流媒体，以其灵活多样的节目样态和声画形象生动的表现手段，一直是媒体活动形式开发的主力军。近年来，随着互联网和大数据等新技术的应用，智能设备的普及，传播平台的泛大众化，电视媒体和新媒体的结合日益紧密，电视活动的内容和形式也更为多样。主要分为：

一、按照举办活动的性质可分为电视公益类活动和经营创收类活动

以产生社会效益为主要出发点的公益类活动，更集中地要确定某一个主题，以社会热点现象或者某一类能引起社会关注的群体为表现对象，如某某群体颁奖典礼、某某行为表彰晚会等属于此类；经营创收类活动一般是与企业、商家合作，结合产品和服务项目的推介、营销展开，以树立企业品牌形象、销售现实产品和服务，以把受众变为潜在和现实的消费者为目的的活动。经营创收类活动占据电视活动的较大比重，这与媒体自身兼具的盈利功能和市场经济角色相关。

公益类活动种类众多，如央视联络全国省市级电视媒体举办的孝心少年评选，旨在通过从全国各地层层发现热爱生活、孝敬长辈的少年儿童，挖掘他们（她们）传承中华民族传统美德的感人事迹，弘扬社会主义核心价值观。作为大型公益活动项目，寻找最美孝心少年已成为央视和其他参与的电视媒体最具影响力和品牌价值的活动之一。活动由广播电视媒体联合文明办、民政和教育部门、慈善机构共同参与，通过推选和自荐等途径，初选出一定名额的候选人。电视媒体采制专题、新闻等节目，利用电视、网络等传播渠道在电视大屏、电脑中屏和手机等智能设备的小屏上提前传播，借助点击投票等办法，评选出入围人选。节目展播期间，教育部门通过"事迹演讲""征文

比赛"等多种形式开展向孝心少年学习的活动；民政部门与慈善机构进行入户调查和家庭状况评估，在原有社会保障基础上，对他们的学业以及所在家庭的生产和生活给予适当的资助。

重头戏是孝心少年颁奖典礼晚会，电视媒体把前期采访素材整合为一段段精炼感人的视频故事，在晚会现场设置主持人和入围少年及其家人、老师、资助人等的互动，荣誉称号颁发和资助基金发放等环节。颁奖典礼结束后，电视采访制作后续节目，报道相关部门、社会组织和爱心人士共助孝心少年梦想起航，实现他们的心愿订单。通过一系列、跨周期的电视策划，交织营造出这个群体不畏艰难、自强不息的浓厚氛围，又传播了孝文化的正能量，同时展现了全社会团结向上、互助友爱的良好风气。

电视公益活动可以发挥电视媒体的传播优势，以直播、新闻、专题、公众号、短视频等内容在以电视为核心的融媒体矩阵多渠道宣传，既可以提升媒体的公众形象，提高自身美誉度和口碑，更重要的是体现媒体促进社会进步、弘扬主流价值、讲好中国故事的巨大作用。

当然，公益活动也可以融入经营元素，达到社会效益与经济效益的双赢。如活动可以由企业冠名，提供资助金、活动经费，媒体在各环节的标识、宣传语等方面体现赞助商的元素。

电视经营创收活动渗透在很多行业，尤其是与消费者日常生活相关的领域，如各地的展会、订货会等，往往需要媒体参与，提前预热宣传，现场举行仪式，随后跟踪报道。电视媒体常常与举办方密切合作，有的甚至举办方直接由媒体承担。国内像苏州广电，在 21 世纪初期就涉足商业地产，兴建展览馆、剧院、培训中心、影视基地等，借助这些优势，他们每年承办各类大型展览，媒体宣传自然水到渠成。有的媒体与政府部门、企事业单位合作，打包承办对方全年甚至几年的各类市场活动，从活动形式设定、具体地点选定、活动细节组织、嘉宾演员邀请、现场技术支持、前后期媒体宣传等统一策划，充分发挥电视媒体最大化的运营功能。

二、按照活动的内容：可以划分为电视娱乐典礼类、比赛竞技类和论坛营销类活动等

娱乐典礼类活动主要以电视舞台，有一些选取外景地作为活动载体，以节目表演和现场互动为内容主体的电视媒体活动；电视比赛竞技类活动是以文艺、体育、技能等为比试项目的竞赛活动；论坛营销类活动是以有多位主持人和嘉宾、观众参与的电视论坛以及其他借助电视传播手段提高影响力和最终效果，以商业经销为主的活动。

2010年发轫于荷兰的 *The Voice of Holland*，最高收视率达到18.2%。随后浙江卫视引进了版权，改造推出了引发国内电视音乐评论节目热潮的《中国好声音》，初期节目每年举办一次。活动邀请知名歌手作为导师，选手经过现场PK，由导师选择是否按键通过，再由通过的选手最终选择导师，组成战队进行对决。这种把音乐表演与赛事对抗融为一体的电视活动形式，一是满足了受众对不知名歌手一鸣惊人的期待心理，同时因为导师的知名度也能吸引很多粉丝的收看热度，二是通过双向互选，激发受众的好奇心理，经常出现的反转和意料之外的变化传达出戏剧效果，这也是节目成功的关键所在。《中国好声音》引发了国内各级电视媒体对音乐评论活动的追捧，很多省市台推出此类节目，除了播出演出内容，再把优秀选手推到各地的其他舞台，很多草根艺人一举成名。

好声音的成功得益于其把受众喜闻乐见的文艺形式赋予了体育赛事的激烈对抗性和影视剧的悬疑效果，刺激了受众在平静享受音乐节目之外的心理激荡，无疑是电视活动应该借鉴的提高收视率的经验。

国内电视媒体近年来还开发了婚恋交友类、求职选才类、亲情互动类、趣味竞技类等很多节目活动类型。这些电视活动类节目的成功在于媒体把社会热点、明星效应、娱乐元素和戏剧效果的有机融合，这方面的探索仍然存在很大的潜在空间。

电视娱乐典礼类、比赛竞技类和论坛营销类活动需要不断创新、深度挖掘。一菜多吃，反复出新就会消除浪费，达到资源最大化利用的目的。比如，组织各类电视才艺大赛，应该在第一时间发布赛事说明、参赛方式、项目剧本公示和参赛选手简介等相关内容，组织社会投票，同步提升媒体声誉。电视播出的同时可以通过网络和手机同步传播，最大化扩大活动影响力。可以为其中的优秀选手建立资料库，推向更多的舞台，不仅更好地吸引参赛选手参与，而且为媒体提供更多的选手资源和节目储备；可以同时依托电视活动，举办各类培训班，把周期性的电视活动延展为长线的增收渠道。

三、按照活动场地的不同：可以分为电视室内和户外活动

电视室内活动包括舞台演出、典礼仪式、展会论坛等选择场地以室内为活动地点，优点是可控性强，不受天气和光线变化的影响。场地布置相对方便，有利于拍摄，音响条件好，易于布台。缺点是场地面积相对有限，更多要依靠技术装备来实现策划的各类效果。电视室外活动则可以充分利用外界千变万化的现实环境，充分贴近实际布置活动场景，路线选择多样，更富有生活气息。弱点是拍摄环境复杂，易受不可控因素干扰，提前要准备多套预案。

如下乡演出、以大自然为背景的各类竞赛等，需要电视媒体工作人员提前实地探查，确定活动场地，划分活动区域，同时考虑电源、灯光、搭台、传输、安保等可能出现的问题。有一次，我和电视团队到一个山区乡镇和当地镇政府、农资企业联合举行送文化下乡的演出活动。地址选在镇政府附近的广场，台子搭好、灯光音响和演员到位，摄像机架上去，数千名村民聚集过来，演出前的气氛很热烈。可就在开始前几分钟停电了，这种偶发情况很少见，偏偏就被我们碰到。因为提前没有准备备用电源，所以临时协调供电公司。原来是山区供电线路老化故障，等修理好恢复供电，已经过去了两个多小时。我们临时调整压缩节目编排，简化程序，但是造成的被动局面不可挽回，现场村民走了不少。

《爸爸去哪儿了》是一档典型的户外亲子活动节目，湖南卫视从韩国MBC电视台引进。节目制作团队在国内很多地方寻找合适的拍摄场地：从南国大型室外游乐园到北方的偏远海岛，从北京附近山区的小山村到西北大漠风光的景区，富有地域特色的外景地本身就有很独有的魅力，再加之大家熟知的影视文体界的明星和不为人知的家庭星娃，组成让受众满怀期待的冒险之旅。这个户外活动节目因为外景地环境随人物活动不断变化，所以需要多机位随时拍摄，现场机位包括监控设备达到40多个。

这样的户外活动组织、拍摄需要设置更多的岗位和人手，不仅要保证活动顺利按照预想计划推进，而且要保障节目拍摄和传输的效果，由于时间、人物和气候等不可控因素很多，所以力争一次成功。相对而言，室内活动更方便工作人员和演员等提前走场、彩排，技术团队设置机位、调试灯光音响、

测试传输信号等，同时电源、网络也更为稳定。不过，因为背景、空间被限定在局部范围，需要策划人员因地制宜、灵活巧妙运用有限结构，再辅助铺装实景、大屏等声光电设施，来营造或酷炫或仿真等符合活动内容和节目定位的室内氛围。

像一档厨艺比拼的节目，可以选择酒店大的厨房或者餐厅，背景既能用饮食主题的喷绘幕布，也可以设置与比赛有关的食材、厨具等立体层叠的橱格式实景。比赛选手的操作台或者一字摆开，或者用环形和 U 形排列，前面拍摄空间和选手之间要留出摄像师和其他工作人员走动和架设机位的空间和路线。

四、以活动的形式可以划分为电视传统活动和创新活动

电视媒体传统活动是指运用传统电视技术、传播手段和出口，针对客户需求，策划相应形式的活动，达到双方的宣传目的。创新指利用多元化经营手段，开拓电视产业的附加效应，同时，把电视频道与客户端、公众号、短视频和直播平台等新媒体手段结合，从活动内容和形式上进行创新。这里重点阐述电视创新活动。

1. 运用全媒体的手段共同推介、无缝覆盖

如电视台的直播车往往不能充分使用，可以更多与新媒体结合，多元化为社会服务。在提供电视直播的同时，可以推流到网络端，在客户指定的网站、客户端、直播平台、视频号等同步直播，另外即时截取短视频，在公众号、抖音号、头条号等大的新媒体平台不断推送。广电的广告部门则以展会、团购、培训、产品代理等多种形式拉动广告经营。

2. 多元化经营，开发出版、电游等衍生品，拉长产业链

国内外的一些电视活动节目已经成为一种文化现象，一方面可以出售版权，另一方面可以重度挖掘，再包装为电影、书刊等跨界产品，一些品牌形象还能够拓展开发为玩具、日用品等工业领域的产品。

3. 研究受众群体，创新活动形式和节目策划、包装、编排模式

要研究电视活动针对的受众群体，无论按照年龄、性别，还是职业、地域划分，不同的受众群体偏好的活动类型存在显著差异，老年人更喜欢节奏稍慢的活动，年轻人则爱好劲爆火辣的活动；女性偏好情感类活动，男性更多偏向竞技类活动——像湖南卫视主推的《少年进化论》《全员加速中》《森

林进化论》《好样的！国货》等以青少年为收视对象，活动策划新潮，选择主持人以青春偶像派为主，节目内容包括剧情秀、访谈游戏、脱口秀等，为青少年喜闻乐见，穿插活泼喜剧的环节，同时传递知识信息、普及传统美德。舞台风格比较青春靓丽、清新明快，编排节奏快速轻松，这些都得到以青少年为主体的受众欢迎，也能覆盖更大范围的受众类型。

电视活动策划需要专业人才，既要熟悉电视和新媒体业务，又能对商业营销有所了解，还具备组织、协调成规模活动的能力。作为电视媒体决策层，面对媒体发展的新趋势和市场经济发展的新浪潮，要努力创新多媒体营销方式，培养出一批策划营销人才队伍，为媒体更好为社会服务探索新路，为自身生存和壮大增强后劲。

电视营销类活动是较为客户欢迎的软性宣传形式，区别于传统的电视广告，两者有很大区别：

分项	电视活动	电视广告
贴近性	形式多样，贴近性强	形式单一，贴近性弱
贴合度	现场和荧屏可以同步举行	以电视荧屏为传输渠道
时间周期	短时间集中宣传	相对长周期以固化印象
效果目标	效果现场可见	效果监测困难
指向性	细分受众，精准指向	大众传播，指向模糊
互动性	双向或者多向互动	线性单向传播

从以上对比可以看出，在很长时间内，电视活动以其丰富多彩的形式，能充分发挥电视媒体音视频还原和场面调度的多重优势，实现理想的宣传效果。

对央视而言，往往利用资源优势，以权威性和重大性为看点，参与诸如国庆阅兵、春晚、元宵中秋晚会等许多庆典、节日活动的拍摄、转播。而卫视台，凭借雄厚的资金实力和富有个性的频道定位，或者引进版权或者自主创新，策划、制作现象级的电视活动节目，已经成为各台角逐收视率和市场占有率的利器。浙江卫视以《我爱记歌词》《爱唱才会赢》《中国梦想秀》等演艺活动描绘快乐蓝；湖南卫视推出《给力星期天》《少年进化论》《超级男声》《超级女声》等打响芒果青春牌；江苏卫视凭借《非诚勿扰》《新相亲大会》等婚恋交友类节目铸造两性情感电视品牌；上海卫视的《欢乐喜剧人》、黑龙江卫视的《爱笑会议室》《本山快乐营》等则主攻小品、相声、脱口秀等喜剧领域，均取得了较好的口碑。

城市电视台单体节目或者栏目要力争做到当地老大，举办活动可以较快提高栏目影响力，拉近服务客户和受众的距离。如烟台广播电视台的三农栏目《绿色田园》，开办五年来市场份额占到了烟台农村的70%以上。现在其他媒体也进入竞争，但因为电视栏目先入为主，占据先发优势，更重要的是栏目不断推陈出新做活动，举办全国好苹果大赛、农村歌手大赛、我有一招、好汉帮、下基层演出等既丰富又接地气的活动，把媒体、客户、农技人员、当地政府部门和农民紧密联结在一起。该栏目不断翻新活动内容和样式，现在已经在收视率和市场份额方面遥遥领先，20分钟的节目每年创收六七百万元，当地较大规模的农资企业都与栏目合作。栏目做大做强尽管需要付出的成本高，但是收益更大。如果从老二或者老三再往前赶，那成本就是几倍的付出了。电视节目就要利用现有的资源，特别要扬长避短把活动做到极致。

电视活动的目的，要既提高媒体和节目影响力，又能吸引客户，带来实实在在的收益，形成媒体自身发展的良性循环。

第一，把受众和客户的需求放到第一位、设身处地为受众和客户着想。

受众和客户的需求并不矛盾。因为受众就是潜在的消费者，所以客户投入电视活动，就希望让潜在的消费者受众群体通过富有吸引力的活动来了解自己的产品和服务，激发起他们的购买欲望，从而变成现实消费者。但是一味单调地推广产品和服务，使电视活动变为单纯的商业行为，很容易造成受众流失，这也是媒体和客户不愿意见到的现象。怎么在活动中恰到好处揉进商业元素，让受众在欣赏活动和节目的同时不知不觉、潜移默化喜欢上所要宣传的产品和服务，找到这个平衡点是电视策划人员着力的关键之处。

第二，电视策划需要调查研究。要知己知彼，明白媒体自身的特点、优势和短处。

打破关起门来办电视的思维，深入调查受众和客户的需求。首先要知道为谁服务，分析受众和客户的性质和特点。受众希望参与的活动和收看的节目引人入胜，得到身心的陶冶；客户愿意看到自己的商业元素能够迅速被受众接受，并能尽快转化为消费行为。所以，媒体一身三职：一要实现媒体的社会责任，以社会效益为主；二要时刻研究受众心理，掌握他们的喜怒哀乐；三要考虑客户需求，在策划方案、活动流程和技术细节各方面充分体现服务对象的意愿。这就要求媒体抓住不同事物的主要矛盾和同一事物矛盾的主要方面。作为媒体和客户也是一对矛盾，在承认矛盾的斗争性时，先要找到矛盾性的同一性。同一性指事物之间相互促进、相互贯通的地方，要在几者之间更多求同存异；同时尽量把斗争性向好的方面转化，达到双赢和多赢的目的。其次，在明确了解几方的立场、需求之后，电视媒体要明晰自己所能、对方所需，多问几个问题：受众和客户需要什么？自己能为受众和客户做什么？怎么做？做到什么程度？

第三，除了客户和受众提出的活动内容，媒体还要主动策划、贴近服务，变被动宣传为创造需求、引导消费。

现在很多企业和商家设立策划宣传部门，不过多是从单位需求出发主观设计自己的活动方案，有时不如媒体了解社会趋势和政策走向。这时媒体要主动出击，积极为服务客户提出合理化建议，规划当下和未来的媒体活动方案。

同时媒体可以举办各类行业性和领域类活动，吸引同行业和相近行业的众多企业参与；也可以通过举办样板活动，带动相关行业和企业参与；另外可以为企事业单位量身定做、设计相应的活动。

当然，电视活动必须依托电视媒体自身优势和人力、技术条件，合理策划、量力而行，但创新型思维是必不可少的要素。

第五节　电视单体和系列节目策划

电视节目按照数量可以划分为单体节目和系列节目。电视单体节目是栏目之中独立的节目单元或者独立成片的具有鲜明主题的电视节目，像新闻栏目中的每条消息、每个专题都是单体节目。对于电视单体节目的策划，要根据拍摄、采访、编导的内容，采取适合的报道体裁，这里我们主要以电视纪实类报道为例说明这类节目的策划要点。

一、聚焦矛盾纠纷

在策划单体电视节目时，不论是事件类、人物类，还是活动类节目，在前期策划采访预案和编导提纲时，要随时关注整个事件、活动中的冲突点。用中国画和书法中的密不透风、疏可走马的艺术原理，在挖掘到能反映主题的矛盾点时，一定要抓住不放，电视策划者需要把这一点放到一部作品最重要的位置考虑。

央视曾经在山东烟台和烟台广电合作采制过一部纪录片《信访干部》，记者期间多次往返京烟两地，用了近半年时间，跟踪一位办事处信访干部高波，记录他处理的一件非常棘手的信访案件：涉及村里一件长达十年的邻里土地道路纠纷。案件基本属于异常尖锐的陈年积案，矛盾积聚到了几乎无法调和的地步。

信访干部（节选）
中央广播电视台：刘鑫 雷飙 曹宇 任治远 王大伟
烟台广播电视台：郭志强

【前言】信访工作，号称"天下第一难，机关第一烦"。每天面对诉求各异的信访案件，面对形形色色的上访群众，不管问题有多难，心里有多烦，都不敢淡忘为党分忧、为民解难的职责所在。也正因为如此，我们把镜头对准了一名街道办事处的信访助理员，记录他在基层信访岗位上的真实故事。

【正文】张淑玲，65岁，东珠岩村人。十年前，张淑玲和邻居家先后翻建拓宽了房子，结果张淑玲家的过道被邻居的房子堵死了，而新开的过道又因为自家拓宽了房子而变得狭窄。随后，张淑玲家把邻居告上了法庭，索要通行权。由于她和邻居的房屋都属于违规翻建，法院没有支持她的诉讼，她也就此踏上了十年的上访路。

【正文】高波，42岁，党员，烟台市芝罘区黄务办事处副科级信访助理员，负责黄务办事处辖区内19个村，2个社区的信访工作，从事信访工作7年。黄务镇，位于城乡接合部，近年来随着城市快速扩张，在征地拆迁过程中发生的涉及房屋土地的信访案件很多。

【正文】说到有效化解，会场又陷入了沉默。张文香于是动员大家一起去张淑玲家去看看现场。张淑玲闻讯也过来了，高波把她拉到了张文香局长跟前。

【同期】高波：你把情况说一说，这是张局长，你认不认识？

张淑玲：张文香，认得呀，都是她判我农村不准有两处房产，对不对。你给我判的，张文香给我判的，黄务法庭判的。张文香，上面落款是张文香给我判的。

张文香：我是审判长

【正文】十年前，张淑玲把邻居告上了法庭，说他们的房子堵了自家大门。由于她和邻居家的房子都是违规翻建，法院驳回了张淑玲的诉讼请求。而张文香当时正是这个案子二审的审判长。

【同期】芝罘区信访局局长 张文香

老人你听我说啊，你先冷静一下，你也可以多找几个律师，来咨询咨询。

张淑玲：我再找咨询，我三间房不该没有道吧，为什么不给我道，十年不给我道。

【正文】协调会上毫无成果，到了现场又被张淑玲发了一顿火，高波看到，张文香有点扛不住了。张文香告诉高波，她准备再向区委领导求援，看看领导能不能帮着拿出个好办法。

芝罘区东珠岩居委会主任 孙盛京：哎呀！你们现在不管干什么，都叫我去背。

【正文】孙盛京，张淑玲所在地东珠岩村的村主任。张淑玲的邻居孙盛远不同意她家修过道。高波仔细一调查发现，原来，孙盛远的房子其实是几年前村主任孙盛京家卖给他的，张淑玲家十年来的恩怨有一大半和村主任孙盛京家有关系。

【正文】接访张培文之后，高波就忙着请农业专家为他的果园损失做评估。这天，他正准备找姜家村的村支书姜玉杭商量一下果园评估的事，没想到在路上碰上了张淑玲夫妇。

【同期】芝罘区东珠岩居委会村民 张淑玲

我这是通行权你得给我写上 高波：这不是挑字眼吗？大姨。

【正文】原来，张淑玲来找高波就是为了调解协议里的一个用词。调解协议里写的是相邻权，而张淑玲认为是通行权。

【同期】挑字眼说的就是字眼，没有字眼我不至于这十年。这一个字眼导致我没有通行权，就这个字眼。我就挑这个字眼，你们太歹毒了。

你说我歹毒哪了？咱是解决这个事。

【正文】临走，张淑玲的话让高波觉得有些心凉，费了那么大的心思才给他们家把通行的问题解决掉，怎么还落下这么多埋怨。他开始有种不祥的预感。

【正文】眼看着张培文的事解决得挺顺利，高波还没来得及放松放松，张淑玲、孙盛国两口子又找到了办事处。和之前一样，她还是在纠缠着调解协议里到底是该写相邻权还是通行权，高波有点疲于应付了。他准备抽身离开。

【同期】芝罘区东珠岩居委会村民 张淑玲

你为什么说是我翻建房屋引起相邻权矛盾？为什么，为什么？

【正文】就在这时，令他万万没有想到的一幕发生了。张淑玲把调解协议撕毁了。

字版：蹲点黄务镇的这段日子里，跟着高波一起体会干信访的艰辛，也感悟着信访工作的价值所在。信访是座连心桥，只能通不能堵，堵上了你就听不到群众的心声，他也感觉不到你的温度。信访也是个同心圆，在不同的人群中传递包容，在大家和小家间累积共识。

新的开端

【现场】撕协议

【同期】芝罘区东珠岩居委会村民 张淑玲

这个字眼为什么要这么写法，这个字眼为什么要这么写法？行，行，到此为止吧！

不是到此为止，你没解决光呢。我的锦旗送在这里，没给我解决光呢。

你把锦旗拿走吧！

不行，你的责任。

因为你已经把它撕了。

我撕了，我家有复印件。

撕了这个笔迹都毁了。对不起了，你不行你干这份工作？

老孙你已经把这个东西撕了，你这一撕把我所有的工作全部撕毁了。

【正文】辛苦促成的调解协议就这样被撕了，高波感觉万念俱灰，不想再说什么，他走出办公室上了车准备离开，但张淑玲夫妇仍旧围着高波不让他走。

【正文】高波刚一上班，就看见张淑玲和孙胜国两口子又来找他了。虽然心里窝了一肚子气，但是高波还得和颜悦色地和他俩说话。有气要忍，有骂要挨，笑脸给群众，有苦放心里，高波自打干信访以来一直这样要求自己，虽然有时真的很难，比如现在这个时候。

【同期】

张淑玲：俺昨天一宿没睡觉。

高波：我也一宿没睡觉，我叫你们气得一宿没睡觉。

张淑玲：叫俺气得（你）。

高波：你把我这一个月的血汗给我撕了。

张淑玲：你写得不正确。

【正文】就在这时，张淑玲突然做出了一个让人意想不到的举动。

【同期】张淑玲：我这个岁数，我给你下个跪。好不好？

高波：你起来，你起来。

张淑玲：我承认错了还不行吗？

高波：好了好了。

【正文】从一个天天和村里对着干的上访户，到今天帮村里排忧解难的义务信访员，村主任孙盛京和孙盛国两个人都颇为感慨。他们知道，那些往事与恩怨已经成了过去，一个崭新的东珠岩村的未来才是他们共同的期盼。

在这个片子的片段节选中，我们能看到区信访局长被张淑玲当众奚落，高波怎样在两家矛盾重重的邻居间找到协调解决的办法，又如何动员村支书主动承担修路，事情刚有转机张淑玲因为一个字眼又撕毁协议让高波心灰意冷，最后彻底解决问题后老上访户主动当起了义务信访员。整部片子尽管记录了一个主要的信访案例，但是出现多次转折，人物矛盾纠纷集中，片中高潮迭起，编导基本抓到了所有重要的节点。原来电视编导们跟踪拍摄，住进信访干部家中，和他一起朝夕相处。纪录片不仅记录了信访工作人员没白没黑、操心上火的日常生活和工作细节，更抓住了多处信访案件处理过程中的火爆、激烈的场面，真实还原了基层信访干部长年累月数十次在相关村民家中奔波往来，既要想尽办法、苦口婆心疏通矛盾，又要忍辱负重、面对常人难以想象的困难和烦扰的各种场景。在长达半年多的坚守过程中，记者和信访干部一起多次到调解现场，有时遭受辱骂甚至追打。这些真实的第一手视频被忠实记录，也成为后期成品节目的最亮点。

完成创作后，编导深深被基层信访干部心系百姓、为人民群众的疾苦利益呕心沥血的付出所感动，他们由此也成为很好的朋友。这部片子在央视播发，截取部分情节剪辑的新闻在央视《新闻联播》播出，引起较大影响，可谓功夫不负有心人。

文似看山不喜平。不论哪种电视单体节目，都要尽力挖掘内容的亮点，即包袱点。短到十几秒的短视频，长到一小时以上的长片，抓住包袱点，就有了动人之处。当然不可能处处是高潮，随着片子的铺陈，如同山脉起伏错落，在连续的推进之中，每隔一定时间须有让受众眼前一亮的场景、情节或者煽情点。这需要记者或者编导在前期策划和拍摄过程中，有意识寻找事件不同凡响的转折点、人物与众不同的特异表现，尤其是抓取群体之间人际关系和故事情节发展变化时，最容易表现节目主题的矛盾纠纷的细节。

在视频节目策划中，还需要选取最大多数人关心的主题。越为大多数受众关心，越意味着节目更可能引发大家的情感共鸣和收视兴趣的共振。因为人们具有趋同心理，而且作为社会个体，环境的相同和差异使大众越来越在物质实践方面产生更为广泛的联系，不可避免引起思维认识领域的交集，所以在策划电视节目时，无论大众节目抑或小众节目，都需要在可能的覆盖范围内，选取尽量多受众关注的题材。不仅如此，在表现形式上，也应该采取大多数受众更喜爱的表达手段和传播方式。

二、追求形式灵活

与平面和广播等媒体不同，电视节目对人的生理刺激包括视觉、听觉等多方面。未来随着 3D、AI、AR 等仿生和智能技术发展，电视视频节目可能调动触觉、嗅觉等人体多器官参与电视节目的新奇体验。

作为最多调动感觉器官参与的电视节目，需要生动活泼的表现形式，才能最充分发挥电视媒体的独有优势。央视的《百家讲坛》以专家、学者讲述历史、文化等为主，用演播室讲述要让受众普遍喜爱难度较大。而这档节目之所以长盛不衰，在于所请嘉宾故事化、情节化的表述技巧，把很多引人入胜的小故事、趣闻轶事融入史实和知识中，又利用与现实对比、巧用比喻等手法，拉近古今中外的时空距离，变疏离为亲近。如把古代一些官职与现代的职位进行类比，而且加入一些时下的流行语，就通俗易懂，让历史、文化落地，对当下人生和社会发展形成关照，启发我们当今的学习和生活、做人和处事，节目具有了贴近现实的意义；另一方面减少了课堂传授式的说教，增强了趣味性。此外，在很多节目中，加入图片、影像和现场视频等资料和特效，不仅入脑，而且悦目；不但有趣，而且有用。

目前很多电视节目形式单调，像演播室栏目，往往希望借助酷炫的背景和靓丽的主持人来达到吸引受众的效果，而忽略了表现形式。实际只要用心创新，经常能找到成本不高却为受众喜爱的表现形式。我在电视台工作时，组织策划创办的三农栏目《绿色田园》，在节目表现形式上，一开始就考虑不仅让农民喜欢，也要让市民喜爱。除了节目内容的贴近性和实用性，在栏目形式策划时，我们设计了若干农村里的人物形象，如村里的女广播员小慧、养猪大户李有才、技术能手大强子等，还有角色性格鲜明的泼辣的桂叶、喜欢嚼舌头的三婶等。在每个单体节目中，这些人物会根据拍摄内容分别在演播室或者田间地头出场。他们模仿农村里的典型群体，用当地方言，有时插科打诨，引入时下流行的一些小段子，更多是根据人物形象策划设计节目结构和每部分的细节，细致到每一句台词、解说都要符合人物定位，组合起来整个片子就富有地域特色。节目推出后，受到当地农村受众的热烈追捧，成为覆盖地域内占据绝对市场份额的电视栏目；这档节目因为喜闻乐见、幽默风趣的风格也受到城里人的喜欢，很多市民受众到了播出时间也准时收看，在当地电视频道的三十多档自办节目中一直稳居收视率前十名，创造了以灵活生动的表达形式吸引大量受众的奇迹。

系列节目是指有一定主题引领、统一定位和制作形式，前后线索贯穿的多集电视节目的统称。像系列专题片、纪录片、影视剧、连续系列报道等都属于电视系列节目。系列节目可以是某一个电视栏目的一部分，也可以作为单独的电视栏目设置。

2020年初，中国经历了史无前例的重大疫情。开始两个月，我所在的媒体以报道防控疫情为主，集中策划和采编力量播放从上至下、各行各业如何全力阻击疫情的举措和行动的节目。到3月初，本地疫情得到有效控制，这期间电视节目策划相应做出调整：防抗疫情与保障民生、经济发展两手抓，大小屏联动同步推送相关节目。

当时，很多行业还处于封闭状态，企业、流通业、商业、金融业等都在观望，虽然有了可以启动的政策和规定，但是因为资金困难、流通环节不畅等各种原因，许多企业遇到各种难题。我们媒体及时与当地政府部门沟通，第一时间把保民生、保金融、保流通、保用工等党委、政府出台的鼓励措施采制成新闻、专题、短视频等系列节目，及时推送，让这些犹豫不决或者困难重重的行业了解了纾困渠道和解决办法，为经济复苏注入生机。同时，我们又推出分区分级开复工、服务行业开放、学生老师在家学习和教学等方面的系列报道，以服务类和经验交流为主。为提高传播效果，我们加大新闻专题策划和融媒传播，另外注意多渠道分发，同时注意集纳类新闻评论的撰写。并积极向央视和省级媒体推荐，同步做好各大新媒体平台、自办网络出口的融媒体报道。这些有内在逻辑、前后关联的报道都可以归类为电视系列节目。

综上所述，电视系列节目包括新闻、专题、评论、纪实类节目、短视频节目等多种体裁，既可以在一定周期内连续播送，也可以在短时间内集中推出。

一、跟随重大时间节点、重要事件人物现象等，策划确定主题，以此为根，散枝开叶

重大的时间节点往往可以拓展出具有关联性、引发受众认同感的一系列节目。这种认同感很大程度体现在受众对群体身份和情感的认同上，伴生出以时间节点为源头的诸多社会现象和活动，而生存在其中的个体也会对这些现象和活动产生或庄重严肃或热烈参与的仪式感。如每个民族的节庆日、每个国家的重大纪念日、每个地域突发的重大事件等。

像春节期间的电视系列新闻节目策划，通常确定喜庆祥和的主基调。然后从腊月迎新春到正月庆新年，选取活动庆典、节日服务、春运交通、各地旅游、天气变化、岗位加班等角度，展现全国各地、各民族、各行业的动态新闻。有的需要提前策划，围绕过年新方式、在哪里过年、带给亲人的祝福等主题，体现百姓的幸福感和获得感；还可以结合新一年的国家大政方针，推出诸如瞭望新时代、将改革进行到底、新春走基层等主旋律系列，反映社会发展、家国情怀。

2008 年 5 月 12 日，四川省汶川突发举世瞩目的大地震，数万人失去生命，在举国悲痛之余，国家迅即调动各方投入救援和随后的援建工作。

当时在电视媒体新闻部门担任主任的笔者，在节目策划中，很快对各栏目做出相应调整，对灾区情况用转载央视、新华社新闻和底拉字幕等方式进行报道。同时跟踪当地成立救援队和各党政机关、企事业单位捐助钱物等行动，开设了"心系灾区"专栏，随时报道当地干部群众支援灾区的动态消息。在地震发生不到一周的时间内，就先后安排了两个栏目的记者赶往灾区最前线，跟随帐篷、板房、医药用品等救援物资运送车队抵达灾区，及时从前线用网络发回现场消息。

随后的一个月，我们经过精心策划，对前方记者做出抗震救灾要从救助成效、先进人物、感人事迹、援助工作、恢复生产、疫病防治等角度进行报道，后方记者则从党政决策、部门行动、企事业单位捐助等入手，双线并行、立体交叉采制了一系列主题鲜明、反应快速的新闻、专题等节目。

进入 6 月份，转入援建阶段。我所在的地市接受了援建汶川的两个乡的艰巨任务。援建队伍要克服水电路都不通的极端困难，当年 6 月 5 日前完成一千套板房和两所希望小学建设的硬指标。我们又派出多路记者跟随市援建人员赶往灾区。行前，大家对报道思路做出提前的策划：把规划、建设两个方面作为报道重中之重。同时，前方报道援建工作；后方侧重捐助、生产、救治、急需用品供应的宣传。

从人员抢救到灾区重建的长达一年多的时间里，我们以专栏、特别报道、连线直播等形式先后推出了数百条相关报道，把许许多多感人至深的事迹重现在荧屏之上。我们这一个系列的报道全面、及时、真实、生动，极大调动了全民参与救援的积极性，展示了大灾大难面前人民患难与共、两地一家亲的深情厚谊。

2015年4月25日，西藏自治区聂拉木县发生地震，据监测尼泊尔震中位置震级达到8.1级。烟台市从20世纪90年代就开始对口援建聂拉木县，援藏干部每几年一批，当时已经持续了20多年。当我得到消息后，第一时间安排记者和聂拉木的援藏干部取得联系，询问受灾损失等信息，同时调度记者咨询航班情况，做好出发准备，在和台里领导商量后，几个小时内做好了各种行前准备。在不到24小时内，我们的记者取道拉萨，跨越上万里深入灾区第一现场，以最快速度传回了视频报道。

这些都是因为有了之前的应对经验，才能应付裕如，系列节目的策划思路才能随手拈来。

二、主动设置议程，对社会趋势提前预判，加大报道频次和密度，引导舆论走向

议程设置理论认为大众传播可能无法决定人们怎么想，却可以影响人们想什么。议程设置最明显的功能就是营造大众传播在一段时间内一系列的报道活动所产生的中长期综合和宏观的社会效果。

所有的电视栏目要依据自身定位，每隔一段时间或者根据突发事件和活动的节奏提前策划，设置当下和之后一个时期的播出内容。不管新闻专题，还是文艺娱乐节目，需要反映社会最新的潮流并对未来的方向进行展望。

在我负责新闻栏目的制片工作时，每天早上要召开新闻编前会，一是总结之前栏目的得失和采编队伍的组织协调方面的经验教训。另外更为重要的是要策划当天的具体报道题目和近一段时间的栏目重点选题。如最近"三农"领域是报道重点，就要调动记者和通讯员，围绕农业新技术推广、农产品单产创纪录、新农村建设、农村电商、与农业相关联的深加工产业和服务业、特色农业等广撒网、深耕地，把反映"三农"工作的成就、新经验、新做法和存在问题进行归类、走访、调研，判断是否可以支撑一组独立的主题明确的新闻，是否有鲜活生动的案例佐证。再比如一段时间内针对跌倒老人要不要出手帮助的问题，编辑和制片人需要整合素材，收集本地、外地相关的新闻，对正反的观点加以对比；还可以加以拓展，对整个精神文明建设和道德领域的相类似信息有意识地进行聚合编排，并以消息、专题、评论的体裁灵活推送，在栏目中以专栏或者系列报道等形式在一段周期内集中播发，同时在新媒体平台同步传播，形成舆论效应。经过密集传播，会对受众产生固化的印象，造成局部关注热度，甚至由点及面，引发成规模的讨论，达到舆论制造热点、设置议题、影响社会的目的。

第三章　资源整合策划

在麦克卢汉媒介即信息的判断因为新媒体的风起云涌而日益得到确证的今天，半个世纪前以视觉占据受众主要信息和娱乐渠道的电视媒体，经受各种各样以互动简便、接收快捷、随时随地、多元精准等为特性的新媒体冲击，已经失去其固有优势。如何在与新媒体竞争的同时积极融合、拥抱新媒体，成为电视传媒生存和获得新生的关键。

多样化的媒介和媒介表达、传输方式会被不同的受众所喜爱并作为接收信息、消磨时光的手段：有的人喜欢看电视、有人更倾向于在朋友圈或者各类群里闲聊，也有人偏爱抖音号或者头条号。这些媒介虽然存在很多不同之处，像电视的线性传播、头条的大数据传送、抖音快手的视频表达，好比人们对着装色调和款式的眼光存在差异，一旦具有了选择性倾向，短时间内很难转变。不管一种媒介存在传输手段的缺陷和不足，如信息的容量和即时性与其他媒介相比，并非最优，但是只要养成了接受惯性，这种媒介就成为针对这一部分受众的常用信息源。

据中国互联网络信息中心（CNNIC）发布的第 51 次《中国互联网络发展状况统计报告》显示，截至 2022 年 12 月，我国网民规模达 10.67 亿，较 2021 年 12 月增长 3549 万，互联网普及率达 75.6%，较 2021 年 12 月提升 2.6 个百分点。我国网络视频（含短视频）用户规模达 10.31 亿，较 2021 年 12 月增长 5586 万，占网民整体的 96.5%；其中，短视频用户规模达 10.12 亿，较 2021 年 12 月增长 7770 万，占网民整体的 94.8%。节目质量飞跃提升，匠心精制的理念逐渐得到了网络视频行业的认可和落实，节目质量大幅提升。在优质内容的支撑下，视频网站开始尝试优化商业模式，并通过各种方式鼓励产出优质短视频内容，提升短视频内容占比，增加用户黏性。短视频平台则通过推出与平台更为匹配的"微剧""微综艺"来试水，再逐渐进入长视频领域。数字产业化、产业数字化不断深入发展，数字化大发展的号角已经吹响。

微信视频号是 2020 年 1 月 22 日腾讯公司官微正式宣布开启内测的平台，不到一年时间，已经在对媒体和大 V 用户全面放开。微信视频号作为一个全新的内容记录与创作平台，直接放在了微信的发现页内，就在朋友圈入口的下方。视频号内容以图片和视频为主，可以发布长度不超过 1 分钟的视频，或者不超过 9 张的图片，还能带上文字和公众号文章链接，而且不需要 PC 端后台，可以直接在手机上发布。视频号支持点赞、可以评论，从而方便互动，也可以转发到朋友圈等聊天场景，与好友分享。依托微信强大的覆盖功能和极高的到达率，很快风靡，针对普通用户放开后，必然引发新一轮全民视频拍摄发布的高潮。新的平台又会改变受众的信息发布和接收的全新生态，而且从日常生活、娱乐到商业习惯也会随之发生变革。

面对新媒体日新月异的推陈出新，广电媒体从传统的广播电视制作发布机构开始向节目提供、内容生产转变，从大一统的垄断性行业向需要与新媒体平台合作甚至"屈尊"变身为其他平台和渠道的视频生产的"打工者"转型。

新闻立台是很多电视媒体的口号和坚守，现在经过大数据定向分析和流程化处理，巨量、高速、多样和具有价值的择优信息能够精准地推送到每一位受众眼前。而且更多智能设备和科技的发明和应用，使媒体节目可以利用机器使用计算机程序对相应的数据信息和应用模式进行分析抓取、重新组合编排。机器人新闻早已在欧美主流媒体的财经、天气和体育节目中得到应用。央视近年来在体育频道的各项赛事中，把传统的演播室与虚拟技术和三维动画结合，主持人身边就可以即时出现用电脑程序做出的跨国运动员，并可以模拟对阵阵型等。

大数据和人工智能技术使视频节目生产模式逐渐向物联网持续性数据抓取的自动生成模式转换，不仅可以因人而异、定点定时投放，而且可视性和真实性可以掌控，这在丰富节目表达形式的同时，也提供了更多内容的选择空间，解放了传统视频因为采编播繁复程序所消耗的生产力。

以电视新闻节目的线索来源为例，十年前媒体的信源以受众电话、来信、短信、电邮和部门信息、其他媒体共享信息为主，而今天的信源渠道已经扩展到新媒体的群、圈和号等，线索可以说无处不在、触手可及。在此基础上，包括从业者就要细分受众群体，进行个性化选择加工。

传统的电视传播，片子在屏幕上播出就可以告一段落，中间过程在幕后进行，当然播出的节目效果在随后的栏目可以通过采制反馈和影响的后续报道加以反映。而今天，电视荧屏播出仅仅是一个出口，整个电视节目的采访、写作、编辑等流程随时要以新媒体的连续性报道在各个传播平台和出口发送，运用全程、全员、全息传播，达到全效的受众接收效果。

第一节　人员队伍整合

人才是电视媒体的兴台动力，电视事业是人才密集型的产业，从记者、编辑到技术、主持等岗位，都需要各项专业技能。几十年来，各级电视媒体引进人才的模式，基本是高薪吸引有成熟经验的电视工作者，并从大中专院校招聘各类专业人才。在各个部门、岗位上，采用传帮带的办法，从台领导、部室主任到有工作经验的一线人员，悉心指导、耐心传授，带出一代代有创新意识、勇于开拓、热爱本职、责任心强的员工，聚沙成塔，一个个能征善战的个体又组合成一支敢打硬仗、团结进取的电视员工队伍。

第一种模式从别的媒体和单位招纳热爱电视事业、有专业特长的精英加盟，可以广开引能进贤之门，为我所用。优点是入职的员工因为有实战经验，上手快、容易快速融入团队，但是成本较高，一旦环境和条件变化，也可能造成人员流失；第二种模式从大中专院校招聘毕业生，需要较长的培养周期，但是忠诚度相对较高。很多吸收进来的新人经过悉心培养，成长为专业技术人才和部门领导。

不论哪种模式，要留住人才、稳定队伍，需要配套相应的使用、提升和奖惩制度。在用人上，不设门槛、不论资历，以能力看短长、以成绩谈上下，形成优胜劣汰、能上能下的用人机制。

一、整合骨干力量，集中媒体最优质资源主攻重点频道和栏目

省、地市和县区级广电的人员队伍并不像央视一样，足以打造面面俱到的媒体形象，需要精心调研，找到自身优势，合理优化频道和节目定位。尤其要集中全台最优质的人力、设备和节目资源，保障所要重点突破和打造的频道以及节目的内容和品质。把最优的人员向主攻方向集中、把最优的设备向优势领域聚拢、把最好的资源向目标阵地供给。

二、扬长补短和抱团发展

广电媒体经过半个多世纪的滚雪球似的成长壮大，积累了大量的成熟模式，锻炼和培养了一大批各类采制、编导、技术和管理人才，这是最珍贵的财富。广电媒体要扬长，发挥现有的技术、人才、队伍优势。经过几十年锤炼，经过摸爬滚打发展起来的人员队伍来之不易，所以一定要把现有广电采编力量的作用发挥完整。现在虽然存在一些人才老化，包括人手力量不足的问题，但是毕竟是几十年的积累，人才众多，可以挖潜的空间仍然很大。

这是扬长，再是要抱团，抱团发展就可以补短。抱团发展一方面是指广电媒体之间的合纵连横，本来天下广电就是一家。在融媒体建设的大环境下，四级广电在供片、信息互通方面有几十年的成熟网络，汇聚着大量专业和海量的视频信息。国内无私共享、完备高效的广电网络在其他国家和地区很少见；另一方面是在单个广电媒体内部的抱团。国内广电媒体一般有广播、电视、网站、广播电视报、新媒体团队等下属子媒体。随着融媒时代的到来，可以第一时间最快捷和最高效率地进行互通共用。广电媒体内部信息共享、节目资源共用，既在传统出口播放，又同步在新媒体使用，这是广电媒介最易于整合也是最大的优势。因为新媒体的内容供应是繁重的工作，也是关键的问题，所以通过扬长补短和抱团发展就可以进行高效率地整合，同时完善融媒体的内容建设和人才队伍打造。

三、创新人才引进培养和激励提升机制

长兴模式是现在广电总局对融媒体中心建设推广的一个样本，他们在吸引和激励人才、打造队伍的成功经验值得借鉴。长兴是浙江省的一个县级市，

人口 60 多万，近些年该地的融媒体建设走到了全国县级融媒体发展的前列。他们的掌上长兴客户端采用的是新闻加政务加服务模式，拥有数字用户群近 20 万人。虽然当地经济指标在全国排在五六十名，并不算很领先，但是长兴融媒体集团近年收入超过两个亿。

长兴模式会走红有三条成熟经验：第一就是用户；第二个是品牌；第三是团队。在这三点，他们做得比较好。除了以移动优先为突破口，到用户最近的地方去，吸纳用户、塑造品牌、推进全产业链，最重要的经验就是激活体制机制，赋能媒体融合。

在激活体制机制方面，长兴广电做好顶层设计、机构设置、运行机制、人才考核方面的工作。通过减员增效、完善薪酬晋升制度、优化激励机制，按照事业单位企业化运作的模式来发展。他们的人才策略是一般人才本地化、高端人才特殊化、紧缺人才一事一议。

例如，紧缺人才一事一议，长兴广电有个办法就是企业年金制。员工年金每年都存在卡里面，但是前几年提不走。坚持在集团里面工作五年以上的员工，可以从卡里面提出一半，工作满十年以上，可以把卡里的年金全部提走。这样既能吸引人才，又能留住人才。这类特殊办法行之有效。另外实行分层级的激励政策，拿出额外考核，每个月分三档，比如 800 元一档，1600 元一档，2400 元一档，根据做出的贡献对一些特殊人才进行不同档次的奖励。

对人才的要求，是一专、一尖、多能：一专，就是要在某方面有专业特长；一尖要有尖端的本领；多能是要有多种技能。对人的培养主要通过内部锻炼、跨岗交流、外部引进这几种方式。内部锻炼通过师徒结对以老带新、以强带弱；跨岗交流，就是互相融通、一人多能；他们还送员工到人民网、新华社、上海广电等先进媒体学习。

有的电视媒体所属频道全部以收视率和收视份额考核作为绩效工资和奖金发放的依据。如济南电视台的新闻、生活、都市频道等收视率和份额均能进入整个济南地区所有频道的前十，当然这与他们的节目质量和经营指标考核以此为依据有关。

四、电视媒体栏目策划要鼓励新人，大胆试验

电视媒体的节目策划，应该充分考虑现有的人力和物力条件，不能撒芝麻盐。一种办法是集中优势（人力和物力）主攻每个频道的一到两个主打栏目，每年一次，在三四年时间里，频道就会大变样；另一种办法是发挥年轻人的作用，让他们自愿报名，试验性地在一些频道的非黄金时段开辟新栏目，作为试验田。每几个月推出三到五个新栏目，每个季度一测评，第一名拿到黄金时段。同时对老栏目收视率排行最后或者综合得分排名靠后的一到两名实行淘汰制，人员合并到新栏目。如果还有一定的保留价值，也可以把该栏目拿到非黄金时段整改，和试验栏目一起参与新一轮竞争。另外可以组成一个节目运营部，选拔或者新招培训若干名有潜力的人员，让试验栏目的制片人从中选择。应用以上办法，最终在合适时机，走向真正的融媒化经营之路。

第二节　节目资源整合

对一些新闻时效性不强的专题和综艺类电视节目，策划作用尤为显著。以专题栏目为例，现在很多电视媒体开设了故事类版块，讲述本地人的感动故事，弘扬本地主流文化，传播本地精彩声音。这样的栏目策划可以整合本地人物、文化、经济社会等各方面资源，周期性开展各类相对集中的主题报道。

媒体策划中每年的重大节庆和纪念日是不能忽视的，像 2015 年抗战胜利 70 周年、2018 年改革开放 40 周年、2019 年中华人民共和国成立 70 周年 2021 年中国共产党建党 100 周年，这些重大纪念日必须提前策划。

中广联全国城市电视台新闻委员会近年来，组织策划了以上几个重大纪念日的系列节目。该委员会提前一两年启动联制联播项目，由委员会秘书处发出倡议，成立导演团队，征集参与台，召开策划会议。集体策划方案出台后，会形成创作思路，统一题目、主题、体裁、长度，专门制作包装模板和背景音乐，然后分发到各台。各台选题后上报，导演策划组再多次研讨商定，各家组织各自的创作团队拍摄采制，后期编辑，最后集中审定，参与电视台集中时间排序播出，另外同步在各家新媒体推送。

从 2013 年以来，委员会联合少至 20 家，多至五六十家城市台，分别组织策划采制了《血筑河山》《四十城　四十年》《与共和国同行》《复兴路上》

《城市的味道》等大型系列纪录片和专题片。

作为地方电视媒体，这种故事类专题节目是值得花大力气策划的富矿。如每个地方的博物馆等文化地标、城建基础设施等城市名片、历史文化名人等固有铭牌，再如文明家庭、见义勇为个人、孝心少年等群体。乡村城市里充满着人间烟火和人生记忆，信手拈来，只要关乎真情正气，就能挖掘出动人故事和感人细节。

我在新中国成立50周年即1999年时，作为电视台新闻部的一名年轻记者，策划了《说说我们这一行》系列，从身边熟悉的与日常生活息息相关的行业里挑选出几十个有说头、又能反映五十年弹指一挥间变化的行当，如《从头说起》的理发师、《走近厨师》的大师傅、《住的变迁》的城市规划师、《新老司机的故事》的驾驶员、《摄影师镜头里的五十年》的照相师、《半个世纪园丁路》的教师等。这些人物群体就生活在我们每一个人身边，甚至我们就是这些群体中的一员。

系列报道开始定的名字叫《五十年五十行》，以半个世纪延续下来的行当的变迁映射五十年间祖国社会经济的巨大发展、人民生活的日新月异。因为这些行当时空跨度大，所以能以小映大、以点带面微缩而具象地反映山河之变。我专门筛选与百姓日常生活息息相关的行业，如理发匠、养路工、司机、售货员等，一是他们所处的行业随时代发展，本身的经营主体、服务标准和品质不断提高，另外从他们所用工具、经营场所等细节能够轻松地挖掘出新旧质变。我在策划时就把这种变化落实在一件件具体的物件、一个个活生生的人物上，物有所指、情有所托，采访起来就很顺畅活泼，写稿子、后期编辑也贯穿了鲜活生动的风格。片子推出后获得大家交口称赞，也为以后的类似策划提供了样板和思路。

我们身边的节目资源极为丰富，作为记者编导要具备发现有价值资源的眼光和分析能力。像每个地方的非遗项目就很有地域特色和文化历史价值，再如一些凡人善举、普通人做出的不平凡的事件都可以成为很好的节目资源。

筛选和判定节目资源，从中去粗存精，需要记者和编导的综合媒体素质。电视媒体还有对采访环境、采访对象、时间场合等的特殊要求。这些在策划时应该提前预判，做好策划方案。有的需要提前熟悉采访对象和事件，设计采访提纲，可以准备几套角度不同，甚至完全相反的采访思路。

第三节 线索资源整合

传统媒体无论新闻专题节目，抑或综艺社教节目，最原始的选题来源无外乎这几种：一是从主管部门根据当下和中远期宣传主题安排策划；二是部门单位主动联系提供；还有媒体自身对外公开的爆料渠道，当然也包含记者编导个人的线索网和线人资源。在信息流转渠道相对单一的二十世纪八九十年代，拥有丰富的个人线索渠道，成为衡量一位媒体从业者社会活动能力和能干与否的重要标杆，也关乎从业者能否保质保量完成任务指标。一些资源相对匮乏或者入行之初的从业者只能依赖指派性任务的分配，缺少主动选择的机会。

一、随着媒体节目形态的日益丰富，调查类和监督类报道兴起

一些能动性强、能闯能冲的记者喜欢乔装打扮，角色扮演深入现场，有时甚至冒着风险与当事人同吃同住同劳动，以期获得第一手的素材资料。河南电视台都市频道的记者崔松旺为了曝光人贩子诱骗智障人员非法打工，他换上破衣烂衫、蓄留了胡须长发，故意装扮成痴呆的流浪汉在火车站捡拾烟头、向人乞讨，几天后，被人贩子盯上，以五百元的价格拐到黑砖窑打工。在那里隐藏劳动的几个月里，记者摸清了人贩子和工厂勾结，容留非法使用智障工人和未成年人用工等很多令人触目惊心的问题。记者还冒着生命危险，深入险地，暗访偷拍山西、河南多地雇用童工和智障奴工的违法现象，制作播出了系列电视节目。最终犯罪真相通过荧屏大白于天下，多名黑砖窑老板和人贩子被抓，很多智障奴工被解救。

这类报道因为刻画人物真实、揭示问题深刻，所以得到受众欢迎，产生了大量佳作名篇。如央视《焦点访谈》《新闻调查》和各级电视媒体开设的类似栏目经常成为同媒体收视率的翘楚。如我所在的电视台的舆论监督类栏目，记者以乘客身份携带烟花爆竹和道具，试着通过火车站、汽车站和港站的安检，竟能浑水摸鱼、成功逃脱检查。由此发现诸多安全隐患和漏洞；记者还曾经扮演盲人，实际就是戴副墨镜、挂个拐棍，测试公交车上、斑马线旁和各类公共场所人们的安全素质。测试办法很简单，乘车看是否有人让座、过马路看路人能不能主动搀扶或者引路，公共场所看看有没有人过来搭手帮忙。这类测试类节目不仅出现在新闻专题评论节目中，一些综艺节目也时有参与。后来，因为对节目扮演和表演方式的侵权质疑引发争议，类似节目大大减少。但是好的测试节目能够体现策划者的奇思妙想和精巧构思，这种节目仍具备生命力和创新潜力。

优质策划与劣质策划对比：前者能暴露问题、直指人心、引发思考从而推动社会进步；而劣质策划可能涉及侵犯隐私、出发点低级媚俗，甚至违规违法。

二、在新媒体时代，电视媒体在原有线索渠道的基础上，依托打造融媒体，扩大到两微一端和整合网媒线索于一体的新型线索大网

融媒时代，两微一端架构线索爆料入口，与传统的爆料平台融合成为常态；媒体从业者同时主动出击，从 PC 端和手机端网媒中搜集有价值、适合自身媒体属性的线索，归纳整理或者提炼引发新的报道预燃点，通过电视媒体集纳传统和新媒体于一身的集团作战优势，力求开发出新的爆款作品。

传统热线爆料具有即时互动的特点，可以由媒体专门接线员或者记者编导直接与爆料者对话，先期就可以筛选分类，并且往往与新闻事件发生的第一时间同步。随着互联网技术使得中小屏信息爆发式增长，想要向媒体反映情况或者提供线索的渠道更多，很多媒体开发了网络爆料平台，对提供者的隐私保护更加周全；当然媒体记者和编导也能够主动出击，从海量的自媒体、朋友圈和各类中小屏网站和客户端中搜寻线索。

海量线索虽然丰富了媒体工作人员原材料匮乏的库存，消除了因为线索不足而无米下锅的窘境，但是也带来了线索资源重复率高、真假混杂导致的选择难度加大的尴尬。因为网络世界的匿名性和隐私性，所以发布的各类信息芜杂，甚至不少信息是东拼西凑或者道听途说，并不乏凭想象或者恶意编造的现象，这给媒体从业者带来重新筛选辨别的时间和精力成本提升的困扰，对他们的辨识和整合能力是个考验。

当然，这种重新整合的能力必须以较高的媒体敏感和对媒体受众契合点高锐度的把握功夫为基本功，因此我们一直倡导的策划意识必不可缺。

同时，电视媒体要学习今日头条等依靠大数据分析精准投放媒体内容的供需互动型经验，更加有针对性地整合线索，排列喜好度、分清主次点，合理有序安排资源力量组织媒体采制、播出和分发内容。

三、大数据成为梳理和引发隐藏在信息和数字背后线索的重要信源工具

大数据指需要新的处理模式才能具有更强的决策力、洞察力和流程优化能力的海量、高增长率和多样化的信息资产。而互联网成为大数据集中的集散地，对信息传递处理带来革命性的变化。通过大数据统计和现有资料整合提炼的线索可能更有思辨性和价值性。

目前众多的财经类报道经常从数据中出新闻，如央视采制的新中国成立70周年的数字看变化系列中的消息：

央视：《70年数据见证新中国伟大飞跃——经济结构发生深刻变化》

口播：70年数据见证新中国伟大飞跃。国家统计局今天公布数据显示，新中国成立以来，特别是改革开放以来，我国经济持续快速增长，成为世界第二大经济体。

解说：新中国成立之初，我国产业基础十分薄弱，1952年农业增加值占GDP比重为50.5%，农业吸纳了83.5%的就业人口。改革开放后，特别是党的十八大以来，我国经济发展步入新阶段，经济结构战略性调整和转型升级加快推进，三次产业发展协调性显著增强。

2018年第一二三产业增加值比重分别为7.2%、40.7%和52.2%，就业比重分别为26.1%、27.6%和46.3%。其中第三产业增加值比重和就业比重分别比1952年上升23.5和37.2个百分点。

改革开放前，我国农业生产结构较为单一，种植业占据绝对主导地位。党的十八大以来，强农、惠农、富农政策体系持续完善，农业供给侧结构性改革不断深化，农业结构调整优化。2018年农林牧渔业总产值中，农业比重下降至54.1%，林牧渔业比重分别提高至4.8%，25.3%和10.7%。与此同时工业体系更加齐全，工业生产由低端向中高端迈进。

目前我国是世界上唯一拥有联合国产业分类目录中所有工业门类的国家。2018年高技术制造业增加值占规模以上工业增加值的比重为13.9%，比1995

年提高 6.9 个百分点。

再看服务业，改革开放前，服务业主要是一般生活服务业，批发零售和交通运输业比重较高。党的十八大以来，电子商务、数据消费、现代供应链、互联网金融等新技术新模式，日新月异，服务业成为创新创业的热点。2018年租赁和商务服务业、信息传输软件和信息技术服务业增加值占第三产业增加值比重分别升至 5.2% 和 6.9%。

文稿中几乎全用四组数据来说明新中国 70 年 GDP 的一二三产业的所占比重的巨大变化：从 20 世纪 50 年代初期我国农业增加值占比一半以上到 2018年服务业占比超过 50%，说明了 70 年发展后的经济结构日趋合理，其中每组数据背后都隐含着丰富的信息量，如三产从一般服务业向新技术新模式高端服务业转型；第一产业中农业比重下降，林牧渔业比重上升展示了农业供给侧结构性改革日益符合人民日益增长的对美好生活需要的不断落实；在第二产业中，高技术制造业增加值占比的提高也充分佐证了我国高质量发展在工业领域得到体现。

为纪念改革开放 40 年，中宣部在国家博物馆举办了各省市的成就展览，其中每个参加的城市要制作一个 4 分钟的百城纪事的短片。短短 4 分钟如何容纳 40 年每个城市各行业的巨变？这确实是个难题。我带领团队在制作烟台市的短片时，从成百上千的各种数据里反复推敲揣摩、精挑细选出十几组最具代表性的数字：一是在解说里体现，1978 年烟台市的国民生产总值 25.77亿元，到 2018 年达到 7832 亿元。本来这个数据比较起来相对复杂，我们用了一个倍数对比，再转化为天与年的关系，就非常令人印象深刻："40 年来，现在烟台一天创造的 GDP 接近 40 年前的一年"；二是精选了烟台在全国位居首位的行业和第一笔外资引进等开创性的数据；三是充分利用画面增加信息量，把具体的 GDP 指标、引进外资数额、城乡居民人均可支配收入、果业和葡萄酒价值等相对烦琐而次要的数据以特效图表呈现，既避免了遗漏重大数字，又凝练了片子的整体架构，画面和解说贴合度高，而且节奏张弛有度、信息含量丰富。

改革开放四十年——烟台市纪事

烟台位于交通半岛东部，是中国首批 14 个沿海开放城市之一，仙境海岸，鲜美烟台。改革开放 40 年，708 万烟台人民描绘出一幅波澜壮阔的壮美画卷。

40 年来，现在烟台一天创造的 GDP 接近 40 年前的一年，在全国各大城市排名 20 位。万华化学、东岳汽车和杰瑞集团等 47 家境内外上市公司，让烟台工业多翼齐飞、量质双优。从 1984 年引进第一笔外资，现在烟台已经有上海通用、富士康、现代汽车等 101 家世界 500 强企业，累计投资 151 个项目。放手引进来，阔步走出去。在国家"一带一路"倡议中，万华化学收购匈牙利宝思德，玲珑轮胎在泰国建立工厂，台海核电收购法国马努尔，中航林业在俄罗斯建立经贸园区——一笔笔对外投资，帮助烟台企业掌握了行业的国际话语权。

40 年间，从传统农业向现代工业的华丽转身中，城乡居民衣食住行发生了翻天覆地的变化。40 年大潮奔涌，沧桑巨变。曾经的造船厂成长为中国最大的海洋工程装备建造基地，烟台中集来福士制造的半潜式深海钻井平台——蓝鲸 1 号在南海成功开采可燃冰，创造世界纪录。

烟台市海洋生产总值居全国地级市首位，海洋强市的巨轮已乘风破浪、扬帆起航。从经略海洋到深耕沃土，40 年间从家庭联产承包责任制到 1.38 万户农业专业合作社，繁星闪烁。从分田到户，传统种植到现在产供销一体，一二三产业融合，乡村振兴战略蓝图徐徐展开。40 年间，曾经只有 4 个村庄的烟台开发区已成长为区域龙头大项目聚集地，全市 4 个国家级园区和 14 个省级经济开发区星罗棋布，作为山东新旧动能转换综合实验区三大核心城市之一，烟台正崛起令人瞩目的园区力量。

40 年来，曾经的交通末端城市已变成国家"一带一路"倡议的重要节点城市，思想的解放总是伴随着文明的提升。40 年里，从联合国人居奖，中国投资环境金牌城市到全国文明城市五连冠，社会治安综合治理优秀城市七连冠。在国内外舞台上，烟台表现得更加从容自信。人民创业生活得更加高效幸福。不忘初心，继往开来，正在全力建设的制造业强市、海洋经济大市、宜业宜居宜游城市，必将让烟台这颗黄渤海畔的明珠焕发出越来越璀璨的光华。

面对海量、繁杂，经常真假难辨的线索资源，如何主次分明、有效准确地整合，这对记者编辑等媒体工作人员提出更新的要求。

一、需要不断学习，贴近实际，具备更多的知识素养，尤其是生活常识

目前传统媒体的记者，尤其年轻记者缺少生活常识，又不深入调查研究，凭想象或者只听取一面之词，导致报道失实或者偏颇。

有一档民生栏目，曾经根据小区居民举报，采访了一条小区大树被砍头的报道，认为没有经得全体居民同意，破坏绿化，影响了环境。后来经过核实，原来被伐头修剪的杨树，春天飞絮飘进很多居民房内，引发一些老年居民的呼吸疾病，同时有的树木紧靠居民楼，大风猛刮很容易折断，对楼房安全造成威胁，物业适当修剪对大多数居民的人身安全和生活有好处。如果记者只听取当时最早的那部分居民的意见就做出报道，得出破坏环境的结论，显然不够客观准确。

编导记者一定要掌握相应的专业知识，在反复听取不同立场的当事人观点，并且在权威部门的佐证下，充分摆出事实、整合各种立场，这样才能通过作品让受众做出正确客观的判断，否则就是管中窥豹了。

二、电视媒体人员在策划节目时要有清晰的逻辑性和条理性

重庆万州和贵州贵阳在 2018 年和 2020 年发生的两起公交车事故在对社会公共安全提出挑战的同时，也引发公众舆论理性化的思考和对事件线索资源理性整合的反思：事故发生后，万州区公安局交巡警支队公布情况：2018 年 10 月 28 日 10 时 08 分，冉某驾驶大型普通客车（车内人数待查）由江南新区往北滨路行驶，当车行驶至万州长江二桥桥上时，与邝某某驾驶的由城区往江南新区行驶的小型轿车（车内只有驾驶人）相撞，造成大型普通客车失控冲破护栏坠入长江、小型轿车辆受损、小车驾驶人受伤的交通事故，初步核实失联人员 15 人（含公交车驾驶员 1 人）。

在这个事件的追踪报道上，应该围绕受众提出的一系列问题展开策划：

首先，事故的罪魁祸首是谁？

最开始的网络舆论聚焦迎面而来的红色轿车司机，很多人猜测那位女司机是肇事者，她的错误驾驶导致车祸，造成悲剧，甚至有人人肉搜索女驾驶员，对其辱骂，直接人身攻击。

随后收集到的车辆行驶记录仪的视频还原了现场，也解答了受众疑问。事故发生时的监控视频显示，事发时这辆红色轿车在自己的车道内正常行驶，一辆公交车从对面驶来，车头上方的电子显示屏持续闪烁。在视频第 9 秒时，公交车突然急转越过中间黄色实线。第 10 秒时，红色轿车的刹车灯亮起，随后轿车头部与公交车发生碰撞。原来轿车司机完全无辜，是受害者，监控视频还了她清白。

11 月 2 日上午，重庆万州公交车坠江事故原因公布，出乎绝大多数人的意料之外：车内黑匣子监控视频显示，事发时乘客与司机发生了激烈争执，随后互殴最终导致车辆失控。据此，重庆市官方通报了对此次公交车坠江事故的责任认定，认为乘客刘某和驾驶员冉某的行为严重危害公共安全，已触犯《刑法》第一百一十五条之规定，涉嫌犯罪。

接着，有很多人提出疑问：司机在被乘客袭击后进行反击的行为能属于正当防卫吗？专家给出了否定的答案。中国政法大学的教授认为，这方面的判例之前有过，司机被乘客殴打后与对方互殴，导致车辆发生事故、造成他人伤亡，结果对司机以危险方法危害公共安全罪定罪。专家强调，双方的行为性质都是以危险方法危害公共安全。因为公交车上有众多的乘客，另外车辆在公路上行驶也涉及其他汽车运输安全，所以发生这样的情况是非常危险的。

另外，在网友质疑：对女乘客和司机的行为，谁的责任更大呢？专家学者认为司机的责任更大。因为司机受过安全教育，具备应有的职业素养，遇到这样的情况应该合理应对，以安全为重。

最后因为乘客和司机都已遇难，刑事程序不会启动，所以民事赔偿责任由谁承担呢？中国政法大学教授分析，虽然司机和女乘客争执互殴是造成事故的原因，但是应由公交公司承担赔偿责任。依据法理，乘客上公交车购买车票，就和公交公司建立了合同关系，在这个合同关系当中，就包括了公交公司要保证乘客在乘车过程中的安全。专家进一步分析说，因为司机在事件发生时没有冷静处理，没有断然采取保护措施保护乘客的安全，而是意气用事，造成了不可挽回的人间悲剧，所以公交公司自然要承担对无辜乘客的赔偿责任。

　　重庆万州公交车事故从开始的猜测和谣言满世界传播，无论传统媒体和自媒体、新媒体更多的是对支离破碎信息的想象性解构；到随后视频证据互相印证，执法部门公开越来越准确丰满的证据线索。随着公交车浮出水面的是真相，沉下去的是逝去的生命，留给民众思考的是社会对理性舆论的追索。而权威部门和法律界人士对责任分担和赔偿问题的分析，进一步厘清人们对此类事件的法律解读。在纷纭世象和汹汹人言的背后，全媒体时代受众应该如何理性发声、媒体应该如何还原真相和引导舆论，成为公众课题，也为社会文明提供了一个警醒器和一贴催化剂。

　　为了不让谣言和猜测满天飞，围绕这一系列问题展开媒体的追踪报道策划，就会使整个线索和逻辑清晰而有条理。由表及里、层层剖析，不仅说明了整个事件的过程，而且从法理、道德等方面进行了深入分析。从这一单体事件，对传统媒体和新媒体的报道和评论参与者也是一次深刻的教育：对事件和社会现象的把握不能先入为主，凭主观臆断武断得出没有经过事实考证的结论。这也对电视策划工作提出了要求，策划人必须带着疑问设计多种可能的采编预案，听取多种不同的声音，才能保证不让随后的报道走入歧路而有失偏颇。

　　贵州安顺的公交车落水事件发生后，公众和媒体反映相对理性很多，尽管也有一些猜测，在一些公众号和博文后面，看到的分析最多的还是关于行车路线的分析，应该说不无道理，和最后事实真相几乎没有出入。大量评论是逝者安息、建议等待公安部门权威结论的声音。

　　两年发生了2起死亡人数合计数10人的公交车事故后，且不论社会对公共安全的讨论，我们可以看到社会自然人和媒体在全媒体语境下走向成熟的心态。

　　当前社会在融媒体时代更加公开透明、信息更加快速多元，媒体面对的线索资源从过去的社会主动提供，到媒体主动出击收集转变。当然收集的渠道更加密集，既有政府部门、社会群体，又有自然人的传播，另外媒体的相互引用和深度、关联性报道使线索资源更加丰富，也更加芜杂和重复。进入大数据年代，媒体人要学会重新整合信息，对大数据和线索在科学分析的原则下，精心提炼、推测各种可能，再进行信息再构、二次解读。

第四节 传播渠道整合

电视统治了世界至少50年，成为最大众化、最娱乐化和利用率最高的信息传播平台，但是它的单向传输、线性播放、无法互动等受众被动接收的缺陷深为世人诟病。互联网的诞生，使双向传输变为现实，受众既为信息接收者，也为信息传播者，同时兼具了重新解构所传达信息的身份，这种受众受法一体的质变也使传媒发生质变，潜藏在社会人群中的观点解读深度和能力得到空前挖掘，从而使得社会信息传播水平直线提高。

中共中央政治局就全媒体时代和媒体融合发展举行第十二次集体学习时，习近平总书记强调："全媒体不断发展，出现了全程媒体、全息媒体、全员媒体、全效媒体，信息无处不在、无所不及、无人不用，导致舆论生态、媒体格局、传播方式发生深刻变化，新闻舆论工作面临新的挑战。"

全媒体是指利用传统媒体和新媒体等各种传播手段和互联网、智能化等技术，发动所有能够参与传播过程的人员，对所要报道的对象进行全方位、完整过程和前因后果、未来走势等方面的解读，以获取对受众而言最为全面和满意的传播效果。全媒体本身随着传播媒介的更新而不断汲取新的技术手段，再创新的传播流程，一切是为了满足受众不断增长的对信息和真相的需求而打造和完善。

全媒体使具有新闻性的事件在人际传播中，通过互动交流评论展开观点碰撞，并通过相关内容的挖掘和衍生信息形成新的新闻事件和更多热点。如前文提到的重庆公交事故和山东高考替考事件的追踪等。在这些事件发生的初期，在朋友圈、微博、论坛等自媒体中投石入水，随后被以网络和智能设备为载体的网站、公众号、头条号、快抖号等新媒体引用，随后广大网民开始互动、共享这些信息并加以评论，并深入挖掘，加入新的信息、发酵新的观点，传播速度几何量级加速、覆盖范围急剧膨胀，形成火山爆发式的舆论热潮。

在这个过程中，文字隐含的事实、谣言、猜测和观点混杂一体，倒逼当事人和涉及的部门、单位表态，官方和媒体开始调查，随着层层剥笋的解构、整合，最终确认事件的脉络和主流观点。

面对这种信息无处不在、随时即来的新媒体时代，电视媒体的快速、即时的优势不复存在，必须结合移动视频的小屏传播，开辟各类新的传播平台，借助云计算、大数据、智能化等互联网技术，同时发挥电视媒体直播优势、补充互动不足的劣势，与新媒体融合。这样传播渠道的融合势在必行。

一、整合传播出口，求准求快

美国的约瑟夫·斯特劳巴哈教授认为：融合的现象改变了许多关于大众传媒的传统概念……不仅技术变化了，而且我们对传播过程的理解也变化了。

2021 年 1 月 10 日，山东栖霞五彩龙金矿地下 240 米处发生爆炸，因为涉事企业和当地政府官员瞒报，1 月 11 日下午 8 点 5 分消息才被上级领导和媒体了解：井下 22 名正在施工的矿工被困，因为爆炸损坏了巷道设施，矿工身处四百米到七百米之间的不同作业段，救援难度极大。1 月 11 日 23 点 51 分，山东省烟台市人民政府新闻办公室官方微博发布矿难信息后，在网络文字消息语焉不详时，中央广播电视总台山东站直播团队、山东广播电视台连夜出发，很快赶到栖霞后，即展开直播报道，烟台本地广电等媒体也迅速反应，很快组织跟进报道。他们在救援现场，用移动卫星直播车、TVU 无线传输设备通过央视新闻、央视频、闪电新闻客户端、抖音微博微信等全平台全媒体，不停发布昼夜进行的救援最新进展。当地媒体则采用微信的视频号推送不到一分钟的短视频，对同步力图打通救援通道的多个钻孔掘进情况及时发布消息。

初期几天，因为救援人员只能乘坐特制罐笼到几十米至一百多米处清障，其他钻机一直处于掘进过程，无法拍摄地下的视频，受众看到的是部分地下清障的照片、央视和山东台的地面救援场面。央视在新闻直播间、东方时空等栏目现场连线滚动播出，其他新媒体平台则转载电视媒体的消息。

对这样的重大突发事件，电视媒体的权威性和声画到位的视频优势显露无遗。

1 月 17 日下午，央视、山东台等的新媒体客户端闪电新闻发布《山东烟台笏山金矿救援收到井下信号》，几十秒的几个镜头、现场救援人员敲击钢管声和放大后的井下被困矿工的回应敲击声如同天籁，再配上振奋人心的现场掌声极具震撼力，被各类平台以《收到井下回击信号 初步认为有生命迹象》等题目纷纷转发，同时也被网友大量转发。互动评论最多的是"这是新年来最好听的声音和最好的消息"。这些镜头是记者用专业摄像机拍摄经过现场简单剪辑直接通过客户端推送出来的，这把事件发生和受众接收的时间差压缩到极短。

随后 3 号钻孔投放给养，五中段被困矿工取走给养，确认被困人员位置，救援人员收到传回的纸条。纸条内容被曝光掀起新的舆论高潮，这样的画面真实可信，一图胜过千言万语，其中的"救援不停，我们就有希望"的字句让无数人流下热泪，鼓舞了救援人员，也体现了被困人员坚强的意志。很快，井上井下实现电话联通。

但在持续的报道过程中，也出现了一段 22 人都在、都活着的误报小插曲。当时一位指挥救援的领导举着传送上来的纸条，刚念出我们在井下有 22 人，后半段还没读，有网络媒体在几秒钟之内就点击发出 22 人都活着的消息，结果后半段内容有"另有十人情况不明"，发出都活着消息的记者把联络中井下有 22 人的信息误认为都活着而抢发，不过很快被确认五中段有 12 人，其他工段还有另外 10 人，但是生死未卜。这时以妙计数的网媒已经大量转发，尽管在 10 分钟时间内初始消息被撤下，但是转发的自媒体仍在大量复制传播，一直到数天后才彻底澄清。而作为电视媒体因为拍到了纸条，原原本本按照上面的文字陈述，报道就很准确，这也侧面反映了电视媒体需要用视频说话从而起到了确证信源的作用。

在媒体竞争日益激烈的当下社会，因为网络技术和便携设备的成熟而使报道内容的发生时间与传播到达受众的时间差越来越小，所以事实准确包括细节真实的难度不断增加。电视媒体在融合新媒体出口、扩大传播渠道的初始阶段，尤其要注意真实准确客观报道的问题。在策划报道各环节，要增强疑问意识和常识逻辑判断能力，力求每一句话、每一个画面经得起推敲，不要用断语妄下结论。

山东台现场记者统计，自 1 月 10 日以来，山东广电在山东卫视频道、新闻频道《山东新闻联播》《早安山东》《闪电大视野》播发消息、特写、评论类新闻超过 50 条；在闪电新闻客户端、齐鲁网、山东广播电视台各频道、栏目官方微博、微信和抖音号以及学习强国平台，播发短视频、图解、快讯等新媒体稿件超过 500 条，累计发起直播 5 场。其中，抖音小视频 70 余条，快手 39 条，微信视频号 30 条。向新华网、人民日报、央视新闻、今日头条、腾讯新闻、B 站等全平台分发闪电新闻稿件 617 条。十多天里，栖霞事故相关内容全网总播放量 7.8 亿，其中闪电新闻抖音总播放量 6.4 亿，收获点赞 776 万+。

新媒体出口不受电视频道的线性编排限制，关键在于其接收端的便携和随时随地观看的便利。从以上数据可以看到，各级电视媒体为了达到以快取胜的传播到达率和最佳传播效果，均采用了渠道整合的全平台融媒体传播，一方面利用自身媒体的 App、网站，同时在微信公众号、微博、抖音号等平台同步播发视频、图解、快讯等新媒体稿件，另一方面向其他媒体的平台传送，形成舆论短时间的内爆效应。

二、利用资源优势，求新求变

全媒体的全息特点是指传统媒体不拘于自身的原始技术特点，而是汲取互联网、智能便携设备融合的先进传输手段，利用大数据、虚拟情境等人工智能技术，软件技术和硬件设备结合，制作出视频、H5、AR、VR 等作品，通过传统媒体和新媒体出口传输到受众的接收端。

在电视媒体全息化升级改造中，广电的技术人才优势需要同步跟进。传统电视直播设备虽然信号清晰、传输稳定，但是重型设备需要复杂的配套设施、较多的操作人员和相对较高的外部环境要求，投入成本也相应增加。近几年，电视媒体技术改造适应新媒体发展方向，向便携化、操作简易化转型。像使用移动通信卡无线传输音视频信号的 TVU 设备，把摄像机与 TVU 传输设备连接，拍摄和传送同步。一套设备重不过几公斤，记者背在肩上即可，可以用多个移动运营商的通信卡并且依据信号强弱择优切换，拍摄的视频可以无线即时传到信号可达的任何地方。使用接收和切换剪辑设备既可以直接与播出机房连接，也能转码向网站和客户端推流，实现多平台同步传播。

在一些突发事件的环境里，如果没有上述的专业设备，记者的手机可以下载安装专业的直导播 App，输入口令就能与后方编辑部连线，使用手机直播。这种直播更为简便易行。

当然，随着手机拍摄视频的功能不断强大，同时像剪映、快剪辑等手机剪辑软件推广，得到迅速的大众化普及，专业的记者也可以运用手机完成专业的采访报道工作，而拍摄剪辑的作品，也完全能达到在手机等小屏传播的信号质量标准。

各种事件类和活动类直播除了在传统媒体自己的频道、新媒体端、号、群进行，还可以借助不断涌现的直播平台出口完成，无非要提前加强预热宣传，让受众预先了解接收路径和播出时间等信息，以吸引更多关注度和观看流量。

在媒介技术创新风起云涌的时代，电视媒介内容的革新也必须借鉴新媒体的特点和优势。

（一）电视融媒体的内容创新首先要考虑是以传递信息为主还是表达观点为主

电视节目的优势更多体现为信息传递，因为其声画俱备的形象特点，更易让受众感受画面和声响的魅力。在观看和收听过程中，事件类和富含硬信息的节目较平面媒体表意传情直接而有效，也最有力量；从平面媒体到利用互联网即时连接的 PC 端网站，再到拿在手中可以反复观看和即时互动的手机端的 App 和公众号、微信群等，无论媒体主办者还是参与互动的受众表达观点更为灵活和方便。所以，在节目策划时，要充分考虑到电视媒体与新媒体的异同，在策划思路、节目创意、整体结构、起承转合、案例选择、采访设计、拍摄准备、稿件组织和后期剪辑中都要随时因媒而异，做好把传统媒体的内容和出口嫁接转移到新媒体的准备，并付诸实施。

（二）电视媒体领导者要优化流程，提高各岗位政治站位和业务能力

在融媒体环境中，电视频道和栏目必须重新塑造栏目定位，梳理工作流程，制定补充更加完备的选题策划、采访拍摄、后期剪辑包装等规章制度。要调动从业者业务学习的热情，利用报题、策划和总结，不断学习融媒体的新知识，提高新技术的灵活使用水平。

电视媒体在应对日新月异的新媒介潮流时，应该把变与不变的辩证关系处理好。变化的是各种传播手段和技术应用，不变的是以最优化操作流程达到最佳传播效果的宗旨。从电视到新媒体的策划，要克服目前存在的顾此失

彼的弊端，大小屏要兼顾，根据内容和适合的形式采取相应的传播渠道。同时加强策划，事件无法预料，但是报道形式如直播、多渠道分发、深度报道需要提前构思、制定成熟而稳定的流程。

（三）渠道整合变单向流动为双向互动

在互动渠道和传播载体变化的过程中，无法发声的信息接收者向跃跃欲试积极发言的观点表达者转变，被动的受众向主动传播者改变，电视媒体需要改变单纯的信息传递和意见表达的角色，向信息组织和意见平衡的新角色转变。

在我担任地方电视媒体新闻栏目制片人的时期，创办过收视率一直稳居本媒体首位的民生栏目，其中有一个《有话请说》小板块，每天不过两三分钟，主要是选择每天观众反映的问题，然后通过主持人读出来。这些问题经常因为题材限制，或者事件很小，或者当时无法解决，如果长期被媒体忽略，容易使观众失去向媒体倾诉心声的热情，所以我们宁愿占用一条新闻的时间，也要尽可能多在荧屏上借用主持人的话筒表达受众呼声。栏目多次改版，这个小板块一直保留，事实证明短短几分钟念出的十几条信息作用巨大。这一定程度打破了电视媒体线性单向传播的弱点，弥补了互动性差的短板，增强了受众对电视媒体的信任和好感。

新媒体互动评论区较之于电视媒体更为方便和开放，互动性更强，因其匿名性和便捷快速，使很多受众注册为新媒体的用户，变身为意见表达者。很多人喜欢看新媒体的报道，很大的程度是因为能够表达心声，许多人更是被评论区吸引而爱屋及乌，关注媒体自身。评论区也确实能够展示更多的信息量，展现群众的智慧和力量。所以评论区的功能不仅限于反映受众的观点和说法，更重要的是它存在的本身体现了媒体公正和多元表达的立场。这不仅是对受众的尊重，还是媒体形态和内部构成不可分割的一部分。

现在很多 App 和公众号等关闭评论区功能，出于无法完全把控的顾虑，担心有违法违规信息。当然这里也有参与把关的审核成本的考虑，殊不知因此而丧失了无数受众的信任，失去了更多信息的发现和更深观点的碰撞机会。

在信息爆炸的今天，电视媒体也是如此，每天每个时期真正引发关注的节目实际很有限，恰恰在有限的吸睛节目上要深入挖掘其附加值，评论互动是很好的方式。

第四章　节目形式策划

每一个电视节目从酝酿选题到传播至受众的手中眼前，大体要经过选择题材、寻找角度、进行采访、文稿写作和后期编辑、节目包装这些环节，而策划渗透在每个环节之中。

选题就是选择什么样的题材使其成为未来节目的素材的过程；角度即选取什么样的开场或者由头切入节目；采访是对节目内容的现场挖掘过程；写作指电视脚本或者稿件文本的完成过程；拍摄指对节目现场的录制过程；编辑包装是后期剪辑加工，指重新剪辑电视镜头、选取特效手段使视频素材变成备播作品的过程。

电视节目出现近一个世纪，节目形式丰富多彩，导致分类也多种多样。这里主要从节目来源、受众对象、行业划分、节目时长、流行态势和节目形态等几方面划分节目类型，从而便于分析各类节目形式的策划规律。

按照电视节目来源可分为自办节目和集纳式节目；按照受众对象可分为民生节目和服务类节目；按照业内标准可分为新闻节目、社教节目；按照节目时长和流行态势可分为短视频和长片；按照播出形态可分为演播室和大活动等直播节目。

第一节　自办节目和集纳式节目

自办节目指的是从节目定位开始到素材选取、前期采制、后期剪辑等完全自主完成的节目类型，而集纳式节目则指节目源来自其他渠道，媒体取得后直接采用或者经过后期编辑的节目类型，包括交换节目和采购节目等。

各家电视媒体一般自办新闻专题、文艺类等栏目以及服务当地受众的小众类节目，而大型综艺类节目和电视剧等主要从外购买或者有条件置换（以节目交换或者附带广告内容播出等为条件）。

自办节目

自办节目需要配备完善的策划、管理、制作团队，购买完备的前后期采制设备，相对投入成本高。如果自办节目有精准的定位、节目选题和制作形式新颖而富有吸引力，那么因其独特的内容会较快提升收视率和到达率。但是投入成本和产出效益如果出现逆差，入不敷出，除了有财力支持的电视节目，这类自办节目一般需要改版甚至停办。在国内各级电视媒体中，央视的节目类型中自办节目占比较高，省级上星电视媒体侧重综艺节目和现象级节目的自办，再是加大对电视剧的采购，很多省台每年要花费几亿甚至十几、几十亿元买剧。地县级电视媒体麻雀虽小五脏俱全，一般偏重新闻类节目、特色小众节目和直播类节目的自办。

自办节目策划流程

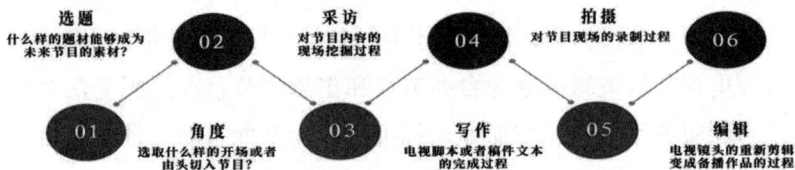

在各级电视台，电视新闻一般是自办节目中的主打类型。在风云激荡的现代社会，新闻以其即时、快速、生动、真实的报道风格成为受众最为关注的电视节目类型。

自办节目中的电视新闻栏目把一定区域内的芸芸众生当下发生的大事小情、喜怒哀乐都展现在荧屏之中，每天各个新闻频道的栏目从几十分钟到一两个小时不等，凝聚了新闻工作者的青春、汗水，他们用血肉之躯、凭着对新闻事业的热爱，执着追求、奋勇创新，打造了无数为受众喜闻乐见的新闻报道。而新闻专题和评论栏目则以鲜明的栏目定位，或者抨击时弊，或是反映时代大潮的起起落落、变革社会的风起云涌，也受到观众的喜爱。

按照节目定位划分，自办节目又可归类为财经类、法制类、美食类、科普类节目等。从面向的受众数量而言可分为大众节目和小众节目。

一、定位精准

自办节目推出要有精心的调研，摸准所针对的受众人群的喜好。20 世纪 90 年代中期出现的以央视焦点访谈为代表的新闻评论类舆论监督节目、2005 年前后出现的城市民生新闻大潮、随后出现的各类情感、竞技、求职、相亲等综艺类节目、2015 年前后出现的各类美食节目，都体现了当时那个年代受众群体对电视节目类型的不同欣赏趣味。有对社会现实变革的需求、有对自身生存环境改良的渴求，也有对精神生活提升质量的要求。而相应栏目恰恰满足了那个年代受众的即时愿望，一经推出很快火爆，形成收视浪潮和经典收视现象。

二、选好题材

自办节目要选准题材。既要及时发布和推广党和政府的大政方针，也要以我之媒传达群众疾苦、反映民情民意，同时要发主流声音，扬浩然正气。

电视媒体属于上层建筑中的观念上层建筑，传输和引导人民民主专政的政治意识形态。要坚定不移地走群众路线：建台办节目的宗旨是一切为了群众，节目题材也要从群众中来，成品节目最终要到群众中去。所以，要贴近老百姓，去做老百姓关心的人和事以及社会问题和现象。

三、服务第一

服务性不仅是自办节目提高收视率的好办法，也是保持栏目生存和生命力的不二法门。很多自收自支的电视媒体需要稳定和不断提升的财务保障，服务受众的同时，要让客户觉得值得投入，这对栏目在党委政府、受众、客户之间取得很好的平衡是巨大的考验。做得到位节目就有持久生命力，失之一隅就会出现问题。

四、成本控制

电视自办节目如一两分钟的一条新闻，记者可能要用一两天拍完，而且要到现场。记者需要携带设备，配备交通工具，所以既有交通成本，然后设备又要折旧，电视行业的前后期设备每五六年基本需要更新一次，同时要考虑人力成本。所以出一分钟的片子，最后可能需要投入好几千元钱，每天假如一档 20 分钟的自办节目得多少成本呢？可能就要几万块钱。一年总计多少呢？就要数百上千万。

而引进外来节目，一是引进成本相对较低，二是后期只考虑编辑成本即可，同样一天制作 20 分钟的节目，偶尔收视率可能比自办节目还高，如果能拉来广告，有赞助商前后冠名的话，也会有很好的经济和社会效益。不过，本地自办节目因其贴近性而有着不可或缺的地位，要以社会效益为主，不能过多考虑经济效益。所以如何调整自办节目和集纳式节目的比例，要从收视影响和成本核算两方面统筹策划。

集纳式节目

就如同色彩越斑斓的自然风光，越吸引人的视线，媒体信息数量越大，越吸引受众的注目。像今日头条之所以迅速成长为新媒体的引流之王，和它的巨量信息流密切相关。作为电视媒体，线性传播的时间限制，使它如何在有限时间内如何容纳更多更引人注目的信息变成一个很重要的课题，其中集纳式节目能够部分消解电视资源的局限性。

现在的电视频道很多播出时长较长，有的 24 小时播出节目，如果单靠自办，很难满足片源要求，集纳式节目就成了电视媒体的重要片源。例如，央视的动物世界等节目，有的从国外购买，然后重新配音剪辑组合成适合本地受众口味的新节目；而国内电视媒体和各类电视节目制作公司、影视传媒企业经过几十年的发展，已经摸索出了很多的节目制作、分发、交换、购销等路径。各类节目联合体也纷纷出现，如中广协即现在的中国广播影视联合会下辖的各个协会，有新闻、社教、政法等很多类型节目的交换平台，有的运行二三十年，利用互联网平台和云平台，互通共享海量的各类自办节目；像新华社、中新社有着独立的影视制作机构，随时通过开放性平台对外输出节目，电视媒体和机构可以随时调用；有的媒体组成独立运营的节目制作输出公司，探索市场化经营，输出人员和模式，初见成效，如天泽传媒等。

在我国，制播分离模式已经探索了多年，目前社会上的独立电视节目制作机构数量众多。像很多电视台的节目，定好选题以后，直接外包给外面的节目制作公司。社会影视公司以其灵活的运营机制，招募各方面的专业人才，采购最新的前后期设备，采用最新的制作软件，在影视剧、娱乐节目、纪实专题节目和各种生活服务类节目领域均创作出了很多佳作。这些作品成为电视媒体另外一种资料来源。

我在广播电视台工作时，曾在 2005 年和 2011 年先后参与创办过《资讯平台》和《非常道》两档集纳式栏目。栏目引进的外来节目主要从全国城市台节目交流共享平台选取，这个平台每天有上百家城市电视台上传的成百上千条新闻，另外栏目还转载剪辑央视、各家省级台的精选节目和新华社、中新社等通讯社视频制作团队的节目。另外，海量的网络资源如自媒体和社交媒体的短视频成为电视集纳类栏目的重要素材源头。

随着互联网技术的飞速进步，抖音、快手、视频号、头条、百家号、喜马拉雅、蜻蜓等互动视音频平台风起云涌，这些平台最大的特点是变单向传输信息和节目为双向互动，而且平台专门设计开发上传视音频文字图画功能，有的配备画面剪辑软件，接收和制造信息的双重身份使受众向节目制作者转变。人手一部手机，每个受众变身记者、编辑，每部手机仿佛一个电视台，而每个平台相当于电视频道。节目资源由过去的专业机构和人员制造转变为全社会参与、全民制造。

电视媒体的视频节目从大屏向小屏分发的同时，要注意返流。因为新媒体也同时为电视媒体提供了无穷无尽的节目资源，大屏在迎接中小屏冲击，也要从中小屏吸收选取节目，学习其贴近性和即时性的优点，在电视频道中引入相应的网络视频资源，重新整合串编，为我所用。目前在这方面，由于小屏清晰度等技术指标暂时满足不了大屏对视频高像素的要求，而随着技术进步，大小屏的互相分发成为必然，电视节目资源会更加海量。媒体和受众成为传受一体的结合体，从而加快了传播节奏，也使栏目内容更加贴近生活、贴近群众，选题更从区域扩展到国内和世界各地，形成媒体、受众、内容参与对象的三方主体互动。

传统的集纳式电视节目往往由专业机构制作，相对指标统一，电视媒体经常直接可以在重审后播出。具体如何划分频道和区分时段是对媒体把关者的重要考量，往往综艺类和影视剧安排在晚间黄金时段或者填补白天或者深夜大段的空闲时间，而小众类节目如节奏悠缓的纪实类节目安排在深夜或者凌晨，美食类节目更适合放到午餐、晚餐时间，少儿节目则在孩子放学回家的时段以半个到一个小时为宜。

电视媒体的把关部门或者把关人对外来新闻节目需要精心筛选，而且要具备很强的政治和新闻业务素质来进行甄别和分类。如有的节目出现政治性或者导向问题，像涉台、涉南海、钓鱼岛等地图图片、名称规范等，需要专业人员进行二次编辑和审核把关。对于地方台，集纳式节目在编辑和编排技巧上要注意如下几点：

一、筛选适合的题材，注重普适性和差异化的双向选题

很多比较好用的外来节目是生活服务类和地域特色类内容，如生活小常识、小窍门、旅游、民俗等。生活服务类节目因其具有普遍性和通用价值，加之时效性较弱，所以制作精良、有代表性的题材可以被其他电视媒体转播或者加以改造后播出。

地域特色类节目虽然不具备普适性，但是正因为节目具备浓厚而特别的地方色彩和特殊风格，往往以其新奇性吸引外地受众。像在小长假前夕选择一些旅游胜地和网红打卡地的旅游景点、交通路线、配套服务、注意事项的节目，就会吸引有外出意愿的本地受众的收视参与。

二、外来节目也要注重时效性

引进外来节目也需要把握时效性，像对一些流行病的防治，因为季节变化，预防春季流感的片子最好在三四月份播出，而秋冬季过敏病症防治的片子就需要在夏末秋初及早播出。高考分数线的公布、高考志愿的选择更要第一时间推出，这样对考生和家长才有针对意义和实用价值。

在这样的节目引进时，还要注意节目来源的权威性，如此才能保证报道内容的真实准确。媒体编辑在选择引进节目时，最好先从权威部门如国家各

大部委局和执法部门的渠道获取，再是从新华社、人民日报、央视等媒体转载，另外也可以从各大节目联合体和地方权威媒体选择，但是对有版权要求的节目需要遵照法律和行业规定。

三、对集纳式外来节目进行本土化改造

对外来的电视节目不能拿来主义，毕竟贴近性是电视媒体的制胜法宝，尤其对地方电视媒体，时刻要关注本土受众的兴趣点。对引进的节目，有的可以部分改造，如上面列举的一些流行疾病的预防，可以用引进节目的文字和画面，采访则可以对本地疾控部门和医院专家和医生进行重新采访拍摄，这样会更有地域针对性；对于数量较大、时间较紧的集纳式栏目，来不及改造单片，应该从演播室主持和串编包装上应用本媒体的元素，贯穿栏目的本土化风格，增加本地受众的亲切感。

我在电视媒体工作时，参与监制一档《细说百家姓》栏目，这是一档以宋版百家姓为序的专题文化类节目，时长半个小时。作为城市电视台制作这样长达几百期数量庞大的栏目，既要用视听语言传达深厚的历史文化要素，又要考虑在地域内播出栏目的贴近性。在节目策划中，栏目组设计了这样的思路：一期或者两期做一个姓氏，前十几分钟以寻访当地这个姓氏聚居区居民讲述本姓氏的变迁、目前的家族生产生活状况为主，不仅让受众感受到近在周边的心理认同，又充满时代感；后面的时间则镜头一转，回顾漫漫历史长河中这个姓氏的起源、涌现的名人和精彩的往事，这部分因为多数镜头无法拍摄，所以以影视和特效资料画面为主，当然也要引用一些外来节目的镜头。这种古今结合、本土与异地联通的节目制作手法可以兼顾众多不同地域受众的收视习惯和兴趣，在本地播发的同时，也能和其他平台或者媒体进行节目传送、交流和外销。

现在新媒体的即时到达、共享全覆盖等特点已经剥夺了电视过去作为即时传播的最快速媒介的地位，电视媒体正在向一种记录正在成为历史的当下和娱乐化内容的传播工具转变。正如麦克卢汉所言：新媒介绝不是旧媒介的赘加物，也不会让旧媒介过清静日子。它绝不会停止压迫旧媒介，直到它为这些旧媒介找到新的形式和新的位置。在新旧媒体的交锋中，电视媒体必须采取拿来主义的策略，吸取诸如新媒体中无限的视频和线索等资源，进行适

合电视受众需要的改造。

四、编排中的不同体裁的搭配及编排技巧

集纳式节目的编排因为素材的广泛，所以后期策划编辑的作用要比自办节目大得多，也有更灵活的发挥空间。后期编辑策划有结构的搭配、串联的衔接、长短的节奏、画面空间的利用等技巧。

1. 分主题在栏目中设置小板块

面对众多的外来节目素材，根据节目类型要重新编排。在一档外来节目为主的新闻类栏目中，如果现在是冬季，碰到供暖期，北方城市有可能碰到同样一些问题，例如供暖质量纠纷或者收费矛盾等。编辑就可以从众多同类型节目中选择两三条，打比方可以选择一条唐山的、一条西安的，再选择一条哈尔滨的新闻。在一档20分钟的栏目里面，集中5分钟做一个专门关于供暖问题的小板块。可以选取不同角度，如哈尔滨今年出台一个什么标准，像按照流量收费，别的很多地方还是按照建筑面积作为收费计量单位。再举例另外一个城市供暖技术改进，不用直接烧煤炭了，改用发电厂或者化工厂的余热来供暖，实现了资源的可循环利用。不仅节约了能源，而且保护了环境。

从类似这些角度，编辑可以选择这么几条新闻集纳出来，随着时间季节等的变化，我们就可以做这种编排。这样把外地的一些好的经验做法或者对矛盾纠纷的解决处理办法集合播出，对本地受众就会产生共鸣性的认同效应，对主管部门会有参考启发作用。从供暖问题还可以转到民生领域，通过中间主持人的串联，关注贫困户和农民工群体的冬季供暖问题，调查相关部门如何保障这些群体温暖过冬、企业怎么给他们提供一些防护服或者冬季供暖设施、志愿者组织又是如何参与公益服务等。

以上的编排组合不仅具有时效性、针对性，而且会形成空间地域上的比对，使一个地方性电视媒体的集纳式节目更为立体，内容也更具可视性和社会价值。

2. 串联编辑的衔接技巧

一档集纳式节目，如果有一个好编辑，具备非常巧妙的编辑技巧，这档节目可能会做得很好看。这取决于编辑是不是有思想、是不是有灵活的编排思维，这种思维首先要非常贴合受众的关注点。面对新媒体的冲击，电视媒

介要做更多的受众调研，了解整个收视覆盖范围的人群最多关注和最感兴趣的点，而不是凭着少数人的感受来选取素材和编辑节目。

编排的语言也很重要：遣词造句是不是很有灵性？串联词是不是讲究起承转合？例如，一档20分钟的栏目可能里面容纳了10条新闻，可以分成三四个板块，通过巧妙的串联词，可以整合得浑然一体。一档集纳式节目的编排就像一位会穿衣服的女子，戴的帽子、围的领巾，然后上衣再到裙子、鞋子的色彩、款式和风格搭配得非常协调，让人看上去很舒服。

一档集纳式栏目，可以采用不同的体裁形成长短参差的节奏变化，如可以用一段短消息，每条十几秒钟；再接续几条长度几分钟的长消息，最后配合一条深度报道。这样不同的体裁组合会产生错落的层次，关键可以根据内容信息量的不同进行长度不等的节目时长调整。

另外，从栏目最开始的切入导语，到中间的串联词，到整个的编排结构，当然也包括片子的选择、画面的剪辑，这些都能整体看出一个编辑的水平。

3. 依靠电视屏幕的空间多元包装留住受众

有的受众不喜欢观看外地节目，这时可以开发电视屏幕的边角余地，增加受众关注的普遍信息和本地内容以留住这部分人。例如，在播出集纳式节目的同时，以底拉字幕或者翻动的角标用流动的文字播出本地的即时新闻和天气、交通、旅游等信息。

在节目前中后的演播室主持中，最好多加入本地元素，像通过对本地某一事件或者现象的描述引出下一条外来节目，在节目结束时的主持中适当增加同类事件或者现象的本土化论述和点评。

五、尽量引入信号质量好的节目源

相较于外来节目，第一手拍摄的视频素材技术指标一般更好。以往的模拟信号以录像带存储，经过多次转换，图像信号损失就会很大，甚至出现画面毛边或者波纹等情况，像素损失很厉害。现在虽然基本采用了数字存储，不过因为转换格式的不同也会造成清晰度下降，另外很多外来节目打上了自己的标志，像本媒体个性化的角标字幕，如果采用就要重新处理，例如要用蒙版做模糊化处理，如果过多则影响美观，所以引进外来节目一定要注意其后期包装是否适合改造、格式是否适合转换。

　　无论自办节目，还是集纳类节目，一方面要坚持提升电视收视率，另一方面因为传播渠道的多样化，大屏和中小屏的收视群体出现分流和重叠。分流是必然趋势，重叠是过去收看电视的中老年人和少年儿童同时也成为平板电脑、智能手机等便携式收视工具的同步使用者。媒体要通过融媒体多渠道分发节目，以提高节目的到达率和应用效率。

　　融媒体渠道分发尤其要重视审核把关。如果说一档电视节目，策划是节目的起源，审核把关就是最后保证节目传播没有后遗症的重要环节。自办节目把关相对简单，但是对外来节目，把关难度比较大，因为外来的节目拿过来以后是个成品片子，或者是个半成品，拍摄的每个镜头每一个采访，特别是一些舆论监督的节目，采访的真实性如何？除非你发现这里面疑点很大，千里之外的节目很难重新去核实。

　　但是，一旦出问题的话，当然是追究第一发布人，也就是这条片子由谁首发？但是有时候一些片子牵扯肖像权、隐私权、名誉权等，按照新颁布的《民法典》，统称人格尊严权。打比方说里面人名搞错了，一个犯罪嫌疑人的名字打错一个字变成了另外一个与此无关的人，这时就可能被追究连带的侵犯别人姓名权的侵权责任。

　　融媒体传播特别要慎之又慎，把关人要有非常敬业的耐心和细心，不放过一个疑点和漏洞。因为除了传统媒体的出口，还涉及网络媒体 PC 端、手机端，传播出去以后首先它不像电视媒体播出以后，只是局限在一个地方，网络媒体传播出去以后全世界都可以看到，而且别人截屏、发链接，可以无限次地转发。这种扩散式的影响非常大，而且证据非常好保存。

第二节　民生类节目和服务类节目

　　电视民生节目通常指以民众生产生活中出现的具有传播价值的事件、社会现象、问题、人物等为报道对象的电视节目。其中民生新闻是国内民生节目的主流节目形态。电视服务类节目是以提供信息为主，满足人们物质生活方面的求知欲，通过生活资讯来帮助观众解决生产生活中的问题和困惑，了解新兴物质产品，提高观众选择生活用品和服务项目的水准，以改善他们的生活质量。这类电视节目统称为电视服务类节目。

民生类节目

国计民生同气连枝、不可分割。电视策划要时时刻刻关注民生节目，因为电视媒体的发展与建设中国特色的社会主义、全心全意为人民服务、为中华民族谋复兴的宗旨是同步的。民生的理念始终要贯穿在电视新闻栏目之中。

从媒体的定位上就要研究怎么样去服务好老百姓，老百姓和政权的关系就是水和船的关系。不管是新媒体还是传统媒体，老百姓是受众，只有受众关注和认可你的节目，客户才买你的账，你的节目才有影响力，才有生存的空间和未来。

以上种种充分说明，在走向法治健全的今天，电视民生节目不仅仅是直击新闻现场、真实再现新闻事件这一层面，同时更要深挖内涵，帮助观众理清思路。对社会问题、身边的纠纷通过记者的镜头和采访有的放矢、逻辑清楚地明辨是非，增长社会知识，增强法治观念，这样的民生节目不单纯是刺激人们的眼球和空发感慨，而是进一步促进人们对社会的理解和认识，从而促进社会和人际关系的和谐。

一、民生节目的类型

民生节目较多为调查提醒类。这类节目通过记者调查，对一些社会领域存在的问题进行调查，通过权威部门鉴定，以期对一些不规范和违法违规行业和个人进行警示，同时也提醒观众对此类现象或者具体的物质产品要具有一定的鉴别力，不要上当，以减少损失。

民生类节目还包括精神审视、情感审视和观念审视的新闻，姑且称为内心审视、心灵关照类新闻。它们往往从我们身边发生的一些具体事件展开，用事件、人物、细节说话，这类事件具有不可复制性，和当事人及相关人员外的绝大多数人无关，却因其有着类似性而被大家所普遍关注。这三类新闻可以归纳到民生新闻的大范畴里。另外，因为民生新闻题材具有不确定性的情节和复杂的是非纠纷而富有刺激性和趣味性，所以像文学体裁中的短篇小说，富有悬念、情节曲折、人物生动、语言富有生活气息，结果往往出人意料，与大家喜欢轻松和富有情趣的欣赏心理相契合，人们对这类新闻有着特别的喜好，民生新闻就也因之有了长盛不衰的生命力。

这类新闻最易引起受众的共鸣，受众的情感随着新闻的进行而跌宕起伏、爱恨交织。甚至因为事件、人物的纠葛繁复而让人久久回味，引发热烈讨论，可能对观众的价值观、人生观和世界观包括对许多事物的见解都发生变化。寓教于乐、寓理于情，新闻的教化作用得到了实际的体现。

二、民生节目的传播效果

电视民生节目更要让受众看到民众生活的亮点和前景，要体现社会的温暖和人类生存环境的改善。

我们在观看一些精彩的民生节目时，常被感动地流泪，从诸多悲欢离合的故事里、凡人大众的生活中，涌动着人间真情或是坚忍不拔的气概，往往那一瞬间当事人真情流露时，感人至深、催人泪下。这时的新闻丝毫不逊于电影和电视剧。

我在电视台工作时创办的民生节目《新闻直通车》的子栏目《社会广角》播出过这样一部片子：《流浪八年 今朝相见》，精神受到刺激的五十多岁的李树梅从河南老家走失八年，离家千里走到烟台被送进救助站，救助人员设法打听到她的老家，家人火速赶到烟台。当因为寻找妻子已经愁白头发的丈夫见到李树梅时，多年的愁苦一泻而出，抱住妻子泣不成声，儿子不禁号啕大哭："妈，怎么这个样子了？"而精神错乱的李树梅瞬间清醒了很多，拍着丈夫和儿子："别哭了。"看到这恍若隔世的久别重逢，怎能不让人动容啊。

流浪八年 今朝相见

记者：李龙

【口播】今年57岁的李树梅8年前因患精神疾病，从老家河南离家出走，全家人苦苦寻找了3年后，本以为人都已经不在了，就放弃了寻找。可没想到，奇迹竟然发生了。

【解说】昨天晚上，记者在烟台救助站见到了李树梅，她坐在那里一动不动，嘴里一直咕哝着，好像在想着什么心事。救助人员劝了半天，李树梅就是不肯上床休息，最后好不容易把她抬上了床，可不一会儿她又坐在了地上。看来长期在外流浪惯了，李树梅已经习惯了睡在地上。没办法，工作人员给她垫了好几层厚厚的毛毡，又盖了一床棉被。

【记者】她晚上吃饭了吗？烟台救助站工作人员：挺能吃的，吃了一碗菜，两个馒头。

【解说】12月1号晚上，几位好心的市民在路边发现了李树梅，眼看着她都冻得不行了，老百姓当时报了警，莱山公安分局瀛洲大街派出所的民警把李树梅送到了烟台救助站。

【烟台救助站工作人员】来了以后基本上什么也没穿，给她换衣服，上床睡不睡，她就睡这。

【解说】经过救助站工作人员的悉心照料，李树梅的情绪稳定了好多，可就是不大说话，有时候工作人员把她哄开心了，她就含混不清地多说几句。

【烟台救助站救助科科长 隋永建】经过四天的时间，今天是第五天了，边照顾边问，然后她能说出河南省王店乡。

【解说】根据这只言片语，工作人员查到河南省周口市淮阳县有个王店乡，向当地政府一打听，没想到真有李树梅这个人，离家出走时间、相貌特征基本都能对上，可是李树梅的丈夫和儿子早在四年前就上新疆打工去了。经过查找，救助站的工作人员联系到了李树梅的儿子，前天上午，母子俩通过网络视频终于见了面。确认无误后，李树梅的儿子和丈夫立刻从新疆乌鲁木齐动身，今天凌晨四点钟，父子俩风尘仆仆地赶到了烟台救助站。

【现场（亲人相见）】记者：是不是。李树梅的儿子 李辉：就是，怎么这么个样子，妈。李树梅：别哭了。李树梅的丈夫：来几年了。李树梅：10多年了。李树梅的丈夫：晚上跑出来就在这。

【解说】李树梅认出了儿子和丈夫，不过脸上看不出丝毫的激动。李辉说，8年前他姐姐得了绝症，为了治病花光了家里的积蓄，可最后姐姐还是去世了，李辉的妈妈既心疼女儿又心疼钱，一时受不了刺激，结果精神失了常，后来就离家出走了。

【李树梅的丈夫】找了3年，我们没有信心了，我们不再找了。

【解说】河南省的每一个乡镇基本都找遍了，家里人实在没想到，李树梅竟然流浪到了山东烟台。

【李辉】我妈这几年还能活过来，真没想到，找了好多年回来了，真是个奇迹，我们想都不敢想，这是捡了条命。

【解说】救助站的工作人员给李树梅准备好了新衣服，为他们订好了回河南老家的车票，李辉说，这一次回去他一定先给母亲看看病，说什么也不能再让她跑出来了。

【现场】感谢。

【解说】广角记者报道

另一条新闻《11年的抚养情》，讲的是山东省海阳市一位叫李淑花的农村妇女11年前捡到一名弃婴，李淑花收养了他，取名王雪琦。不久就发现是个脑瘫儿，李淑花没有舍弃他，这一照顾就是十几年，家里的积蓄基本给孩子看病了，每天都要给孩子推拿。智商只有几岁的王雪琦能够感知到深深的母爱，看到电视里母子的镜头，他会失声痛哭。李淑花决定找到雪琦的父母，如果找不到，未来的日子还长，没有一点血缘关系的李淑花决心照顾王雪琦一辈子。当镜头展现着李淑花费力地给雪琦练习劈腿时，当看到她背起已经很沉的雪琦时瘦弱的肩膀，让观众觉得暖流在胸中泛起，眼泪会不自觉地流下来。

11年的抚养情

记者：夏天

【口播】做父母的都知道，抚养孩子不是一件容易的事，抚养自己的孩子那是义务，而海阳市徐家店镇东芦头村的李淑花抚养她的儿子那不是义务，因为这是一个与她毫无关系的脑瘫儿子，这一抚养就是11年。

【解说】李淑花在村卫生所工作，除了其他两名工作人员外，在这里上班的还有她的11岁脑瘫儿子王雪琦。记者去的时候，李淑花正要带着儿子回家，她的家离卫生所不到200米，但李淑花每次都推着儿子走得很艰难，等把儿子弄到家，她已精疲力竭了。

【李淑花】我每次回来都累的大汗，上这个门台上确实上不来，都得出很大力才能把他抬进来，特别是这个夏天，真是一身汗。（记者：这11年都是这么过来的?）嗯，对，11年真是这么过来的，一点不撒谎。

【解说】李淑花说，王雪琦其实不是她收养的，只不过是她捡到的。李淑花以前在村里干接生工作，常常有人找她接生。1997 年正月十六的晚上又有人来了。

【李淑花】能有一点半，就有人敲门，一连敲了三遍，我怎么问他他也不答应，最后我都火了，我说你是聋呀，你是不会说话，我说你到底是哪的，你告诉我，他就说我是前夼，烦哧哧的，这时候我就起来了，我没敢开这个街门，把这个这间门开开了，开开我就上平房顶上了，

【解说】李淑花在平房顶上转了一圈，没看见人，她喊了喊，也没有反应。

【李淑花】望望这门楼底下，一望，这门楼底下通红通红一包，这阵我就吓得，干脆下不来这个平房，下不来，腿都颤颤。

【解说】这时她就在平房顶上叫邻居二哥赶快起来，从他家那个门过来看看是什么东西，她二哥一看说没事，是个孩子。李淑花赶紧把孩子抱进屋。

【李淑花】那个脐带老长短，这么长短，外面是个饭店的手绢包的，身上全是卫生纸，管什么也没有，就这么个东西，上面有个小纸，记得就是 6 点半，就写个 6 点半，时辰。

【解说】李淑花有孩子，不能收养这个孩子，但她的小叔子没孩子，便把这个小孩收养了，几个月后这孩子开始不停地哭闹，有时还抽风，去了几家医院也没检查出什么毛病。李淑花的女儿是学医的，她悄悄地跟妈妈说，她感觉这孩子像个脑瘫儿，于是他们去青岛做了检查。

【李淑花】我往那一放，那专家说你这孩子在哪生的？上去就问道这句话，我说你要是问道我这孩子在哪生的，就问道大了，我说我这孩子是收养小孩，他说，哎呀，这小孩在他妈肚子里可遭老罪了，我说怎么了，想打没打下来，人家就说这么两句话。

【解说】得知了这个结果后，李淑花没敢告诉婆婆和小叔子，便把这个孩子接到了自己家，这时小雪琦已经一岁多了，李淑花每天都要给他做推拿，这一做就做了 5 年，当雪琦 6 岁多的时候，他们听说福山能治这个病，雪琦的爸爸便不上班了，天天带着雪琦去福山治疗。可是效果不大。

【李淑花】原先他那个腿是这么个走法，这么交叉式，咱该怎么说怎么说，他去了以后，硬给他劈这个腿，硬给他抻，锻炼，现在走你也看见了。

【解说】治了 3 年，李淑花实在拿不出这笔钱了，这些年，李淑花在雪琦身上花了七八万了。李淑花说花点钱，辛苦点这都没什么，她就觉得对不起自己的女儿，女儿生孩子她都不能去。

【李淑花】和他爸说，我说咱家就让雪琦耽误了，要不坐车马上就去潍坊了，你说这个孩子，你说要不我能不去吗？我这么一说你不知道他哭得呀更凶。这不说人家了，人家就哭，行行行，别哭别哭，不要紧，我说你看我不去我不去，

【解说】现在雪琦已离不开李淑花了，虽说没有血缘关系，但李淑花已把雪琦当成自己的亲儿子了。

【李淑花】从小到现在，你不知道，两个月一病，两个月一病，他一病了，我就病了，唉，真是的，他一病我就病，他一好，我马上就好，就是疼得他。

【邻居】他爹他妈可出力了，李淑花对他，从生下来，这 11 年当中可出力了，她还干个赤脚医生，忙得一天到黑真是。

【村民】扔了不舍得，要是驴子马卖了，这还不能卖，这是个人，遭老罪了。

【村民】六月天上下推着，热得那个汗，下雪天，背，他爸她都这么样，确实不容易。

【解说】李淑花的岁数越来越大了，她只想尽自己的力，照顾到哪步算哪步，但有一件事却改变了她的想法。有一天晚上 9 点多，他们一家三口看电视，说的是一个小女孩到城里找她妈妈，然后发生了车祸。

【李淑花】她妈就上医院去看，就这阵，雪琦一看见她妈去，哇下，哭得急呀。哇下，他一哭，你不知道，我心酸的，我就说孩子，你怎么了，怎么了，我说你怎么了，妈妈和爸爸不是都在这吗？你这怎么了，人家哭得狠呀，这不我就搂着他，我说这孩子他知道啊，他懂事呀。

【解说】李淑花想既然孩子这么想妈妈，就应该让他回到妈妈身边。

【李淑花】我就觉得他从心里想她（妈妈）那意思，平日问他找到你妈你跟着她呀，就是这么样，你找你妈（点头）。

【解说】广角记者报道

在《新闻直通车》的新闻节目中，我们努力挖掘真善美的题材，让一条条让人感动的新闻展示人性光辉和温情的那一面，这也是我们弘扬主旋律、坚持以正面报道为主的一贯思想。我们曾播过一组连续报道《放猪》：说的是牟平区一个贫困家庭因为父亲许同义患重病、母亲又是盲人，上大学的儿子许涛只好辍学回家放猪。但是记者在采访时并没有一味刻画这个家庭如何贫穷，而是采访了这个家庭一家三口如何乐观向上、勇敢面对生活的很多细节。他们是勤劳的，各自忙着做力所能及的活计，而且对未来有着坚定的信心，一家人相互扶持，艰难而踏实地生活。我们的新闻感动了很多人，企业人士、私营业主还有许多市民打来电话，有的直接就去了许家，把钱物送过去或者委托我们代转，其中一位私营业主在雪中的高速路口等了记者一个小时，就为了把 500 元钱转交给许家。接着我们采制了《许涛，我们帮你上学》和《许涛一家看到希望》，讲述了社会捐献爱心的故事，许涛不用放猪了，他下一年的学费有了着落，许同义也不用急着卖小猪补贴家用了。我们用了这样的结尾：当记者第三次来到许家时，许同义很不好意思地告诉记者：念书的钱够了，再不用给我。他希望多余的钱能用来帮助其他贫困人群。这个结尾很有力量，既表现了社会的温暖，又描写了普通群众的自强不息。

放猪

记者：蔡元磊

【口播】以前还穷的时候，农村有些人家把猪放在山上养，省饲料呀。一般是小孩赶着一群猪去放。现在牟平有个大学生正干着这个营生。

【解说】许同义的家在牟平区王格庄镇河崖村村南头公路边上，上午 10 点多，只有许同义的老婆在家里扒着苞米，她说老许到镇上去了，儿子许涛上山放猪了。

【记者】收成怎么样啊？今年啊？哎，收入不多少，几千块钱，哪有收入，他（丈夫）体格也不行啊。

【解说】许同义有哮喘病不能干重活，他老婆是盲人，儿子今年 24 岁，去年考上了枣庄学院的数学师范专科，可因为今年的学费不够，放完暑假就休学在家了，因为家里就一间屋能睡觉，许涛晚上就和爹妈挤在这张炕上休息，白天上山放猪。

【许同义老婆】我也希望他（儿子）念书好他念出事业来，没钱，没办法，我也希望，没办法，没钱，不念不念吧。

【解说】快到中午了，许同义回来了，他说自己刚去镇上联系卖主，要把家里老母猪下的十几头猪崽卖了，因为家里实在是没钱买饲料，儿子每天把猪赶到山坡上放养，让猪自己到地里找点地瓜蔓和花生皮吃。

【许同义】（孩子）吃晌饭走了，不是我手不好我就和他俩，儿他不用我，非得那个（自己去）。

【解说】2006年下半年，许涛没钱交学费，在家休学至今，今年7月份如果再没有钱交学费，将被迫退学。许同义不想让儿子退学，但他实在想不出什么好办法，前几天许同义在做木匠活时把左手手指割断了，他没钱做手术，只是到镇卫生所简单缝合了一下，住了3天院，别说学费，一家人今后的生计在哪里他都不知道。

【许同义】想办法叫他凑合着把这书念下来，我这辈子是没捞着书念啊，不认字，反正供一供还有两年啊。

【许同义】（不能念书）那不行，哎。记者：一定要让孩子念书。许同义：难受，确实，在俺儿眼前啊……（哭）……我从根没掉过眼泪啊。记者：我觉得你是个好父亲。许同义：……（哭）……从来在他眼前我就觉得，心里也觉得难受，表面上欢欢乐乐的，我不想影响他也难受，是我的想法。

【解说】太阳已经下山了，许同义站在屋前的马路上，朝着山上的小路望着，没多久，儿子赶着一群小猪下山来了。许涛并不知道这些刚刚出生几个月的小猪不久就要被卖掉。

【记者】你眼中的你爸爸是个什么样的形象？许涛：我觉得我爸爸很坚强，我不愿意再让我爸爸辛苦下去。许涛：我的未来不是梦，阳光总在风雨后，真心英雄，笑红尘。记者：你喜欢这几首歌？嗯。记者：有时间去听？没有，有时候能碰到就听。为什么喜欢这几首歌？因为这几首歌里面对我来说很有意义。

【解说】广角记者报道

民生节目永远要体现人性的光辉，弘扬社会正义，透视社会的光明面。

如我们这样的一条新闻，代表了民生节目将来的一个重要走向：

冤家易结也易解
记者：高路

【口播】老李和老康都是福山区回里镇老兰村人。老李今年64岁，养了一群羊。老康今年56岁，在果园里种了几排葱。昨天中午，老李的羊把老康家的葱吃了几根，本来也不是什么大不了的事，不过两个人一句话没对上茬，打起来了。这冤家就算结上了。

【解说】老李是住进了医院。经诊断，脸部皮肤挫伤，缝了4针；鼻梁断了，腰椎骨骨节骨折，医生说，恢复得好也得躺上100天。老康看起来伤得不重，脸上有点皮外伤。事情还得从昨天中午说起。

【老康】（我）吃着饭，还没吃完，这个羊过来了，这一群羊，后面那几个进地了，吃我南面那些葱。我说，李本会，羊你不好好赶着，你别让他进地。他火了，吃完饭，他喝酒了，嘴还不干净。

【解说】一言不合，两个人动上了手。

【老康】他拿鞭子来打我，把我这里捅个疤，我就把鞭夺过来，我打他。

【解说】老康毕竟小几岁，听说还练过几年，动上手，老李就吃亏了。老李的小儿子听说这事，抄起家伙就出来了，还好，当时村里人给拉开了。今天上午，老李的大儿子从烟台赶回来了。

【老李的大儿子】给我一个好的答复，如果没好的答复的话，那没有办法，怎么把我爹拾掇的，我就拾掇他，就这么简单。

【解说】两家以前还真没什么矛盾，眼看着这下算结上仇了。采访的时候记者发现，两家还真不是不讲道理的人，我们琢磨着，给当个和事佬吧。

【记者】一个巴掌拍不响，两个人都有错。

【老康】对，两个人都有错。

【记者】但是他受的伤重点，你这方面如果想化解矛盾的话，你是不是主动去看看人家。

【老康】我有这个想法。

【解说】从哪里跌倒，就从哪里爬起来。我们把双方约到了被羊吃的那片葱地边上。老李的大儿子明显带着气，这也难怪。

【老李的大儿子】把我父亲打成那个样，就这么两棵葱不是吗？我赔他一吨。

【解说】老康这时候主动承担责任了。

【老康】他医药费，不管他对也好，我对也好，不管他错，我错，我负责他医药费。

【解说】话说开了，我们再一撮合，双方同时伸出了手。

【老康】这个事在你身上，在我身上。但愿你爸爸的病早日康复。

我也不会赖你。

我也不会推卸责任。

他这个大儿子绝对不是那样的人，明明病治好了，还使劲拖，使劲花。

我赞成你，因为以前两家都不错。

【解说】广角记者报道。

【口播】这样多好！老李的大儿子，我看是个好样的。我们经常接到电话说村里的事，谁家的果树被砍了，谁家的大棚被烧了，何必呢，事说开了就好了，都是一个村的人，住在一起是缘分。往大里说，咱这不正构建和谐社会吗？退一步海阔天空。良言一句暖三冬，没有过不去的坎儿。碰上利益纠纷，多从对方的角度换位想想，互相体谅、互相理解，很多矛盾就好化解了。

从《冤家易结也易解》这条新闻里，我们最可赞扬的是记者在这起处理不当可能激化的纠纷里充当了调解员、和事佬的身份，记者的社会责任感体现得特别充分。整条新闻娓娓道来、条理清楚，记者的参与恰到好处，通过事件进展铺开的情节十分吸引人，更重要的是全片体现了温暖的人文关怀，这是民生节目的最大价值，也是最应提倡的价值。

在我们的新闻里，主旋律是构建和谐社会，保持社会的健康、和谐发展是新闻从业人员的职责。落实到一条条新闻中，尤其是一些矛盾纠纷类新闻中，我们的记者必须本着化解矛盾、消除纠纷的正义心理去采访，通过新闻树立正气，这是新闻工作者的原则，不能袖手旁观、见死不救，甚至煽风点火，唯恐天下不乱。

2020年10月召开的中国共产党十九届五中全会是我党我国在进入新时

代，全面建成小康社会并向建设社会主义现代化国家进军的一次非常重要的
会议，大家不要认为这个会议离老百姓很远。实际上跟每一个中国人密不可
分，而且与每一个行业也紧密相连。包括媒体行业、教育行业等，会议都做
出了具体规划。这将影响到我们每一个人。因为民生节目与大政方针密不可
分，所以就要找到节目与国计民生的交集点，找到雅和俗的契合点、官和民
的结合点。和平年代就要以经济和社会发展为主调，通过完善社会治理体系
来改善民生。所以电视民生节目是反映大政方针在社会实践中应用的传媒体
现，是国计民生微观具象化的媒体表达。越是民众的题材表现在荧屏上，对
受众就越有吸引力。

三、民生节目策划需要注意的问题

民生节目这些年来的成功，得到了决策层和大众的一致承认和肯定，恰
恰是双方目标一致、社会和谐的共同结果，媒体成了双方沟通交流的桥梁，
民生节目则成为在这个沟通载体上最活跃的角色，而且必将有着长盛不衰的
生命力。策划者怎么去挖掘民生节目的题材，扩大它的作用和影响力呢？

1. 新闻从业者要有敏锐的洞察力，关注社会发展的新方向

策划者要从日常繁杂的社会线索中，挖掘具有社会影响力和指导性的题
材，而不仅仅是社会表层现象和事物的肤浅表现。

在 2006 年 4 月份我们策划的一期民生节目《新闻直通车》中，串联单精
选了这么几条新闻：

片 1 系列报道：走进烟台新农村（之五）——蓬莱："金钥匙"开启农业
活力之门

片 2 爱心连线：爱心救助带来的希望

片 3 烟大铁路轮渡预计下半年通航

片 4 国家羽毛球烟台训练基地主体工程竣工

片 5 莱州：首次运用深水网箱养鱼

片 6 老杨搬家

片 7 二十六岁进学堂　娘俩同上一年级

片 8 喜得双胞胎

片一关注的是葡萄和葡萄酒之乡——仙境蓬莱如何拉长葡萄种植、加工的产业链条、引导农民向相关产业工人转变的过程，有事实、有人物，也有数字，对农业产业发展和新农村建设等做出了方向预测，通过新闻主体连缀发展思路、记者感言，让受众清晰看到未来中国农村、农业和农民发展的蓝图。

其他新闻如爱心救助聚焦政府如何采用社会救助的制度化形式帮助弱势群体，非常具有指导意义。这些新闻从具体村庄、人物着手，事例讲完，新闻基本结尾，而把其中蕴含的对国家和地方方针政策的注解化繁为简，使受众清晰易懂。

2. 视频产品要关注百姓的物质生活、精神生活等，给予观众震撼心灵的视觉体验

电视媒体从业者必须围绕满足受众这方面的实际需要，来寻找报道题材、采集新闻，而不是仅凭制作方和记者编辑的喜好来完成一件视听作品，这是完成新闻题材的使用价值。

还是以这一期节目为例：片三和片四记录的重大工程，片五的养鱼新技术与老百姓的日常出行、生产生活等有着直接或者间接的关系，能够吸引受众对身边重大项目与自身关联性的注意力。片六七八属于纯粹的社会新闻，以某一人或者某一家庭切入，但是主人公的生活状态和态度或令人感动、或让人鼓舞、或引人关切。贫困户老杨身患重病、没有劳动能力，终于住进了政府提供的宽敞明亮的廉租房，感激涕零的老人拱手致谢、忍不住要下跪的真实镜头记录让人动容；没上过学的母亲赵玉林与儿子一起做起了小学生，当地学校的灵活宽容和这位母亲的自强不息以及拳拳母爱在节目中表达得淋漓尽致；主持人为喜得四胞胎的节目用童声配音，以襁褓中婴儿的语态叙述，诙谐幽默、充满喜感。

这些片子在题材选择、后期编排、单体表达等方面都下足了策划的功夫。题材上连国家大政，下接芸芸众生。编排则极尽巧思，从大群体到单独家庭、从重大工程到搬家生子，看似差异巨大，却又丝丝合缝，毫无违和感。具体单片制作，也从内容出发，精心策划，用各各不同但易于为受众理解和喜爱的形式传达。这些都充分体现了民生节目策划的重要性。

服务类节目

电视服务类节目是以提供信息为主，满足人们物质生活方面的求知欲，通过生活资讯来帮助观众解决生活中的问题和困惑，了解新兴物质产品，提高观众选择生活用品和服务项目的水准，以改善他们的生活质量。这类电视节目统称为电视服务类节目。

一、服务类节目的类型

资讯类节目为受众提供即时的服务信息，既包括国家和地方出台的大政方针、法规举措，也涵盖各类衣食住行游购娱等信息，还有安全提醒、疾病预防保健等丰富的方便受众日常生活的动态性和常识类资讯。节目表现形式有短讯类，有专题类，也有剧情表演类等。从覆盖范围又可以划分为大众和小众服务类节目。像专门针对某一个年龄段、某一个性别群、某一个行业、某一类人群开设的电视服务类节目。

二、服务类节目的策划重点

1. 用通俗易懂的语言让受众听懂，而且很轻松

服务类电视节目中因为很多涉及政策性的便民利民的法规或者措施，很多都是书面文字，用了很多术语，受众直接看不一定能听明白，而且受众的素质和受教育的程度千差万别，电视媒体就要通过通俗易懂的、民众化的语言，配合声画优势，再结合具体的事例采访，把很多相关的服务信息，深入浅出地向受众解释清楚，让受众易于理解。

2. 尽量采访各个专业领域的权威人士，保证服务内容的准确

我在地方电视台工作时，创办过一档生活服务类节目《资讯平台》，借鉴了国内外众多电视服务类节目的精华做法。该栏目每月月底或者月初基本都要择要采制下月新规，把国家将要出台的政策法规，用新闻解读出来。栏目选取的大多数是直接与观众利益密切关联的法规：如车船税提高收费标准等。国家的大法是为了社会发展顺畅、人民生活安康；民生新闻对一些不正常现象的暴露和批评，落脚点也是运用法律法规或者政府部门的相关制度规章来

对这些矛盾纠纷进行评判，例如现在流行在新闻或者专题的结尾处使用律师观点，实际上都是用法律法规、制度规章来指导人们的生活规范，在错综复杂的矛盾纠缠体里寻找解决问题和化解矛盾的正途。

例如栏目曾有一篇报道名为《食品耶？药品耶？》，对一些不法商贩用保健食品来冒充药品，扩大其功效的事件进行曝光，其中就引用了国家药品和食品管理法中相关规定。节目《"违章记录卡"还是"罚款创收单"》等对个别执法部门有法不依、违章收费的行为曝光，也应用了"交通法规"的条文，这样也让当事人心服口服，让观众明白了相关法规，使他们能够学会运用法律武器来保护自己。

3. 通过小板块增加信息量，另外通过语速变化调整栏目的节奏

电视栏目面对新媒体的传播快捷和信息丰富的挑战，必须在融媒转型之路上对本体节目做出形式和定位上的不断调整。增加信息量和加快栏目节奏是形式变革的重要一环。

2006年12月份播出的生活服务类节目《资讯平台》时长五分半，栏目分成上下两个板块：第一部分是《资讯快报》，2分20秒就容纳了7条片子，每条片子平均20秒。内容从退休人员办理养老资格认证、儿童强化免疫到车辆可以异地缴纳罚款、新航线开通，还有对感冒患者输液误区的警示、果冻质量的曝光，再到三所港校学费提高，不仅信息量很大，而且涉及的领域多、受众面广，同时时效性强，又极具实用价值。

这个栏目经过反复改版，我们尽量减少外地节目内容，即使有部分外地节目，尽量也要与本地老百姓建立关系。这里面的香港3所大学将提高内地生收费的消息对很多比较富裕的家庭，想把子女送到香港的大学、澳门的大学，就比较有用了；果冻的片子尽管是当时的国家质检总局发布的消息，但是对每个家庭都有提示作用。选题范围不仅仅限于一个地区，也不仅仅限于整个省份，这样节目的来源就更加多元化。万变不离其宗的原则是要按照符合当地老百姓比较感兴趣的定位来选择。

从技术上，为加大信息量的传达，主持人加快语速，前两分多钟播了760字，平均每分钟达到326字，比起一般的新闻语速也要快出五六十字，但是利用每条快报之间2秒左右的片花间隔，整体节奏快而有序，最关键与整体内容吻合，因为以信息为主的栏目不能过于缓慢。为了让观众充分理解，这

两分多钟的屏幕上，每条片子的题目贯穿始终；7 条片子的 5 条用到了字幕说明，尤其对出现的时间、数量、品牌名称、价格等容易在听觉上一掠而过的重要信息，以长时间的醒目字幕来加深观众的视觉印象。

资讯快报板块

【口播】接下来进入今天的生活资讯。首先让我们来浏览一组资讯快报。

【快报1】养老资格认证抓紧办

【解说】市社会保险事业处今天提醒，尚未进行资格认证的社会离退休人员，要及时到当地劳动保险经办机构领取认证表，逾期不办的养老保险待遇将被停发。办理时需携带退休证、身份证或户口本到居住地所在的社区居委会进行认证。

【快报2】4 岁以下儿童近期进行强化免疫

解说：我市近期将对所有 0 到 4 岁的儿童进行脊髓灰质炎疫苗强化免疫，免疫分两轮进行，具体是本月 5 号到 6 号和明年 1 月 5 号到 6 号。另外本月 5 号到 6 号，4 岁以下儿童还要进行流脑疫苗的查漏补种，其实家长可以领孩子到就近的预防接种门诊接种疫苗，去的时候别忘带上预防接种证，本次免疫补种全部免费。

【快报3】车辆违法可异地交罚款

【解说】记者今天从省公安厅交通管理局了解到，明年 3 月以前我省将逐步运行交通违法业务处理系统，系统启用后，驾驶员在省内任何一个城市违法都可以就近到省内任何一个地方的工商银行、农业银行、中国银行、建设银行 4 家银行网点缴纳罚款。

【快报4】烟台至贵阳航线本月开通

【解说】为方便广大旅客出行，从本月 9 号起，烟台国际机场将开通贵阳航线，具体执行日期是每周一、三、六上午 11:45，全程 5 小时 20 分钟，票价 2420 元。

【快报5】半数感冒患者偏爱输液

【解说】连日来气温骤降，感冒患者明显增多，记者在医院发现有一半以上的患者希望打吊瓶，理由是见效快。对此医生建议不要乱输液，因为感冒大多是病毒引起的，目前还没有特效药，单纯依赖输入抗生素，效果并不明显，而且滥用抗生素还会使细菌产生耐药性，而不利于身体健康。

【快报6】质检总局：近两成果冻不合格

【解说】日前国家质检总局对果冻产品进行了质量检查，抽样合格率为81.3%，抽查中发现的主要问题是标签和规格不合标准要求，因此而被曝光的产品有"越远冰奇爽""雄鹰果肉果冻""马大姐椰果果冻"和"一品之果果冻"。消费者购买时要注意识别。

【快报7】香港3所大学明年将提高内地生学费

【解说】明年香港大学、香港科技大学、香港理工大学等三所大学准备提高内地生的学费。论以4年学费计算，港大将由现在的27万港币提高到33万港币，科大和理大将在原来的基础上分别增加5万港币和4万港币，同时这些学校也会增加奖学金金额和名额。

第二板块《生活点击》则用了3分钟，通过采访医生、鞋类销售员和消费者等几个群体，分析穿鞋不当造成的各种问题，从多角度深度解读一个主题，整体节奏舒缓，便于受众理解。

生活点击板块：《穿鞋不当　得病者众》

【口播】烟台每年有上千人因为脚上的毛病而跑到医院去，像什么关节痛、起水泡、拇外翻等等。他们的病因只有一个，就是穿鞋不当。

【解说】记者在市区几家医院进行调查，结果发现烟台市区每天因为脚疼去看病的还真不少，平均每天因为鞋子而伤害脚的人有五六个。

【烟台市毓璜顶医院手足科副主任医师 李黎明】因为我们门诊常见的是一些踝关节扭伤，足趾的挫伤，更有甚者还造成踝关节脱位或者是骨折。

【解说】得病的人主要是两种，一种是以学生为主的年轻人，另外就是穿高跟鞋的妇女，问题就是在鞋子上。学生最容易出事的就是运动鞋，无论是打篮球还是跑步都应当穿运动鞋，但要穿什么样的运动鞋似乎就很少有人清楚了。

【营业员】这个篮球鞋的腰它一般是要比较高一些，主要是保护脚的，而且像篮球鞋会反弹和减震，因为打篮球它运动幅度比较大一些，所以起到一个更好保护脚的作用。然后像这样的慢跑鞋，慢跑鞋它主要是平常走道穿，没有什么太大的科技含量。

【营业员】有的人他就喜欢把跑鞋当篮球鞋用，因为跑鞋它比较轻，所以用途也比较多。他们一般觉得穿的比较方便。

【解说】如果你穿着慢跑鞋打篮球就很容易受伤，因为穿鞋不当而导致骨折的事例也发生过多起，受害者大都是学生。但大多数人还是不注意鞋子的问题。

【记者问】你买这种运动鞋，是不是针对某种运动而去买某种鞋?

【市民】不一定，也没注意，不太注意这个。

【解说】鞋子引发的问题真不少。老年人喜欢穿平跟鞋，认为穿起来比较舒服，其实老年人脚根部的脂肪垫萎缩了，需要鞋子有一定的跟来保护脚。

绝大多数家长都认为给孩子穿柔软的布鞋最好，但是专家得出的结论是让孩子穿皮鞋可以保护足跟部及踝关节。有的人认为鞋越软越好，而研究表明，一双好的鞋，鞋的中部一定要是硬的。脚部健康最大的敌人就是流行的高跟鞋，女士的脚现在都快成流行病的重灾区了。

【烟台市毓璜顶医院手足科副主任医师 李黎明】现在女同志拇指外翻是越来越高发，越来越多，就是与穿鞋有很大关系，喜欢追求穿比较尖比较瘦的鞋，或者高跟的鞋。

【解说】鞋头太尖就很容易挤压到大拇脚趾，从而造成拇指外翻，严重的要做手术治疗。此外穿鞋不当会导致指甲向肉里长，甚至是肩膀酸痛，医生建议女士穿高跟鞋最好不要超过7厘米，7厘米就是一个健康极限。

【口播】每7个中国人就有一个人的脚是畸形的，而这个人的畸形90%的可能就是因为穿鞋，脚上的学问小看不得。

民生类节目和服务类节目是电视现在和未来发展的主阵地，二者的融合发展也是其中一个趋势。

中央二套的财经信息报道就属于广义的服务类的节目。它针对不同的受众群体，提供专业性的信息，有用是服务类节目最大的特点。选材侧重于百姓身边与生产生活相关的事物，如物价类、基础设施建设类等内容。第一要把有用的信息传达到受众，传达是第一功能;第二要把信息解释明白，通过电视语言来把信息深入浅出地说明讲透，指导服务于老百姓的生产生活。因为很多政策性的条文不管是法规，还是一些便民利民的措施，出台时往往使用书面文字，其中有很多术语，受众直接看不一定能明白。电视通过通俗易懂和民众化的语言，再加上画面，结合一些具体的采访事例，就很容易把相关的服务信息给受众解释得一目了然。

第三节　新闻节目和社教节目

在广播电视业界，最早的持续至今的两大类节目通常被划分为电视新闻节目和电视社教节目，这也是各级广播电视行业评奖的两大类主体节目类型。其他分项还包括电视文艺类，有综艺和晚会、大活动等；还有广告播音等类，这些分项一般作为专项评奖。

电视新闻节目指电视媒体或者个人等报道主体用电视手段对新事物进行及时报道的体裁多样的节目样态，具有凸显新闻价值、时效性强的特点，尤其注重对新闻事件、现象和人物的报道，新闻性是其最鲜明的特征。

电视社教节目与电视新闻节目相对应，指除新闻、娱乐影视节目之外的突出社会教育功能的电视节目样态，时效性弱于新闻节目，同样具有丰富多样的报道形式。

我曾经连续多年作为全国城市台新闻和社教节目评析会的评委，也多次参加省市电视新闻行业的评奖活动。政府奖的设立很大程度体现了党委政府和宣传主管部门对具体类别电视节目鲜明的导向，也最直观地代表了获奖作品的社会价值以及获得主流阶层认可的口碑度和含金量。

每年的电视媒体策划的精品节目，很大一部分可以参加各类评奖活动，尤其在政府奖中折桂也作为各级电视媒体一项重要工作常常被列为一把手工程。而这其中，常规的电视节目类型评奖不尽相同，但是新闻类和社教类两大类别不可或缺，其他还有网络类、文艺类、广告类和播音类等不一而足。这两类节目的策划贯穿了几代电视工作者的经验和探索，从几十年的评选活动中可以寻觅到中国广播电视节目发展的主体脉络，从举不胜举的获奖作品中也完全能够代表中国主流电视媒体水准的更迭升华。

电视新闻节目

从行业奖项的设立看，电视新闻节目包括长短消息、评论、连续和系列报道、专题、直播等特别节目、栏目等。而电视社教节目包括长短纪录片、专题、系列片、栏目等。

长短消息指反映主题相对单一、往往用动态和简要鲜明的方式对题材进行报道的新闻体裁。短消息和长消息的划分以时间长短为标准，短消息不超过一分半钟，长消息不超过四分钟。我们看以下这条消息。

长消息：外卖小哥挡住车流　公交司机背起老人过马路
烟台广播电视台：毕红莉　牟平台：张永辉 丛荣 通讯员：李红伟

【口播】5月14号上午10点多，在牟平区通海路振华商厦附近的斑马线上，有一位腿脚不便的老人正在过马路，因为走得比较缓慢，人行道红灯都亮的时候，老人还没有通过马路，这个时候路过的外卖小哥就将车停在了斑马线上，为老人挡着要过马路的私家车。603路公交车驾驶员则下车把老人背过了马路。

【解说】从公交车监控视频拍下的录像，我们可以看到当时对面的绿灯已经亮了，老人还没走到马路一半的位置，这个时候过来的一个外卖小哥停在了路中间，而603路公交车驾驶员则赶紧跑下车将老人背过了马路。

【603路公交车司机 杨玉才】老年人过马路时是绿灯，我的车是红灯停在路口等绿灯，但他绿灯变了以后，发现这个老人路口才走了一半吧。我和私家车我们走到眼前以后，私家车也都在这边停的，看见老年人行动比较缓慢。这时候发现一个外卖小哥也过来了，当时寻思这个外卖小哥可能要护送这个老年人过去。我在车上看了一下，发现外卖小哥只是在那护送，我就急忙下车了。下车以后我就说大爷我扶你过去，然后当时他说不用。我就是看了一下红绿灯的时间，我发现这个时间眼看东西车道要变成绿灯，车辆车流量肯定比较大，为了老年人安全，我跟他说大爷我背你过去吧，这样还快一些，为了你的安全。

【解说】将老人快速地背过马路后，杨玉才就赶紧回到了车上继续发车了。记者通过美团的客服也联系到了这位当时帮忙拦车的外卖小哥。

【外卖小哥 张成福】我当时就从南边往北走，上那边准备去拿餐，来了一个单，这边这个绿灯亮了，这个老人在这儿走，我一看这个公交车他打算要让，但是有一个私家车他不打算要让，往前停，往前走。然后我一看拄拐走道也不行。我就开车直接拐过来了，在这替他挡一下。挡一下以后我着急去拿餐，然后俺干这个活时间晚了也不行，着急去拿餐。然后我一看这个司机下来扶他，我就直接走了，很简单的事，我也觉得那也是举手之劳。什么也没想，就是为了老人安全。只是为了挡他一下。

【解说】杨玉才老人过马路的那段视频，是一位过路的司机孙金涛拍下来的，他也在朋友圈里发了这段视频，得到了不少人的点赞。

【市民 孙金涛】我觉得这种正能量的东西，应该得到弘扬，所以说我把他拍下来以后，发到朋友圈里面，朋友反响也挺大的，这样的人应该值得表扬。发出去以后有的朋友问我，认识那个公交车司机吗？我说不认识，我和他确实一点朋友关系没有，不认识。还有的问我当时这个事发生在哪里，我就把具体的事发生在哪里都告诉了他们。应该说正能量的东西，应该得到大家的学习。

广角记者报道。

这条播出的正好 4 分钟，属于长消息，新闻的几要素在文稿中交代得很详细，而且采访了 3 位当事人，当然如果能采访到当时被帮扶的老人或者老人的家属效果可能更好。这个事件实际上不是突发事件，算偶发现场，也不是舆论曝光，属于弘扬正能量的讲述凡人善举的片子。

这里面涉及 2 个"小人物"：一位公交车司机，另一位是美团的送餐的外卖小哥，他们的举动很平凡，不少人认为自己在现场也会做，但是不一定真能做到。当然送餐小哥有特殊的职业要求，需要赶紧把餐送过去，但是他把车在那里挡着车流，也让人感觉很温暖。通过这个小事可以看出来，在这个群体身上、在这帮年轻人身上显现的正能量。当然做得最到位的是公交车司机，记者采访也很具体。

如果改成短消息也完全可以，有的如具体路口位置等可以用字幕打在画面上，这样整个片子会更精练。修改如下：

短消息：车流中涌动爱心潮

【口播】5月14号上午10点多，在牟平区一处繁华路口，有一位腿脚不便的老人正在过马路，这时发生了感人一幕。

【解说】从公交车监控视频拍下的录像，我们可以看到当时对面的绿灯已经亮了，老人还没走到马路一半的位置，这个时候过来的一个外卖小哥停在了路中间挡住车流，而603路公交车驾驶员则赶紧跑下车将老人背过了马路，

【603公交车司机 杨玉才】我就是看了一下红绿灯的时间，我发现这个时间眼看东西车道要变成绿灯，车辆车流量肯定比较大，为了老年人安全，我跟他说大爷我背你过去吧，这样还快一些，为了你的安全。

【解说】将老人快速地背过马路后，杨玉才就赶紧回到车上继续发车了。记者通过美团的客服也联系到了这位当时帮忙拦车的外卖小哥。

【外卖小哥 张成福】挡一下以后我着急去拿餐，然后俺干这个活时间晚了也不行，着急去拿餐。然后我一看这个司机下来扶他，我就直接走了，很简单的事。

【解说】杨玉才老人过马路的那段视频，是一位过路的司机孙金涛拍下来的，他也在朋友圈里发了这段视频，得到了不少人的点赞。

【市民孙金涛】发出去以后有的朋友问我，认识那个公交车司机吗？我说不认识，我和他确实一点朋友关系没有，不认识。应该说正能量的东西，应该得到大家的学习。

广角记者报道。

新媒体以其快速、高效、全覆盖的传播特点和便捷、随手可及的接收特点给传统媒体造成巨大冲击，对电视新闻也是如此。如果传统传播手段与新媒体类似，就很可能被后者彻底颠覆，而如果传统媒体的传播特点能与其互补，那么传统媒体就有了更新甚至更好的生存空间。因为这种率先在手机等智能设备群和圈传播后的信源被传统媒体的新闻深度解读和引导后，反而有了更为深刻的舆论力量。

这条新闻就是如此，电视新闻里采访的第三个人孙金涛不仅是新闻被采访对象，他还是第一手影像资料的拍摄者和发布者。他的拍摄工具是手机，

传播平台是朋友圈。虽然在朋友圈转发量并不大，但是经过当地媒体深度报道，一方面制作成了短视频在公众号和 App 推送，另一方面往省台和央视等媒体上传，一石击水千层浪，引发的几何量级的快速和巨量转发引爆了传统电视媒体借助融媒体手段的传播潜能。

这条视频基本是自媒体最新发布，传统媒体和新媒体同步跟进。在短短 2 天里，四级电视媒体都播出了这条片子。而先后十几个公众号、抖音号、客户端也挑选了公交司机背老人过马路的片段，以文、图、视频配合的形式推送，引用的视频从十几秒钟到几分钟不等，短的直接节选手机拍摄的视频，长的则转发电视媒体播发的消息。

所以，电视新闻以其对新闻事件前因后果的具体解读和对当事人的深入采访，在与新媒体竞争的舆论环境中，可以保持自己的优势，而这也恰恰是传统电视媒体应该寻机突围的潜力所在。

新闻评论节目时间没有具体的限定，一般多在 10 分钟左右，但是必须要夹叙夹议，节目中既有讲新闻事实的部分，同时一定要有评论的内容。评论内容一般要占到 10% 到 40% 的比例。

像央视的《焦点访谈》《今日说法》是新闻评论节目，前后都会出现主持人，由主持人交代新闻背景、阐释后续影响和处理结果，从而深入节目内核，提出媒体意见和记者观点。新闻专题和新闻评论有类似的地方，在长度、结构上类似，但是新闻专题更多以叙述为主，评论的比例较少，甚至有时候完全讲一个事件，按照新闻事件的发展过程、因果关系等顺序记录。

新闻专题包括事件类专题、人物类专题等。像央视的《新闻调查》栏目、河南卫视《民生大参考》栏目、城市台联制联播的系列新闻专题片《四十城四十年》等。电视新闻专题仿佛拉长版的新闻消息，在讲述新闻主体部分的同时，对其前因后果、来龙去脉、历史未来、背景牵连等要进行深入解读和分析，涉及的角度更多、挖掘的深度更进一层。与新闻评论类似，新闻专题也常用演播室串接，但是新闻评论常是主持人对报道主体阐发观点、点评立论，从而深化主题；而专题的演播室主持往往起穿针引线、过渡衔接的作用。

连续、系列报道是指对新闻主体进行的一系列、连续性的三集及以上的新闻报道。连续报道指按照时间先后顺序的报道线索展开的具有内在头尾关系的新闻报道体裁；系列报道则是侧重按照新闻主题的内在逻辑分不同角度进行报道的新闻体裁。连续和系列报道每集片子相对独立、单独成片，却又有着时间顺序、事件发展和内在逻辑的前后关联，连贯收看才更加完整。在行业评奖中，连续报道和系列报道放在同一个序列中评比。

新闻直播是对重大新闻事件、活动等进行的现场拍摄、采访、即时播出的电视新闻体裁。如央视国庆大阅兵的直播、港珠澳大桥合龙和通车的直播等。

新闻栏目指各类按照一定周期在电视频道中定时播出的常设新闻、专题、评论类电视栏目。这类栏目是电视媒体的支柱和门户，新闻立台的观念也往往以此类标志类栏目作为代表，不仅显示各台新闻采编的实力，而且是受众了解媒体覆盖区域大事小情的屏幕窗口。如央视最为脍炙人口的《新闻联播》《晚间新闻》《新闻三十分》《朝闻天下》《新闻直播间》等，各级电视台的各地新闻联播和本体新闻栏目。在这些栏目中，既有主流的沟通党委政府与居民群众的时政新闻栏目，又有民众交口称赞的民生新闻栏目等。

社教节目

电视社教节目是电视媒体播放的社会科学教育与知识普及类的电视节目。电视媒体具有两大功能：一为传递信息；二是社会教化。因为电视媒体形象生动、真实还原的声画同步的传播特点，所以可以把很多领域、学科通过通俗易懂的形式加以表现，社会教化就体现在电视媒体这种教育和感化功能。社教节目既能以喜闻乐见的专题片、纪录片等体裁制作，也可以与线上授课类似，制作纯粹教学类电视节目，如现在的教育、棋牌、钓鱼等各类电视细分专业频道，也包括很多媒体创办的纪录片、科教、农业等频道，还有大众电视频道中的科教栏目，如央视的《走近科学》《探索·发现》《人与自然》《百家讲坛》等。

电视社教节目也有大众和小众之分，如政法、科学类节目属于大众节目，而少儿、三农、阶段教育栏目则是小众节目，但是这类小众节目覆盖的受众群体并不少，因其鲜明的指向和实用价值，有的还特别受欢迎。

在电视行业各类政府奖评选中，电视社教节目是重要分支，包括了社教专题、长纪录片、短纪录片、系列片、社教栏目等。

社教专题和新闻专题有什么区别呢？新闻专题必须具备新闻性，社教专题更多地倾向于服务性和实用性。而系列节目中，具有内在联系的社教电视节目则称为社教系列片。

纪录片是社教节目的一个重要类型，是以纪实方式记录社会活动和自然现象的电视片，包括长短纪录片，二者区别主要是节目时长不同。短纪录片一般15分钟以内、长纪录片一般是超过15分钟。随着新媒体崛起，短视频迎合了人们碎片化和快节奏的收视心理，电视纪录片开始尝试超短化，一些评选中，增加了5分钟以内的超短纪录片序列。

超短纪录片充分利用电视特效、字幕、声效、画外音等电视多元化表达手段，一方面保持纪录片舒缓的叙述节奏，另一方面加大单体画面的信息含量，运用跳跃的剪辑，精练叙述主体，在紧凑的时间里包容尽量大的空间，隐含更多的画外语言，让受众回味思考。

从冷热媒介的理论解释，从受众角度，这种片子因为新媒体环境的逼迫而转型，在减少明确的视听表述元素的同时，往往促使电视节目的受众深入思考和主动参与，需要参与者的专注和投入；从表达形式上，这类节目与网络短视频不同，它想要传达的意义可能更为宏大和深邃。

超短纪录片：廊桥守护人——曾家快
温州市广播电视台

【自白】我叫曾家快，是个木匠。在泰顺这里，一般做家具、床，这些的木工叫小木匠，而我属于那种造房子、寺庙的大木匠。在这儿，只有我们才可以造廊桥。

【片花】略

【自白】那时候我们几个人就组织起来，顺着河往下游去找那些木构件。让我很感动的是很多村民，他们都自发地一起来帮我们找，那时候很多人家里都还被水淹着，他们看到那些木构件就先收到家里，等我们过去的时候，再拿出来交给我们。我那时候我心里就想，无论有多大的困难我也要把文兴桥修好。

字幕：文兴桥，始建于咸丰七年（1857年），为叠梁式木拱廊桥，呈左右不对称结构。台风过后，修复团队面对的只有数千件寻回的原桥木构件。没有图纸、没有标记，修复工作困难重重……

【自白】其实修一座廊桥比造一座廊桥还要难，特别是文兴桥这种国宝级的廊桥，所有的东西都要修起来和原来的一模一样，文物部门对我们的要求就是修旧如旧。文兴桥两边高度不同，按修复要求，只要能用的原构件，都要放进去，并且要兼顾到桥梁的稳固性。当时我们找到的木构件有5000多个，光是对这些木构件的整理和比对，我们就花了好几个月的时间。尽管修复中困难重重，但是依靠文物专家的测绘数据和以往的影像资料，给复原工作带来了很大帮助。

【自白】我至今一共修建了12座廊桥，每一座桥在我心里，就跟自己的小孩一样，你看着它慢慢长大，心里就会有一种自豪感。廊桥对泰顺人来说有特殊的意义，它就像一个图腾，很多泰顺人一辈子的大事情都是跟廊桥有关的。很多泰顺人出去了，回来的时候也一定会去看看廊桥，只要廊桥还在那我们的根就还在。

这个片子5分钟，如果再短一点完全可以做一个短视频，放到抖音、快手播放。这种纪录片尽管时间不长，但是纪录片的要素体现得非常完整。从当地廊桥的历史沿革到现在的修复保护，从廊桥是从祖先留下来的物质财富，最后回到主人公——廊桥修复匠人曾家快给他儿子看那个模型，把历史和未来又联系到一起。从具体的历史传承下来的事物——廊桥，又回到现在的人的身上，这是纪录片要反映历史对现实的启发，表现了精神文化的延续和传承关系。受众从这类超短纪录片也能够领悟人性中最根本的东西，这是社教片区别于新闻节目不同的地方。

电视社教系列片与电视新闻连续和系列报道对集数的要求类似，不过节目定位也存在新闻性和社教功能的区别，如果是参评作品，需要选择首中尾三集。社教栏目则是指在固定频道、固定时间段，具有一定播出周期的社会和科学教育与知识普及类的电视栏目。

第四节　短视频和长片

短视频已经成为日益流行的传播体裁，据中国广视索福瑞媒介研究《短视频用户价值研究报告 2022》报告数字，近 5 年中，短视频收看占据网民视听时间的 42.6%，在各类视听行为中，占用时间比例遥遥领先。所谓短视频，指的是包括新闻类、资讯类、服务类、娱乐类等节目类型，易于传播，用于传达信息、提供服务、展示形象和娱乐受众的时长在 5 分钟以内的视频节目。5—10 分钟则可以称为中视频。

长片指节目时长超过 10 分钟，围绕一个大的主题展开的长视频节目，可以是一集，也可以分为一个系列。长片用业内的节目类型概括可以包括专题片、纪录片、系列片等。

不论短视频还是长片，都应该注意三"性"，即贴近性、可视性和来源于生活的真实性。

短视频

电视短片就像诗歌，高度凝练，创作者用精美的画面、恰当的音乐、画龙点睛的同期或者解说和巧妙的转场、精彩的创意来达到撼动人心的效果。

从传播学分析，视频传播的意义或者说它的最大看点是画面和镜头，而非文字。任何的视频作品，它的教化意义远远不如书本、不如文字，这是传播的符号和传播渠道决定的。所以，用视频传播，首先要想到用什么样的视频来展现内容，这是第一；第二就是怎样让视频来吸引人；第三就是注意细节。

用视频传播，第一要想到用什么样的视频来展现内容。第二就是怎么样让视频来吸引人。所以画面语言，即视频影像是短视频的灵魂。除了视频以外，还包括声音、字幕等信息，这些元素都要有新意。文字的作用，不如以书面语为主体的介质，很少有视频作品的文字稿能够流传下来成为经典，但是文字的创新和别出心裁，如巧取题目，也可以起到画龙点睛、提示主题的作用。

当然，要做到以上这些，短片策划时必须有准确而出众的创意。有了好的构思、巧的点子预示片子成功了一半。在我曾供职的电视台建台三十周年的短片拍摄前，我率领创作小组用一周的时间讨论策划架构。大家七嘴八舌，有的建议用 MV、有的建议用主持人串联、有的想用观众祝福、有的提出请其他兄弟台发来贺片——这些建议都不错，关键在时间紧张的客观条件下，用什么优秀的创意易于操作，又能够便于传播，同时让观众百看不厌呢？

后来我们确定了策划方案：用本台主持人串联，但是必须出新出彩。考虑到观众喜欢台前荧屏上的主持人，也想了解他们的工作环境，我们选择了三个场景——演播室到机房的 50 米通道、从办公室到电梯的 100 米通道、从电梯出来到大厅的 50 米通道。出镜的 30 多位主持人分布在三个场景中，这里有几个难题：他们怎么出场？说什么？怎么转换和转场？创作小组反复集思广益确定了一个长镜头到底。4 分多钟的片子、30 多位主持人、200 米三个场景要用一个长镜头展示，这是一个挑战。

策划的拍摄方案是利用每个场景的曲线和转角，主持人站在不同位置或者从摄像设备后的不同方向走出来，既避免了角度的重复，又回避了穿帮镜头。因为全部是走拍，拍摄时用佳能 5D 相机配合斯坦尼康稳定器，不但机身轻快、画面质量上佳，而且镜头稳定、运动速率均匀。

30 多位主持人每个人都要求他们各自准备一件有纪念意义而又与众不同的礼物，作为给电视台生日的贺礼，并酝酿一段不超过 10 秒的贺词。礼物就是一个最重要的策划精髓，作为载体，主持人要言之有物、物有所指，众多礼物中有的是一副自己写的对联或画的画、一摞工作以来累积的证书，甚至一段自编的舞蹈——不仅趣味性强，而且展示了主持人的才华和对电视岗位的深情。

三个场景的转场我们煞费苦心、多次提前预演。每一分多钟，用相似物转换：第一个第二个场景在一个楼层的东西两侧，选取了相同的房间立柱作为转场过渡，第二个第三个场景分布在三楼和一楼，则用了电梯的开关作为转场。最后的剪辑效果非常自然，整个长镜头一气呵成，不落痕迹。

这类电视短片就像中国的书法和绘画作品，要做到密不透风、疏可走马。与平面艺术不同，线性视频的节奏更多体现在对节奏的把握上。开头一般用精炼的片头或者先声夺人的音乐吸引观众，后面的节奏需要根据内容推进的变化调整节奏的快慢，切忌一个节奏到底，该急管繁弦时要充分调动镜头、音乐、背景声和画面字幕、特效等手段以丰富信息量，该轻拢慢捻时要使画面、音乐舒缓，减少镜头花哨的包装点缀。

在建台三十周年的另一个策划方案中，我们用了 MV。因为要展现一个媒体30年前从无到有、从小到大的成长历程，画面选择很严苛。在策划时，新老交替、时代更迭的画面剪辑中就要体现快慢节奏，音乐选择了那英演唱的《春暖花开》，曲调优美、感情真挚，非常贴合短片的主题和风格。

形象宣传片往往铺垫高大上的漂亮镜头，但失之与假大空，在夺人眼目的镜头后面，缺少回味。拘囿于内容和传达范围，策划中点点出新的巧思妙想往往让人眼前一亮，甚至过目不忘。

大家可能会有这样的印象：数百年的文学作品会让人记起；数十年前的影视作品再看仍有观赏性；但是数月前还令人历历在目的短视频就很少了。这种现象反映了当前短视频创作的碎片化，缺乏经典的创意和撼动人心的内涵。所以，短视频创作要重视以下几点：

一、透露出策划的力量

无论情节设计、人物选择、镜头构思还是技巧应用，灵感的迸发才能使片子闪烁着动人的色彩。

我参与创作的城市形象宣传片中，解说词中提到"构建现代化立体交通体系"时，有一组镜头，一个小女孩在河边画画，一列动车从桥上疾驰而过，从中景镜头切到画架上的动车素描图，然后叠化到同向飞驰而过的动车近景。这组镜头因为小女孩的引入使充斥各种全景航拍的组合一下子有了活力，而从素描到现实中的动车叠化，一是说明了社会进步快速，二是又使观众对前后时代的对比有了生动的比较。在表现5G技术改变未来的短片里，我设计了一个镜头从孩子的明亮眼眸的大特写镜头里，用AE软件制作，拉出一个未来的场景；在一个飞翔在海面上印有LOGO的无人机上，倒影LOGO标志醒目地投射在水面上——这些单独或者成组镜头的创意就会为整部片子画龙点睛。

另一个广播音乐频率的宣传短片，创作者引入了一对年轻恋人收听广播节目，思念着远在异乡彼处的对方，电波流淌，连接几个空旷的街头、一个人的大厦办公室、光影掠过的出租车，几个场景让人遐想，结尾恋人重逢相拥，音乐响起环绕着彼此，尽管只有一分多钟，但是仿佛一首浪漫的电视小诗。港城烟台有一句流传很广的城市宣传语：爱在烟台、难以离开。这八个字源于20年前的城市形象片。这部片子分长短几个版本，基本都围绕一个情节展开：讲述一位海外返乡的青年男子带着年迈父亲的遗嘱回来寻找半个世纪前的至交好友——一位老船长。他沿着线索去多个地方寻访，但因为城市巨变，历经探求才终于喜遇故人，同时也收获了自己的爱情。整部片子因为有了一个具有戏剧性的情节策划，所以拍摄起来就有指向性，围绕故事设计场景、选择路线，这是观众看到的画面，隐含在画面后面的是策划者的真实目的，则是通过对一系列天翻地覆巨变的城乡新面貌的再现潜移默化地把一座城市深具魅力的今天和富有朝气的未来印记渗透到观众的心目中。

二、平行视角

2020 年的新冠肺炎疫情席卷全球，肆虐的病毒带来灾难，面对疫情，我们国家举国同心、医护人员舍生忘死支援湖北等重灾区，很多地区的各大医院也先后组织成千上万名医护人员奔赴湖北等地。

我当时担任新闻频道总监，和专题部同事一起策划了《家有亲人在逆行》的系列节目，其中一篇题目是《等你回来的第……天》，讲述的是当地一家医院的男护士郭向林和同事一起白衣为甲、逆行出征的主题。因为媒体无法与他们同行，所以只拍摄到从当地医院出发时的送别仪式和医护人员到车站后和亲人、领导同事分别的场面。

虽然片子里面用到他出征的一些视频资料，还有他通过平板电脑跟家里人的视频对话，但是编导人员无法直接去现场拍摄，整部片子没有他在病房里争分夺秒与死神抗争的镜头。怎么展现医护人员的崇高职业品格和在一线救死扶伤、勇往直前、坚韧不拔的精神呢？于是我们在策划时独辟蹊径，通过妻子每天的日记和她娓娓道来的自述，表达对丈夫的牵挂和担心、对他的鼓励和支持。这明显是提前策划好的一种节目叙述方式。同时，穿插郭向林的父母和孩子通过平板电脑和休息时的他视频对话，来侧面表现这位抗疫勇士的工作、生活，也同时渗透了他对病人的大爱、对家人的挂念。

《等你回来的第……天》
记者：刘芳宁

大家好，我是林笑旭，我是烟台山医院的护士，我的老公是郭向林，他和我一样，也是烟台山医院的护士。他是 2 月 2 号，然后是山东省第三批援助武汉的医务人员。今天是他离开家去往武汉的第 29 天，虽然有点儿想他，但是我们全家都以他为荣。

【字幕】等你回来的第……天

【现场】郭向林儿子 果果

爸爸去武汉了，爸爸是用来杀病毒的。

【同期】郭向林妻子　林笑旭

郭老师这个人，就是他特别的，他一直就是那种让人感觉就是一身正气，平常的工作中，他就是属于那种雷厉风行的，干活就是特别得干脆，他做决定也特别得果断。

【日记旁白】2020年1月23号，晴。从新闻开始报道新型冠状病毒肺炎疫情开始，你就一直很关注，天天看新闻，这时的你心里早就有想法了，只是没有说出来而已。

【同期】郭向林妻子　林笑旭

我们医院是25号派出的第一批的援鄂的，然后当天派出了以后，医院就要求报名参加，他就是这个信息一出来，他马上就把名报上了，然后给我发了4个字，我报名了。

【日记旁白】2020年2月1号，晴转多云。初八下午接到援鄂通知，你告诉我，那一刻我的脑子是懵的，直到看到医院领导同事们为你准备了充分的防护物资和生活用品，感受到大家一起并肩战斗的心情和必胜的决心，我才吃下了定心丸。

【同期】郭向林妻子　林笑旭

然后，虽然说是担心，但是我觉得他报名是对的，我是100%支持他的，因为他是一个男护士，还是一个副护士长，还是一个党员，这些东西都是他应该做的，就是别人说是可能会有犹豫，他一点儿都没有犹豫，觉得他挺光荣做这些事情，就老是想哭，我就觉得哭是不是不太好。

【日记旁白】2020年2月3号。亲，今天是你离开家的第一天，奶奶从老家过来帮我们照顾孩子，奶奶得知你的消息后，我电视都不敢看，一看新闻，她就会一脸严肃，后来我们一起开导她，这两天才好了一点，现在每天看新闻的就变成了她。

【同期】郭向林母亲　王中香

他们走了以后，我才知道。我说你上哪里去了，他说上武汉啊，我说你怎么走也不告诉我一声,他说我不敢告诉你啊。没办法了,我说咱们好好干,哪里需要哪里去,走吧,加油,武汉加油,我儿子加油,中国加油。

【现场】这是几根蜡烛?四根。祝你生日快乐,祝你生日快乐。

【日记旁白】2020年2月28日,多云。星期五,今天是你离开家的第26天,也是咱儿子大果果四岁的生日,第一次没有爸爸陪伴的生日。但是长大后的儿子会理解你,会为你感到骄傲的。

【视频现场】

今天吃什么饭呢?米饭和饺子啊,好生活,挺好。你们放心就行,家里边儿怎么样?在家里还好吗?挺好的,东西什么的都不用出门,然后工会啊,还有领导啊,都给把菜什么的都给送到家里来了。

【日记旁白】2020年2月29日,星期六。郭老师,今天是你离家的第27天。每每你都会告诉我你那里一切都好,我知道你是怕我们担心你。你放心,我不担心你,我知道你会为了我们保护好自己。我知道你会完成工作后安全回家。亲爱的郭老师,在武汉的工作当中,你一定还是那个在病房里勇往直前、舍我其谁的组长,在日常的生活中,你肯定也会照顾好我们的每一位战友,我们都知道,而且相信你有能力在保护好自己的情况下顺利完成任务,平安回家。

雪已消,冰已化,万物复苏,春暖花开,我们等你平安归来。

这种平行视角极具贴近性,没有居高临下的俯视式的说教,也没有缺少人情味的仰望式的赞颂,而是从主人公的外围亲人着眼,切入他的家庭和情感世界,更加烘托了他的精神之源。

这个片子长度为5分钟左右,这个长度的专题节目既可以在电视荧屏播出,也可以稍加压缩,截取部分章节以短视频形式在公众号、视频号、快手号、抖音号和各类App等新媒体平台同步甚至提前推出。

一档法制类节目要采访制作一条专题,记录派出所干警的故事。常规做法一般是跟踪这位基层民警走街串巷为民办事,拍摄他的工作和工作之余的生活,再加上采访同期,反映他的辛苦、敬业和亲民。而如果采用平行视角,则可以调转镜头,对准一个或者若干个办事群众,让他们去讲述和这位民警发生的感人故事,侧面表现警民鱼水情的深厚关系。这种平行视角更为可信,更容易使受众产生代入感。

过去很多电视节目是突出记者说话，现在的传播是要节目表现的人物多说话，记者从表达者转变为记录者，由此视频本体变身为以表现人物为中心的画面和声音。这和传统传播模式点对面、无选择的单向传播，转换到如今新媒体兴起的点对点、有选择推送的多向传播路径密切相关。包括电视节目在内的视频内容的选择权主动权已经从传播者转移到接收者手中，这就要求新媒体环境下的电视策划要做出质的调整和改变。

三、要讲故事，抖包袱

2020 年蔓延全国乃至世界的新冠肺炎疫情搅乱了人们的正常生活，初期为了举全国之力援助疫情最严重的湖北省，党中央果断决策，抽调各地的医护人员和医疗物资对口支援湖北各地区。经过举国同心的全力以赴和白衣战士的英勇赴险、顽强拼搏，经过数月鏖战，取得了武汉保卫战和湖北保卫战的决胜。

在各支队伍凯旋的过程中，很多人用手中的摄像机、相机和手机等设备拍了大量短视频，通过自媒体和新媒体渠道推送，让无数人领略了中国人民风雨同舟、相互扶持的眷眷深情。在看多了镜头瞄准医护人员大巴车和依依不舍的送行人流时，有一条短视频感人至深，在路边密集的送行长龙中，当车队驶过时，一个 10 岁左右的小女孩保持深鞠躬的姿势一直到车辆走远，推送的短视频字幕解释：在国家的正确决策和医护人员的舍生忘死救助下，病重的小女孩的父母被从生死线上抢救回来，避免了一出可能的家破人亡的悲剧，小女孩用自己的方式表达发自肺腑的谢意和敬意。

还有一些短视频抓拍到准备乘机远赴疫区的护士在机场巧遇执勤的交警兄长，两人相互致意打气加油的瞬间；在医院门里门外隔着玻璃交叠双手，近在咫尺却不能拥抱自己最亲爱的人，只能默默对视、潸然泪下的医生妻子和志愿者丈夫——有的几个镜头就让受众一目了然，有的背后有着很多不为人知的故事，需要发布者做适当补充说明，但这样的短视频因为抓拍到了充满真情闪现的场面，都感人至深、让人过目难忘。

2022 年 4 月 16 日，央视新闻播出的航天员王亚平飞天归来下舷梯的短片，虽然只有一分多种，但是在电视屏幕和很多自媒体、社交平台上不断播放。生于烟台的女宇航员王亚平下飞机后与女儿紧紧相拥，这个最关键的镜头荡漾着飞天英雄的侠骨柔情。在新媒体传播时，有的短视频加上了题目：摘星星的妈妈回来了，这就体现了故事性。新媒体短视频有的几个镜头就让受众一目了然，有的背后却有着不为人知的故事，需要发布者通过字幕、画外音等做适当补充说明。传统电视媒体也要吸收这些新媒体的传播优点。

长片

这里所言的长片用业内的节目类型标准可以划分为专题片、纪录片、系列片等。长片一般节目时长超过 10 分钟，围绕一个大的主题展开，可以是一集，也可以分为一个系列。长片的内容丰富、涉及人物和事件较多，情节相对复杂，所以尤其需要提前策划。策划要求定位节目主题、筛选人物（直接当事人和外围人物）和故事（直接事件和外围事件）、收集文字影像素材、确定拍摄时间和场地等。

长片类型多样，前期策划就更为重要。策划的步骤包括题材、主题、结构、表现手法等很多方面。

一、精心选取有价值的主题，筛选有分量的题材

长片创作需要一个较长的周期，配备专门的创作采编队伍，具备各方面的专业素质。对电视媒体而言，要舍弃一蹴而就、临时抱佛脚的急功近利思想，专心致志实施人才带动战略，不断增强创作队伍的策划能力和创新能力。必须鼓励记者"沉下身心走基层"，制作有思想、有温度、有品质、接地气的节目。同时创造有利条件，确保精品长片创作取得成果，推动电视品牌跨越升级，充分彰显电视媒体文化软实力。

对于长片创作，首要任务是要研究国家、社会在当下和未来发展空间中的热点和焦点领域，选准发力方向，再结合本地的资源优势，把高瞻远瞩的观点、思维和大政方针结合基层实际，让具有指导性的发展预测真实落地，这样的题材才有历史和现实意义，才能对时代和社会的进步具有参考价值。

2016 年 3 月 29 号，当时的国家新闻出版广电总局公布 2015 年度"百人百部中国梦短纪录片扶持计划"评审结果，我参与策划创作的电视纪录片

《李登海》成功入选，此次入选的 34 部纪录片中全国仅有两个地市台跻身国家级纪录片创作梯队，这部作品就是其中之一，这也是山东省唯一一部入选 2015 年度"双百计划"的纪录片。

在电视纪录片《李登海》选题时，因为国家部委布置这项任务，选题范围不限，我们就反复挑选了十多个选题，在策划讨论过程中，在全市范围内筛选重大典型，以事迹影响力、现实意义、精神内涵等多重标准衡量选题，不断淘汰不合适的题目，缩小范围。最后，在国家农业技术创新进程中，在玉米良种选育领域做出了巨大贡献的先进人物李登海进入我们的视线，最终选定这位向国家粮食安全命脉输送强大动力的追梦人、中国紧凑型杂交玉米之父、农民科学家作为宣传对象。在策划过程中，力求创新表现手法，讲述主人公四十年如一日砥砺前行、创造中国玉米育种奇迹、不断刷新世界玉米高产纪录的感人故事和先进事迹。

纪录片《李登海》共两集，每集 30 分钟，采用双线并行的叙事手法展现主题，提升感染力。该片上集题目为《李登海：筑梦玉米高产》，重点放在两个地方，一个是李登海是如何走上玉米杂交育种的。这个过程中，他又经历了什么样国内外的时代背景，其中形象展示了玉米作物的来源和产业价值；另外一个重点是，回答了李登海作为紧凑型杂交玉米之父的几个关键问题，比如什么是紧凑型玉米？紧凑型玉米有哪些优势特征？以及紧凑型玉米的发现对于我国玉米育种产业的价值和地位；整个片子中，也讲述了德州普通农民，玉米种植户宋庆奎老人从事玉米种植的故事，侧面认证李登海育种的科研价值；这些成绩的取得是李登海经历了一系列挫折和创新得来的。

电视纪录片《李登海》下集题目为《李登海：创新永不停止》，该集以创新为主题，以时间为主线，主要讲述李登海研发每一个新高产种子的选育，所经历的困难和如何克服的故事；比如，李登海在海南育种艰苦奋斗的故事，他跟老母亲母子情深的故事，以及德州年轻人朱庆斌创新思维，销售登海玉米种的故事；片子以李登海对于儿孙的培养和研发团队的塑造，延续玉米研究事业作为结尾。

按照国家新闻出版广电总局的计划要求，纪录片《李登海》是在半年内分四个阶段完成摄制。时间紧，任务重，整个创作团队克服高温、高强度、高压力带来的身心疲惫，奔走近万公里，拍摄了 1000 多分钟的影像素材，采访拍摄到了包括美国先锋种业的玉米专家，我国农业农村部玉米研究组的相关专家，李登海在莱阳农学院的老师和烟台农科所的高级农艺师等将近20人，首次披露了诸多关于李登海玉米研究的细节故事；同时创作团队冒着夏日高温，一身汗两腿泥，深入田间地头，采访玉米种植户、玉米种子销售商、玉米产业链上相关企业以及从事玉米研究的科研院所；为了让该片丰满、细致、感人，创作团队收集了几百个小时的关于李登海60多年来的大量影像资料，其中不少影像还是首次对外界披露。

纪录片《李登海》策划的亮点之一，是通过电视语言生动讲述李登海的感人故事，向观众诠释我们社会崇尚创新、鼓励创业的风尚。从主人公身上，受众能够看到人人享有人生出彩的机会。片子也展示了在时代大潮中，让梦想的种子在勤奋拼搏中迸发生机，让个体生命伴随民族血脉的涌动，实现你我真真切切中国梦的壮美图景。

二、抓住人群的共性情感，还原动人的现实生活

选题的成功就预示了长片创作有一个好的开头，这为之后的其他工作铺平道路。当然除了有重大价值的题材，其他像展现普通人物和社会基层的真实生活，反映社会基层群体的生活状态，刻画真情实感的长片也会产生很多精品佳作。

所以，长片题材策划的另外一个技巧就是，挑选最了解的题材，不要企图直接拍到感天动地的大主题。

长片可以用影像语言记录给创作者留下最深印象的生命群体，并让其凝固成影像历史。评价一部长片水平的最好标准，就是每每再次看到，还能让有相似经历的受众深受触动，达到共情的效果。

这一点与文学作品相似。如获得诺贝尔文学奖的奈保尔的《米格尔街》、我国著名作家老舍的《茶馆》、钱钟书的《围城》等作品，都是在一定的社会背景下，集中笔力描写一定区域内的一部分人。因为作者深处当时的社会之中，对时代变迁感受真切，对他们笔下的人物群体有着细致入微的体察，所以他们的文字才能于无声处听惊雷，才能把一个特定时代背景下的芸芸众生活灵活现地塑造于文字之中，这些作品因之不朽。长片的影像纪录效果也应该努力达到文学作品这样让受众刻骨铭心的目的。

举例来说，数十年前家门口的修车匠、学校外的餐馆老板、居住小区的邻里关系、物业纠纷等，这些最熟悉的人和事，恰恰是最值得通过影像记录，也最可以在长片之中以小见大，从小处着手表现出大的主题，映射出宏阔的家国情怀。

三、通过设置悬念，采用抽丝剥茧的技巧逐步揭开人物和事件的面纱

与短视频相比，长片外延越广，人物越立体。切入时切忌直奔主题和揭露人物身份，要善于增加神秘感。

2012年、2018年和2019年，全国城市电视台新闻委员会组织全国上百家城市电视台，分别策划制作了多部电视纪录片和专题片：2015年，为纪念中国人民抗战胜利70周年，联制联播了《血铸河山》系列纪录片；2018年为纪念改革开放40周年，40多家城市台制作完成了《四十城 四十年》系列专题片；2019年，时隔一年后，30多家城市台参与采制了《与共和国同行》系列纪录片。

从2012年开始创意策划的《血铸河山》系列专题片由中广联城市电视台新闻委员会牵头，各电视台积极主动申请参与创作，并组成策划制作团队，按照事件重大、影响广泛、突出地方特色的选题要求展开前期调研、收集资料。前期策划到制作完成间隔时间长达3年，因为涉及内容千头万绪，年代久远许多资料需要重新核实，当事人很多已经不在人世，再加之口径把握难度较大，中间组委会多次召开策划会议。

我参与组织策划了烟台广播电视台的主题节目《血筑河山》系列节目烟台篇。创作人员查阅胶东红色历史文字档案上千份、影像资料100多个小时，向组委会提供了多个重大选题，经过反复沟通和积极争取，最终确定摄制最具代表性的一篇——《虎口夺金》。

抗战和解放战争中，山东烟台地区的金矿处于敌人严密残酷的控制之下，中国共产党和其领导下的武装力量以及人民群众，不怕千辛万苦，冒着生命危险，舍生忘死从敌占区偷运出大量的黄金，据后来的史料记载，解放区我党的金融储备主要来源于从胶东输出的黄金。在长年与敌人斗智斗勇的血雨腥风中，很多人献出了生命，他们的鲜血融进了中国革命的长河，他们的生命也磨砺出比黄金还要历久弥新的价值。

因为缺少影像资料，直接交代虎口夺金的史实无论从镜头表现还是故事叙述上都有较大困难，所以创作者采用了从外围着手、层层由表及里、不断接近内核的剥笋式采访手法。

创作组力求采访史料有说服力，镜头运用有感染力，先后联系采访了12位专家，走访了玲珑金矿老矿工、参与夺金斗争的老红军，以及招远当地相关部门的老领导，通过他们的亲身经历再现历史细节。片子从整体上还原了招远军民如何通过当地金矿生产运送黄金的历史脉络，真实再现胶东地区艰苦卓绝、悲壮恢宏的抗战史实，体现了较高的人文价值和社会价值。

经过前后历时半年多的前期拍摄采访、收集历史资料，创作团队进入紧张的后期制作包装阶段，按照组委会的要求，数易其稿，并且反复对整体结构、采访背景、包装手段等进行修改，整部作品采访扎实、镜头到位、资料翔实、包装精良，受到组委会评审的一致认可，并作为重要一集在几十家参与台播出，收视人群达到近10亿人。

2018年1月16日，2015—2016年度中国广播影视大奖广播电视节目奖终评评选结果揭晓，由中广联城市电视台新闻委员会组织广州、成都、大连、烟台等多家城市电视台以及上海、天津、重庆等直辖市电视台历时三年联制联播的大型系列抗战纪录片《血铸河山》获得2015—2016年度中国广播影视大奖广播电视节目奖"电视类节目大奖"，这也是中国广电行业的最高政府奖项。

四、长片创作时要注意线和点结合

线是指片子的脉络，越长的片子越要做到线索清晰、有迹可循，有时用一条主线、有时也可以用两条或者以上的主线，无论几条，都属于视频长片的逻辑主线，只要能依托主线，就比较容易把握叙述进度和方向，不易走偏，做到类似散文式的形散而神不散。点则指叙事时选择的人物和事件，如果把一部长片比作一株枝繁叶茂的花，根是主题、茎像主线，而枝叶如细节、花朵就是贯穿片子的精华看点。线不宜多，仿佛花草不可芜杂，几枝主干横生竖长，支撑起十分精神。盛开的花朵有了茎秆的扶持，有枝可依、疏影横斜、浓淡相间，就如一位美人血肉丰满、绰约动人。

2018年，是改革开放40周年。为讴歌改革开放的伟大成就，展示改革开放以来中国各城市的发展变化，进一步坚定实现中华民族伟大复兴中国梦的信心和决心，中广联城市电视台新闻委员会决定，由委员会指导，全国40个城市电视台拍摄制作一部大型系列主题片——《四十城 四十年》。该纪录片40集，每集30分钟。采用联制联播的方式，40家电视台各制作一集，制作完成后，在全国20多个省的上百家电视台播出，覆盖人口10亿人。

参与的40家电视台主要选择省卫视台、省会电视台、直辖市台、计划单列市台及澳门电视台。我作为委员会成员，当时在烟台广播电视台工作，烟台市也成为此次活动的选题城市之一。

在前期策划中，创作小组在研讨中，认为40年里烟台市一直站在改革开放的最前沿。从一个沉寂的滨海小城，一跃成为奔向国际化的滨海城市；从传统农业地区，迅速实现了向现代工业城市、制造强市的跨越；从计划经济体制向新时代中国特色社会主义市场经济体制全面转轨；从"基本温饱"快速进入率先基本实现现代化的新阶段。烟台市翻天覆地的发展变化，成为全国改革开放伟大成就的一个缩影，沧桑巨变蕴含着烟台人民丰富的智慧和经验。

根据组委会的创作策划要求，该片要有独特的表现视角。建议采用一线串五点的形式：即一条或者山川河流或者景观道路的主线，再筛选五个各具特点、能展现时代脉络的人物。每个城市都拥有自己的一些有意义的市政工程、建筑或建筑群，每一个工程、建筑等都见证了一段城市发展变化的历史。组委会在策划时要求该片重点放在人与这些工程或者建筑的故事上，以人和物作为切入点和基本载体。

创作小组经过多次研讨，最开始确定烟台台的片子结构，以滨海路的建设为主线，选取滨海路沿线的五个不同层次的角度和五个人物故事。具体五个不同角度分别为：1. 随着滨海路的建设，蓬莱阁、所城里、朝阳街和烟台山老使馆区等烟台市历史街区的整修变迁；2. 滨海路上，国之重器来福士海上钻井平台、自主创新典范万华工业园、百年民族品牌张裕葡萄酒等当地工业和制造业的发展历程；3. 滨海路上，原先的小渔村如今成为高端社区的黄海城市花园等社区的变迁发展；4. 滨海路沿线，以烟台苹果为代表的现代农业蓬勃发展；5. 烟台摄影家协会为庆祝改革开放40周年，组织征集老照片摄影展。五个人物故事具体为：1. 孙磊：历史街区所城里拆迁指挥部副总指挥，接受华侨发来的感谢信，展现拆迁中发生的感人事迹；2. 万寿茂：烟台摄影爱好者，拍摄记录 40 年里，烟台城市建筑和生活的变迁；3. 刘腾飞："蓝鲸1 号"钻井平台动力工程师，讲述"蓝鲸 1 号"在南海成功开采可燃冰的钻井平台的建造和出征过程；4. 田春影：山东烟台四姐妹大学毕业后放弃了高薪工作回到自己的家乡种苹果创业，三年后年入 2500 万元，刷屏朋友圈；5. 王永杰：滨海路建设总指挥，见证烟台滨海路（开发区至蓬莱段）2018 年10 月 1 日建成通车。

五个人物群体最终调整为长岛"渔家号子"传承人、渤海轮渡技术员、栖霞新型农民、黄海社区居民、中集来福士女工程师，后来的成片与最开始策划选择的人物有了不少改变，虽然人物有变，但仍保留着点线结合的结构，这充分印证了策划的纲领性作用。

策划时，该片的拍摄以滨海路为主线，西起蓬莱龙口，东到牟平，南含海阳莱州等地，覆盖烟台所有县市区，拍摄地理区域广泛；同时为了增强片子故事性和戏剧化，摄制组历时 6 个月连续跟踪拍摄选题人物的工作过程和生活细节；同时为了增强该片的视觉震撼力，更好地反映出烟台市工业和制造业的超前实力和先进程度，摄制组还驻扎在中集来福士和万华工业园等有代表性的企业，采用无人机航拍、延时摄影等拍摄手法，投入大量的人力物力，保证按时高质量高品质完成该片创作，力争用大气漂亮的镜头语言，全面详尽展现烟台改革开放 40 年来所取得的卓越成就。

根据活动组委会的创作要求，为保证高质量高品质的完成该片，烟台广播电视台成立专门的创作小组，抽调老中青三代优秀记者，专人专项负责该片的策划采访和后期制作；为了能够在视觉上更好地展现城市日新月异的变化，尤其是展现 40 年后当今社会朝气蓬勃、鲲鹏展翅的气势和姿态，在技术策划中，该片拍摄时全部使用高清甚至达到 4k 标准的摄像器材，如电影级别的松下 AU-EVA1 和 GH5 等高清摄像机；为了多角度立体化的拍摄烟台的风光美景，创作组还采用 12 米大型摇臂、新型电子稳定器、青牛 X7plus 无线电控滑轨和大疆精灵 PHANTOM 4 PRO 航拍器等当时的新型设备。

长片策划要无微不至，而最重要的像这类长片创作要求不能空洞地喊口号，而应该把重点放到令人感动的故事上，在讲述故事的过程中，使正能量的价值观自然流淌，展现在世人眼前。

五、电视节目的反向采访理念

电视节目的反向采访理念是指从主体人物的对立群体和相关外围人物事件来采访，层层剥笋，逐层深入，代入对主体人物的刻画；拍摄时也要有意识地寻找与常规不同的反向视角，以期让受众取得与众不同的视觉体验；在描写主体人物的主要事迹和挖掘他（她）的特质时，也可以反向外围采访与其业绩、工作看似无关，实则水乳交融的日常生活、兴趣爱好等侧面。这样曲径通幽，先描摹羽翼外形，使人物落地，有亲和力和烟火气，再抽丝剥茧层层深挖内涵。

《四十城 四十年》系列专题片做得比较精良的片子众多，重庆电视台的《沧江日夜东》就很有代表性，这部作品利用反向采访的例子较多，也很成功。

片子策划选取的一条主线是嘉陵江和长江，五个人物分别是画家罗中立、小天鹅火锅创始人何永智、盲人棒棒军 CEO 刘晓箫、轻轨工程师姚鸿洲、美籍华人院士邓文中，人物身份从画家、企业家、棒棒军到工程师、外籍院士，每个人物都有一个明确的承托载体，这是前期策划时就要考虑周全的：罗中立的画展、何永智的洪崖洞吊脚楼群、刘晓箫的棒棒军公司、姚鸿洲的轻轨线路、邓文中的桥梁，有了载体，就有了充足的话语空间，可以充分展示他们每位主人公的事业主体，再利用跨越几十年的时间叙述语境形成时空交叉的影像传达。这时策划的功效可见一斑。

在后期剪辑中，也充分贯穿了策划意识：除了五个主人公，开头用了一个网红主持人介绍重庆，这位间接人物的开场使片子别开生面、独具新意；中间讲述到棒棒军盲人 CEO 刘晓箫时宕开一笔，介绍他曾是一个诗人。当人物故事缺乏情节时，这种别有情趣的细节凸显会增加长片的可视性。另外，4分 10 秒处用邓丽君的歌曲、10 分 25 秒航拍的两江交汇场面比喻鸳鸯火锅的发明灵感、15 分时引用棒棒军二十周年的典礼、23 分钟讲述了重庆轻轨和桥梁数量的变化：从 80 年代的只有 5 座桥梁剧增到现在的 4500 多座——这些在后期创作时的转场和技术策划为片子锦上添花，而富有创意的点子更让受众印象分外深刻。

第五节 大活动现场直播节目和演播室直播节目

电视直播按照直播地点的不同分为大活动现场直播和演播室直播。对可以预见的直播场景，如会议活动、典礼仪式等，一般需要提前策划。每年两会召开、国庆大典、重点项目开工建成等，各地一般要举行多场电视现场直播。而演播室直播主要是指固定播出的各类电视栏目和各种以演播大厅为载体的直播节目，如直播的新闻栏目、对话类节目、晚会等。演播室直播的演播室、演播厅部分为即时拍摄播出，而中间穿插的节目则是提前录制剪辑完成的成片。

一、提前策划脚本、进行技术准备

大活动一般都有流程方案，作为电视现场直播策划的重要一环，脚本很重要。脚本需要确定播出时间、拍摄机位分布、大体的机位切换点、每个镜头的推拉摇移和时间长短。脚本还要对前后的开场和结尾方式做出规范，确定是以现场还是演播室主持切入，结尾的处理方式也多种多样，都要提前确定。同时，脚本还要对导播、摄像、调音、放片、播出等各种技术岗位的具体工作内容和操作时间点做出标注，方便各个环节有条不紊严格执行，从而保证直播活动的准确。

现场直播工作人员应该提前到实地勘察，测量室内外场地大小、范围、主席台或者主会场中心位置、现场信号强弱等，然后确定直播机位的布设。一般千人左右的会场或者场地，要有六七个机位以上：在主持人和主发言人前2米左右，采用七八十度的斜线拍摄机位，而且如果主席台发言人位置较高，机位下要搭台，在三脚架上的镜头与发言人头部位置基本齐平；在现场中后段位置架设几台机位，可以推拉镜头和全景拍摄；在另外的制高点斜位和正后方布机，用于大全景拍摄；另外需要流动机位，用于随机应变，抓拍突发状况；有条件的场地可以考虑布设摇臂和滑轨或者飞猫、无人机拍摄；还需要专门拍摄主持人首尾开篇和结束的机位。在机位设置后，还要策划音视频光缆的走线、直播车的摆放位置等。

据《揭秘阅兵第100方队》公众号记录，在大型的直播活动如2019年国庆七十周年阅兵式现场，央视采用了上百个机位，多轨录制超过三百路信号。采用金字塔型的总分总的直播队伍和机位架设，动用了几十辆大型直播车和数百名的直播记者、导演、剪辑、录音、调色等人员和技术工种。为了拍摄好参加阅兵的 99 个方梯队和方队，央视的庆典直播团队动用了各类最新型的直播设备，采用 4K 信号。在长宽 880 米×500 米达到 44 万平方米的天安门广场、长宽 3000 米×80 米达到 24 万平方米的长安街阅兵路线上，直播团队提前半年多进行各种准备：脚本策划、机位布设、声音调试、走位演练、设备研发等。

为了用镜头展现现场的宏大场面和围观细节，直播团队在策划中充分把传统拍摄与创新手法结合，集合了很多的奇思妙想，创造了多项第一。长达 400 米世界上最长的二维有线传输索道、自动跟踪拍摄战斗机等技术和设备，经过科研攻关，不仅成功用于拍摄，而且创造多项专利。他们还创造性地使用可以伸缩臂长 30 米的水泥泵车悬挂摄像机，在长安街正上空拍摄，既不影响队伍行进，又可以把主体压缩在一个画面里，气势磅礴；大摇臂镜头伸到导弹车队里，快速拉起，营造一飞冲天的动态氛围；采用类似随动拍摄的方法把摄像机固定在各个不同位置：有的装在坦克路经的地面、有的安在地空导弹的后车前方、有的嵌在机翼侧面、有的悬在炮筒之下，从空中、地面、车内、飞机之上等各种常规视角难以想象的角度拍摄出了很多撼动人心的画面。

二、细节决定直播成败

直播中出现的一个特写如被拍摄人物表情或者背景不当，就可能为整个直播减分。在大阅兵和群众联欢现场，在坦克方阵和上一个方阵之间，只有一分四十多秒布设和固定机位的事件，工作人员必须把握好时间，迅速抢在两个方队经过提前找好的拍摄点之间布置完毕。而为了录制好标兵的拍枪声和脚步声，录音室研究了标兵每踏出一步是 75 厘米，每个标兵就位以后他们之间的距离是 7 步，录音师用 4 支麦克风拾取拍枪声，7 支拾取脚步声，每个之间间隔 75 厘米，这样就能保证标兵每走一步都是踏在每个麦克风的点子上，这样的细节决定了播出时整个阅兵现场上千个场面、异常复杂的环境下的每个画面的声音质量，让受众宛若到了现场之中。而在联欢现场，不断闪现的笑脸、欢快的舞蹈等，如果情绪或者动作不到位，都可能让受众议论。所以在有可能的条件下，策划人员需要提前演练，发现存在的细节问题，及时查漏补缺。

当然电视现场直播中还会有意想不到的意外情况，工作人员要有各种预案和心理准备。我在带领团队进行的多次大型会议和活动现场，遇到过发言人突然停下喝水或者背景有人出现不恰当表情的情况：一是可以使用延迟播出的方法，对直播中可能出现的重大状况进行剪辑处理；二是盯紧拍摄主体、随时观察动态，做出预判，提前切走镜头。一次大型会议上，台下嘉宾本来有固定座次，但是会议开始后有个别人没有到位，所以很多人坐乱了次序。因为导播不熟悉很多中外嘉宾，所以紧急状况下，就采用了全景拍摄和摇镜头。在随后拍摄台上发言人讲话时，导播快速对台下嘉宾逐个确认。在随后的播出中，重新调度切换拍摄了重要嘉宾的近景镜头。

三、现场直播的应急处理和多渠道分发

作为电视媒体，传统的直播车直播迅速向轻型化、智能化、随机性、即时性的新技术手段直播转变。有的配备安插4G、5G通信卡的接收直传设备（如TVU），与摄像机连接，即时拍摄、同步发送信号回媒体，同步收录，既可以马上播出，也可以对视频稍加处理、经过转码多向分发。有的更为直接，直接利用智能手机，配备直导播设备，可以预先下载App软件，同频调试后，提前安排几路记者在事件或者活动现场，拍摄现场视频和主持回传，再通过直导播设备简单切换用有线或者无线方式把信号提供给大中小屏使用。向网站和智能端传送只需要简单转码就可以。

山东栖霞五彩龙金矿爆炸事故救援的最引人注目的首位升井的遇险矿工的拍摄就体现了电视媒体能够做到通过各种直播设备以快制胜。

2021年1月10日，山东栖霞五彩龙金矿突发爆炸事故，30多小时后展开全方位救援行动。救援行动中，发现遇险人员位于数百米的矿井下，向下的通道损毁严重。到1月17日，救援人员接收到井下工人的敲击信号并很快建立联系，但是因为通道清理难度很大，要实现井下人员升井，救援人员初期判断至少要半个月时间，所以当时大部分媒体在外围等待进一步的消息。1月24日，因为主矿井清障到中间突遇空隙，所以救援人员意外快速接近遇险矿工所在位置，而且在四工段发现一名矿工，救援人员救起他后直接升井。这时一直在井上没有远走的山东台拍摄团队紧急反应，在来不及调用专业设备的情况下，第一时间用手机拍下这个激动人心的突发瞬间。虽然不如专业设

备拍摄的效果，但是贵在是第一手资料，而且是独家，后来他们的手机视频被其他媒体转载。

第二批升井矿工中间有 40 分钟的间隔，其他媒体直播团队和报道队伍按照之前的策划分别顺利进行了电视频道与客户端的同步直播。这时，价值上千万的卫星直播车、上百万的便携式 TVU 直播设备和几千元的智能手机全面应用到直播救援升井的报道之中。

全国电视新闻媒体和各大门户新媒体出口，基本都加入了直播与转播随后救援行动的大军。受众接受渠道也因此多种多样，有通过电视屏幕观看的，更多人通过手机的各个新媒体平台在持续 4 个多小时的时间里观看了矿工陆续升井的场面。

据山东广播电视台统计，1 月 24 日，11 时许，闪电新闻客户端第一时间开启直播，时长 260 分钟左右。下午 1 点半—3 点半在山东广播电视台新闻频道开启直播。闪电新闻联合人民日报客户端、人民网、新华网客户端、央视新闻客户端、中新网、环球时报、四川观察、极光新闻、大象新闻、今日头条、抖音、百度新闻、腾讯新闻、新浪新闻、快手、微信视频号、新浪微博等全国媒体同步直播。新华网客户端首屏大幻灯置顶本次直播，并推荐多篇稿件；人民日报、人民网直播页卡重点推荐直播，今日头条直播、烟台页卡重点推直播。直播总播放 1561.5 万多，300 多万人在线观看。

除了大事件的现场直播，商业运营也处处可见电视直播的作用。现在电视媒体把活动直播常态化，既可以丰富电视节目形态，拉动电视媒体社会影响力，又能利用媒体资源参与市场环节，为经营创收助力增收，往往企业和商家满意、受众受惠、媒体获益，一举多得。

演播室直播

演播室直播主要是指固定播出的各类电视栏目和各种以演播大厅为载体的直播节目，如直播的新闻栏目、对话类节目、晚会等。演播室直播的演播室、演播厅部分为即时拍摄播出，而中间穿插的节目则是提前录制剪辑完成。

目前很多电视媒体追求时效性的栏目往往采用演播室直播，如各类新闻栏目、晚会、竞赛类节目等。演播室直播部分也需要提前构思结构，对整体的串联词、衔接方式、机位拍摄和切换等做出设计，当然主持人、摄像、导播等也要根据现场台上台下的情况做出应急反应。而整体结构和节奏一般需要按照策划进行。

这类直播因为在有配套的音响、灯光等环境中进行，技术要求相比户外的现场直播，可以提前反复调试、多次演练，受外界干扰较少。

不过因为缺少了不可预料性，那么对直播创意的要求所占比例更多。浙江长兴电视媒体在策划《将改革进行到底》晚会时，设计得很有新意。他们把晚会分了四部分：70年代、80年代、90年代和00年代，四个年代、四位主持人引出每个时期长兴当地发生的大事件。之前他们组织了主持人到浙江横店去拍摄，用了三四天的时间，把这四个年代的大事件通过主持人的演绎表演出来，然后在这个晚会上穿插播放，引人入胜，现场的气氛营造得非常好。这种创意就极具价值，可以说创意方案出来直播活动就成功了一半。

电视直播面临新媒体直播的挑战，因为传播工具的不同，后者更为方便和低成本，所以可以随时随地进行。

新直播平台与视频号、公众号、头条号结合可以很方便地把直播覆盖面空前扩大，这里需要提前造势预热达到引流的目的。新媒体直播既能报道新闻事件，也可以进行商业炒作；既能用于室外成千上万人的大活动现场，也能把镜头聚焦方寸之地的二三之人。

新媒体不仅带来了新的传播平台，而且因为新技术和设备的应用和普及，下行至普罗大众人皆可为的传播模式，直播的专业壁垒轰然倒塌。每个视频平台App一般设有直播频道，唇红齿白的孩童、鹤发鸡皮的老人都能抄起智能手机，打开App，来一段即兴主持：可以豪气冲天、指点江山，也能卿卿我我、花前月下。当然商业应用也更为广泛和深入。

像湖南台很早与淘宝、天猫合作的双十一晚会，是传统媒体与网络商家融合的最佳范例，一晚上几个小时的直播带来上百亿销售额，创造市场营销史上的神话。而近几年的电视晚会很多与淘宝、抖音、快手等新媒体或者网商结为紧密联合体，同步推送，相互助力，直播已经越界发展为全媒体平台公用的传播手段。随着新技术应用，直播门槛不断降低，直播活动不仅作为媒介信息的传输渠道，更多与市场牵手，涌现出很多专业网络直播达人，他们以团队跨界视频创作、媒体传播和网络商业，已经形成很大的影响力。

第五章　电视新闻类节目的策划

这里的电视新闻类节目是广义的概念，指所有具有新闻基本要素的、通过即时报道新闻事件发生、发展和背景等过程和状态以及分析社会影响、预测未来趋势、涵盖多种体裁的通过电视平台播出的新闻性节目，通常包括长短消息、新闻专题、系列连续报道、新闻评论、新闻栏目和新闻直播节目等样态。按照传播渠道新闻节目可以分为报纸新闻、广播新闻、电视新闻、网络新闻等。按照采制传播的主体则可以分为媒体采制、个体采制，当然这里的媒体包涵了传统媒体和网络媒体，而个体采制主要通过向其他传统媒体传送、向新媒体平台上传和在自媒体圈内传播等渠道扩散。

从电视新闻节目内容上分类，事件类和人物类报道是两大主角。当然现在的电视节目内容触及社会和经济的每个角落，如美食节目、风光航拍等纪实类节目风起云涌，但是事件类和人物类报道仍是百川到海的电视节目长河中最璀璨的两条主流。即便事件和人物作为配角贯穿在其他各类节目中，也是富有魅力的亮点，无论何时、无论何种节目，都应该时刻不忘这两个要素的穿插表达。

电视事件类新闻是电视从业者应用电视采编播设备和技术，采访当下或者即将发生的具有新闻价值和社会影响的事物和现象的报道。电视事件类新闻占到了电视新闻类报道的很大比例。事件类新闻有的是纯报道一件新闻事实，也有的是对整个新闻事件发生现场、后续追踪、新闻背景分析、真相揭秘等多角度、多层次的报道。很多其他分类的新闻节目也常有新闻事件贯穿其中，像随后重点讲到的人物新闻也需要通过讲述主人公身上发生的故事，立体刻画人物形象、展示人物个性特征。

　　事件类新闻的策划主要体现在对新闻事件发生的原因、过程、背景、影响、趋势等提前梳理，分清事件主次重点，构思采访问题、先后次序、逻辑关联，预判拍摄场景、人物，并且随着新闻事件发展变化随时调整报道方案、转换适时的报道角度和主体，在进入后期写作和编辑时，也要提前构思稿件形式、结构，确定剪辑思路和条理。

　　电视人物类新闻是电视从业者应用电视采编播设备和技术，采访报道引发受众关注的、具有一定范围社会影响的人物的新闻。在人物新闻采访报道策划中，可以从切入角度、选择故事、设计问题、筛选背景、情节展开、叙述结构（正叙、倒叙、自叙等）等方面进行策划。

　　国内新闻栏目还有会议活动、信息服务类等新闻类型。

第一节　新闻价值对电视节目策划的重大意义

　　新闻价值是新闻报道对社会群体产生的物质和精神层面的影响作用。新闻价值决定一条电视节目的含金量和生命力，而作为一名担负挖掘新闻点和采制新闻类电视节目的记者和编导，判断和分析新闻价值的能力无疑是他（她）具备记者基本素质和本领的一项最为重要的衡量标杆。

一、对设定好主题的新闻需要深入扎实的现场策划采访把握功夫

　　电视连续剧《山海情》以始于 20 世纪 90 年代的福建和宁夏两地的东西协作扶贫为主线，落脚在吊庄移民聚居区金滩村和闽宁村，刻画了一批极具个性和时代性的福建、宁夏当地的干部、科技人员、农民、教师形象，通过一个个富有感染力、激荡人心的故事用镜头描绘了一幅移民干部和科技人员如何带领来自西海固的村民白手起家、脱贫致富的动人画卷，豆瓣打分 9.4 分，是一部把现实主旋律题材与基层百姓真实生产生活紧密糅合的好片子。

　　正如热播电视剧表现的那个年代，笔者在从事电视新闻行业初期 20 世纪 90 年代前后，曾经分别制作了三个系列报道：一个是 20 世纪 90 年代初在农村改革开放大潮中走在最前沿的乡镇企业典型；一个是 20 世纪 90 年代末省内东西帮扶、共同富裕的地域典型；一个是 2000 年初东部沿海地区支援西藏

聂拉木县的民族团结、繁荣进步的典型。

在一个贫富差距、城乡差距、地域差距、民族差距参差不齐的大国，改革开放推动着时代发展进步，同时让一部分群体和地区先富起来、然后先富带后富走向共同富裕的任务沉重而光荣，作为记者有责任去生动记录这个澎湃、激荡的新时代，这体现新闻价值的主流。而作为记者编导深入其中带着真情采访报道，就很容易融入那个情境，与那里的土地和人民成为一体，采写出真实感人、具有力量和热度的作品。

在采访乡镇企业典型时，因为我提前了解到那位农民企业家特别打怵对着摄像机说话，以前有的电视媒体采访他时，他磕磕巴巴、很不自然，所以我没有通知企业负责人，在座谈提问过程中，悄悄打开摄像机直接拍摄，结果还不知情的企业家打开话匣子，用农民的淳朴语言表达得特别真切、自然；在采访外围村民、外地采购商、打工者等人时，我也是提前设计好几套采访问题，直接随机采访，虽然有时会让被采访对象措手不及，但是一般对方不经过酝酿的回答更真实，有略微迟疑停顿的地方反而使受众看上去更为可信。

在国家确定的援藏工作大政中，山东省对口支援日喀则市，烟台市支援日喀则市聂拉木县，到现在 20 多年了，先后有多批援藏干部进藏。我采访第二批援藏干部，在西藏待了半个月，应该说当时条件非常艰苦。为拍摄充足的素材，我们去的地方很多。海拔最高的波绒乡接近 6000 米。晚上我们就睡在羊圈旁边的几间石头垒的房子里，盖着透着羊膻味的被子。因为缺氧睡不着，翻来覆去一直到下半夜才能迷迷糊糊睡一会儿，白天还得早起采访。

全国援藏是国家出台的宏观政策和长期举措，为充分表现这个重大主题，我们克服了各种困难，深入最基层的乡村、最贫困的农户，冒着恶劣天气、在青藏高原缺氧的环境中，采访牧民、农户、乡村干部、藏区孩子——很多富含新闻价值的事件和细节就隐藏在这种深入扎实、一追到底的采访过程中。

这种新闻的价值是毋庸置疑的，主题设定好了，你需要表现什么？表现得生动不生动，能不能出彩？这要看记者的策划水平，看挖掘得够不够细，能不能采访到有意思的故事、采访到会说的人、能不能用鲜活生动的形式把采访内容表现出来。

在当时的采访中，因为时刻围绕大的时代主题，同时要落实到具体事例和人物，所以整个采访报道抓住了很多感人的瞬间和场面。现场的我经常被感动。后来这两组系列报道每一个都做出十多集的片子，在受众中产生了很好的收视效果。

在以后的生命中，作为记者和编导会魂牵梦绕他采访过的山山水水、老老少少，这时他会发现自己与他们已经割舍不开，这是新闻工作的魅力，而这样倾心尽力策划完成的作品也就具备了真正的社会价值。

二、对突发事件需要紧急调动资源和珍惜每一秒钟进行突击式采访

当然新闻价值在很多突发事件中体现得更直接。突发事件经常因为其无预期、无计划，发生得猝不及防，往往需要媒体临时调度人员、布置任务，而对第一时间到达新闻现场的时效性要求无疑增加了策划的难度，所以媒体从业者要在短时间内迅速收集尽可能多的现场和背景信息，从中判定和筛选具有价值的新闻点，指导随后进行的采访报道。

首先要确定事件的重要性和社会影响力。记者或者编导根据所学习所经历的新闻价值观和社会经验，先要准确判断突发事件的性质，如灾难事件发生的地点、伤亡的人数、抢救的难度、天气等客观条件等都是决定事件严重程度的因素；另外要尽量了解事件起因和目前状况，这规定了接下来的采访工作的走向，也考量媒体需要投入的人力和技术准备数量。像如果在地形复杂的山区，那就要单兵突进，尽快成立采访小队，用最快的速度跟进，而如果在交通便利的位置，则可以调动直播团队和融媒体队伍随时整体跟进。

其次要尽可能和信源人、知情的社会组织、政府部门取得联系。突发事件发生初期，信息会出现芜乱混杂、真假难辨的情况，作为媒体从业者要凭借已有和设法取得的各种信息渠道，尽快取得较为真实、全面的第一手信源，以配合随后的采访报道策划方案的制订和操作。

同时要调动各方力量，珍惜每一秒钟，以最快速度赶到第一现场和其他新闻发生地和相关延续场所。2015年，尼泊尔8级大地震直接影响到西藏自治区和尼泊尔接壤的聂拉木县，这也是山东省烟台市对口支援的结对县。时为新闻频道总监，我在听到此消息后，马上组织调度人员和当地的烟台援藏干部取得联系，设法了解受灾和救援情况，同时安排了记者购买前往西藏的机票，到达拉萨后，赶上了救援车队，在灾情发生后不到一天的时间就从几千公里外的东部沿海到达灾区最中心的位置。因为有了之前和本地援藏干部

和当地聂拉木县相关人员的密切联系，所以我们的记者最早到了震中地区，拍摄采访拿到了最早的影像资料，在第一时间通过网络发回新闻的同时，同步向省台和央视提供了素材，使灾区信息及时在各级电视荧屏不断播出。

1999年11月24日，黄海区域发生了新中国成立后遇难人数最多的海难事故，我第一时间配合央视和省台采访报道。事故发生在半夜，凌晨我接到消息和所在乡镇取得联系，第一时间赶到了距离市区30公里外的沉船区域，简单拍摄后，又以最快时间赶回市里，途中与两处定点医院提前进行沟通，到达后马上进入病区，采访了多名被救乘客。因为随着救援展开和被救乘客很快离开，限于当时的交通和信息不很便利的状况，有些现场和人员就很难再拍摄和采访到了，所以我储备了第一手影像素材，为后期的配合省台和央视的采访准备了宝贵的资料。下面是我在这次为期很长一段时间的救援和善后过程中写的文章，记录了很多采访报道的策划工作。

但愿海波平

北海北，北海有墓碑。

每年这个日子，我都会在心里洒一杯酒，祭奠那两百多个消逝在寒风凛浪中的生命。到2019年，二十整年，如果还选择凡世，祈祷他们诞在平安的国、幸福的家，灵魂深处一定要抹平那悲惨的伤痕。

当年，我入职电视台五年，还负着舆记的使命感，11·24发生在深夜11点多，第二天消息陆续传来。我扛着摄像机、提着话筒去了海员大厦和烟台山医院，因为赶去得早，先后采访了五位幸存者。后来知道，船上300多人，幸存的只有十分之一。我采访了这几人之后，幸存者就再接触不到了。

外面飘着小青雪，病房里我举着话筒，看着一张张惊魂未定的脸，讲述者多次悲不可遏、热泪盈眶，我听着也不停流泪。

当夜，大舜号失去动力后，有20多个人穿着救生衣冒着寒风散布在甲板上，后来幸存的基本是这些乘客。因为天气太冷，很多人没有意识到灭顶之灾悄悄逼近，加之老人孩子也受不了严寒，绝大多数人在船舱里。后来船只侧摆，与海浪产生共振随即倾覆。

白天我在现场海边沙滩看到，露出海面船的一头近在眼前，目测就一千米左右。可是当夜海天漆黑一片，根本看不到陆地。一个船上的船员水性很好，落水后游了一阵，最后精疲力尽，实在不行了，他万念俱灰，在身体下沉闭眼等死的瞬间，脚底竟然踩着了沙，原来已经游到了海边。这个船员是唯一游到海边的人。下半夜两点多他跌跌撞撞跑到最近的公路上拦车喊人，碰到的第一辆车，就是事故发生后赶来救援却遍寻无着、找不到目的地的车队。

在海滩上，他们见到了被海浪冲上来的人员，有四五个，其中一些人竟然还有呼吸。一位救援者看见一个女乘客上身裸露，试一下鼻息，有气。他马上脱下军大衣把这个人紧紧裹住，抬到车上，可是就在送往牟平人民医院的路上，她停止了呼吸。据他讲，冲上岸的乘客可能有三分之一左右的一息尚存，但是因为抢救时间来不及，大部分连呛带冻，基本上没有活过来。

我采访的五个人中，有两人讲述的最令人惊心动魄，闻者为之动容：一个是大连人，和父亲贩运水果。他讲道：下午 4:30 左右船起火，并开始灭火，下午 5 点左右呼救，晚上 10 点多钟船失去动力，自由飘荡，半夜 11 点45 分大舜号整体倾覆。他详细回忆了船只倾覆 5 分钟内的经过。海上风浪很大，看不见岸，黑漆漆一片，他们五六个人在一个三等舱内。船只侧倾得越来越剧烈，他们预感不好，这时开始进水。他们只能想办法从舷窗逃出去。几个人先后用两个茶杯击打窗上的钢化玻璃，但是只是出现了一些裂纹，水大量从门口涌进来。其中一个南方人用拳头猛砸，求生的本能已经使他忘记了肉体的刺痛。尽管付出了鲜血淋漓的代价，舷窗却很牢固。正当大家绝望之时，不料最后时刻玻璃破了。水大量涌入，他们 5 个人先后钻出来，就在几十秒内，奔涌而入的水墙把大人、孩子，男的、女的冲到一边，人们就在瞬息间淹没在海流中，甚至来不及呼救。他在水里挣扎了一会儿，喝了几口水，竟然浮出了水面。这时船只已经倾覆，大浪掀天。他漂了一会儿，看到了船翻时自动弹起的救生筏。这几个筏后来成为救助大部分幸存者的工具。先后有 6 个人爬到了筏上。后来海军的舰艇靠上来，甩下绳子系到了筏上。他们费尽全力，但是有秩序地上，你托我、我拉你地上了军舰。官兵深谙海上寒冷天气下救人的办法：扒光了他们的衣服，更换上了军队的内衣外套。他上来了，父亲却失踪了。

另外一个黑龙江的小伙子，年仅 29 岁，在船只失去动力以后，他不停地和妻子、单位、朋友通过手机联系，甚至打到了大连口岸，请他们设法救援。其时，船上很多人曾用手机和亲朋好友联络，一名机长甚至把家里欠谁的钱以及数额一一告诉了家人，让他们偿还。而这个小伙子在晚上10点钟以后，预感事情不妙，在电话中对妻子讲："我快不行了，你好好照顾自己。"妻子在那头泣不成声，此时此刻，声音绕耳而马上要阴阳两隔，此情此景谁何以堪。他所在的船舱里有十几个人，据他讲，有一对夫妻、一个父亲领着女儿，还有姐妹两个，等等。当水涌进来时，他们试图用床梯、椅子等物体砸破舷窗，当时因为船体倾斜，舷窗肯定已经朝上，但是没有效果。不过可能有了裂缝，他们还不知道。水很快没到了他的嘴，他已经无奈等死，船里的其他人呢？肯定在哭喊挣扎，一片混乱。奇迹发生了，因为水向上涌压缩空气，挤碎了窗玻璃，距离最近的他被冲出了船体，浮了上来，后来被救。

后据了解，冲上岸的一位黑龙江省哈尔滨市20多岁的女乘客侥幸脱险。而这个女子就是上文提到的和大连40多岁农民在一个救生筏上的女性。救生筏上的男子被救上军舰后，只剩下一个女的，她已经筋疲力尽，几番挣扎也没有能上去。据其他人所见，几个浪头打过去，连人带筏很快消失了，没有想到她被冲到了距离乘船地点2公里左右的岸上。在筏上，她用绳子紧紧地拴住手，和筏紧紧连在一起。到达岸上后，附近云溪村的老渔民正在守滩，这个地方恰好是村里的渔场。老人见到后，去拖救生筏，但是因为浪大拽不上来，他告诉那个女子：等一下。然后跑到几公里外的公路上拦车。那女的挣扎着上了岸，坐在那里几乎被冻僵时，老人领着人赶过来了，这个女子可能是大舜号唯一幸存的女性。据她回忆，当时船只下沉时，她和一个同伴一前一后在沉船向上的一面跑，同伴在后面喊："往那边跑。"一声过去，船只翻过去了，她连着喝了几口水浮了上来，但是同伴找不到了。

后来，我和一位同事到牟平港拍摄遇难者的打捞工作，一直到12月3日，拍摄了100多具遇难者遗体。

逝者已矣，生者戚戚。20年过去了，国家设立北海救助局，直升机可以迅速到达方圆数百海里的区域，救援船只也配置完备，最重要的是实施了逢七不开等法规，海上安全保障水平极大提高。

如果天黑之前还来得及，我要忘了你的眼睛，愿海波常平、悲伤不再。

经过对这几个灾难事件的报道，我所在的媒体与主管部门、所在区域单位保持了密切的交流。救援行动结束后，国家采取了一系列保证安全生产的重大举措，我们都连续多年深入报道。不仅促进了交通安全领域的工作，而且让受众详细了解了各类安全措施和需要注意的安全事项，受到受众欢迎并直接提高了电视节目的收视率和媒体影响力。

三、对预设类事件和现象要具备前瞻眼光和判断价值的能力

预设类事件和现象是指在社会现实中已经发生和存在一段时间，产生了相应的影响、收到了一定的社会效果的事件组合和有代表性的典型现象。这些时间和现象很可能对社会走向有着风向标似的预测性、对政策方针制定具有指南针般的指导性。

因为预设类事件及现象的预测和指导价值，所以隐藏着很高的新闻价值，而通过对这些事件的整合、现象的梳理，在挖掘新闻价值的同时，往往可以增加新闻价值的含金量。

笔者曾经在 2000 年前后对农村社会保障体系和农村中介组织进行深入调研和拍摄采访，采制了几部电视理论片和新闻评论片。其中之一名为《农村社会保障——九亿农民的企盼》。当时国内的农村社会救助、合作医疗等并没有建立制度体系，而我们恰恰选择了这个呼唤社会和政府亟须采取制度性保障网络保障农村人口医疗、养老和贫困救助的大问题作为切入角度，这部大型电视理论片对国内农村社会保障制度的建立做出了实实在在的参考贡献。

这一大型电视理论片拍摄于 1999 年，针对我国农村土地改革十多年来所产生的新情况、新问题，大胆聚焦农村社会保障这一敏感而又亟待关注解决的重大课题，历时近一年，几易其稿，反复打磨。采访足迹遍布烟台十几个县市区，还多次赴北京，到民政部、中国人民大学、中国社科院等国家部委和高校院所，采访对象从民政部部长、专家学者，到政府部门相关领导和各类贫困群体，海量采访积累了翔实、准确的原始素材，既有前瞻性、富有远见的理论剖析，又有紧贴社会现实、富有创建性的操作层面的实例，因此鲜明地提出：在这个世界上最大的农业群体步入市场经济的进程中，迫切需要构筑一道社会保障的"新长城"。

理论片从烟台作为农村社会保障试点地市着手，通过最低生活保障、社

会互助、社会养老保险等三方面的制度探索，以小映大、以点带面，有理有据、深入浅出，既完整揭示了九亿农民要缩小城乡差别、共同富裕的社会保障网络建设的构想，又生动展现了中国农村社会保障的发展前景，极具现实价值和未来意义。时轮已过20多年，今年我国已经迈入全面小康社会。这一重大话题今天回顾起来，作为进入全面小康的攻坚克难环节，农村社会保障网络起到了制度性的决胜作用。

着眼宏观与大局、现实与未来，是该片成为重大题材的显著特点。片子注意充分调动电视的各种表现手法，采访细致、拍摄到位、写作朴实、逻辑严密，既有理论思辨性，又很有电视可视性。在多家电视台分别播出，并获得山东省第五届精神文明建设"精品工程"奖、山东新闻奖一等奖和山东广播电视奖一等奖。

在做完电视理论片《农村社会保障——九亿农民的企盼》的第二年，笔者再次把视角转向了九亿农民如何增收的话题，这也无疑是中国迈进21世纪大门时，所需面对的一个大问题。

朱镕基总理在九届全国人大四次会议上所作的"十五"计划纲要的报告中，给出了解决这个问题的对策：之一就是要鼓励农业服务组织创新，培育经纪人队伍，全面发展农业社会化服务。

实际上，朱总理提出的这些服务组织即中介组织。现在农民增收有两愁：一愁农产品卖难；二愁结构调整难。而连接农民和市场的中介组织对帮助农民解决这两个问题有着直接的作用。作者敏锐地抓住了这一重大题材，针对当前农村中介组织良莠不齐的局面，从正反两方面采访了大量生动的素材，走烟台农村、跑上海市场、访专家学者，经过近半年的跟踪采访，挖掘出了一系列具有说服力的典型事例。

在《探访中介》这篇作品中，作者以烟台水果产业为基点，全面揭示了整个农业中介组织的现状、作用、存在的问题和发展的趋势，采访对象既有普通农民、生产大户和各类经销商，又有大学教授、中国工程院的专家和农业部的领导，这些具有代表性的群体从各自的视角，对这一关联农民增收的话题进行了深入的探析，明确地提出了要迎接入世挑战、增加农民收入，既要大力发展、又要规范完善农村中介组织这一重大主题。

作品不但注重对主题的挖掘，而且重视形式上的架构。全篇以大片头开始，引人注目；采用主持人承前启后，结构清晰；三个小片头以言简意赅的片段提示每一部分的主题，节奏感较强。本片播出后，引起各级领导和社会各界对这一问题的关注和重视，尤其是得到了广大农民朋友的欢迎。该专题荣获山东省委宣传部评选的 2000 年度山东省精品工程奖。

2020 年 12 月 28 日至 29 日，中央农村工作会议在北京举行，习近平总书记指出：历史和现实都告诉我们，农为邦本、本固邦宁。我们要坚持用大历史观来看待农业、农村、农民问题，只有深刻理解了"三农"问题，才能更好理解我们这个党、这个国家、这个民族。这两部电视片前后策划过程中就贯穿了这种大历史观，赋予了片子历经多年仍具有关照现实"三农"问题的历史厚重感。

通过这几部电视片，创作者敏感地把握住重大且具有新闻价值的题材，然后选择恰当的报道角度，接下来的采访、拍摄、写作就是流程化作业，水到渠成。

电视媒体从业者要培养和锻炼习近平总书记提出的"脚力、眼力、脑力、笔力"，从社会实践中感悟具有社会价值的认识。有提前策划的脑力，有深入基层调查研究的脚力，有发现具有社会前瞻性和重大前沿性代表了历史发展趋势的重大选题的眼力，有从无数素材和原料中提炼精华的笔力。

当今社会新媒体和自媒体引导大量的资本支持，身份背景趋向于灵活，再加之整个社会舆论开放度和新闻自由度的提高，对新闻事件和背景挖掘的限制也越来越少，信息交流和共享更加便利。在新闻事件的传播扩散、深入挖掘过程中，新闻附加值也会扩大。

何谓新闻附加值？经济领域常说工业附加值，它的意思是一种产品经过开发以后，价值会不断放大。比如，苹果单纯地靠初级产品出口或者内销，当然正常原产地收购一斤苹果可能三四块钱，经过流通渠道以后，到达上海或者广州的超市，它可能变成六七块钱，这里面因为有中介的作用，经过了几个环节，它的利润会增加，如果进行一些包装，譬如，有机苹果，它的附加值会增加，这是一种初始形式；而如果对苹果进行加工，分出等级，制造果汁、果胶、脆片等，初级产品变身深加工产品，不仅高档果提升了价值，而且中低档果也因为加工环节介入、产品隐藏的价值被充分挖掘，得到更广泛的利用，所以附加值会依据开发的深度和广度而相应大幅度增加。

电视新闻策划就首先要考虑电视新闻的价值大小和增值空间，从事件本身和外围背景、内在根本，提炼、整合、分析、归纳出更多、更重要的新闻点，从而提升新闻附加值。

第二节　对电视节目真实性的掌控和对失实性的剖析

新闻的生命力在于真实客观，从报道的事件、人物、细节和主题等各方面经得起推敲，不能存在观点的偏颇、事实的出入、叙述的夸张、数据的失实等错误和虚假问题，否则将因为某些方面的不真实而导致受众对新闻报道整体的怀疑和否定，带来对报道者和所在媒体的质疑和不满。要了解电视新闻的真实性原则，可以从反面典型入手，剖析存在哪些失实的情况。

真实比其他要素都要重要，只要内容真实，即便角度偏颇或者观点片面，受众还可以凭借常识和经验做出自己的判断，但是如果内容虚假，即使看似角度和观点客观，也经不起推敲，而且容易让受众对整个报道直至媒体自身做出不可信任的判断，从而失去公信力，而且这种判断经常不可逆转。

一、当所谓的宣传品大量涌现时，真实客观的声音尤其可贵

单纯以宣传为目的的鼓吹和造势往往使人反感，口号式的宣传是最低级的传播方式，因为其简便和低成本，所以常被使用，我们身边也不少这样式样单一、冗长枯燥的传播产品。而当这样的宣传品达到一定数量时，真实客观的传播就显得尤为迫切，一旦出现也容易被受众接受和喜爱。

电视作品的真实性是对受众最有力量的冲击点。因为生活的繁复和精彩，可能文学作品也很难描绘。尽管文学作品可以虚构想象，情节刻画得非常曲折离奇，但是其来源都包含在日常生活中，所有的故事都脱离不开现实社会。实际上人类的实践比任何文学作品都更精彩，如何用影像去客观反映，用视频去真实还原，这是所有融媒体大潮裹挟中的电视从业人员恒久思考的问题。当然这不是漫无目的的复印式的还原，而是从里面抓取最精彩的瞬间、刻画那些让人感动的人物、讲述那些惊心动魄、荡气回肠的故事，来用镜头反映我们的现实社会。

纪录片《渡口编年》是导演郭熙志的作品。作者跟拍几个家庭20年，拍摄素材1000多个小时，从这么多的前期素材里再剪辑出几十分钟的片子，这是一个非常繁重的工作，但也正因为前期大量丰富的积累，所以才有了后期看似娓娓道来却震撼人心的力量。他拍摄的只是贺家、周家、陶家几组家庭，就是几个人物，包括下岗工人和他们的下一代等。几个家庭拍摄了20年，纪录片真实刻画了人生各阶段生老病死各种不可控的状态，深刻反映了人性中最本原的点面，用影像作品体现了对个体和群体人的尊重。用导演的话说：我用镜头拍摄了20年，看到了人的生命像草一样地生长。

而较长一段时间，从视频传播渠道里，受众看到的很多冷冰冰的关于各种抽象数据和空洞条文的宣传，缺乏对人的关照和对民生疾苦的真实反映，不屑或者不敢对不正常现象和问题有所揭露，这也迫切呼唤着落脚到具体小人物的个体化生活状态的真实记录。

二、局部真实反而可能是本质虚假，以偏概全的强调细节真实转移了人们对真相的挖掘

好的宣传要避免以偏概全，避免产生歧义，就是避免让受众反着看、反向解读。现在，各级党委政府领导很重视形象细节。前段时间，某地组织大项目观摩，地方媒体靠上去全程报道，而且利用全媒体即时推送，赶上下雨，这时 App 直播视频有一个细节，主要领导在看板前驻足时，有人从背后打伞，而且在镜头里很突出，当晚播出的电视新闻编辑去掉了这个镜头。作为新闻记者必须有这个敏感，无论写作还是拍摄，对一些可能会产生歧义的镜头和细节要考虑可能被受众看到后做出多种非预期的不良解读。

某地市场有一个商户开业，用了一个另类的庆祝方式。别人家是摆花篮、拉横幅，找一些锣鼓队，舞狮子、踩高跷、扭秧歌，或者是请几个歌星唱几首歌造气氛。这个商户却在银行兑换了一堆一块钱的硬币，在开业时向周围的空地、路面抛洒，老百姓一拥而上哄抢。地方电视台对这一事件做了报道，却没有深入挖掘事件背后的原因和不良影响。

在一个普遍生活水平不高的地区，如果过度报道某一个村镇如何富裕会导致大多数人的不满；而盲目对某一新闻事件的一些无关紧要细节的精雕细琢很可能转移受众对事件本质的关注。

传播学里有"刻板印象"的理论：之前很多媒体对扶起、救助摔倒老人反被讹诈的事件的一再转发和评论、对相似事件的集中报道都可能引发受众对老人或者其家属碰瓷的普遍印象，结果很多人表示不愿意帮助有困难的老人。这种发生在局部地区的少数现象被扩散式密集宣传后很容易引发社会后续不良反应。从单篇电视报道看可能没有失实，但是并非社会主流，因为连篇累牍阶段性轰炸式报道造成了本质上整体的趋势虚假。

再如四川女孩不幸感染新冠病毒的报道，有少数人对这个女孩在酒吧夜店逗留的细节过分解读，甚至引发受众联想式讨论，却忽视了病毒源、传播渠道和后期预防等更为重要的问题，把被动受害者变成了主动施害者。

作为电视媒体，具有现场画面的视觉优势，但是也需要避免此类以偏概全、局部真实掩盖本质真实的问题。在前期策划中，要尽量多收集相关线索，做出尽可能准确的判断。随着采访报道进行，要依据事实调整报道方向和主题，切忌陷入主题先行和先入为主的陷阱。

三、缺乏求证渠道和正常调查机会时，人们就会猜测真相

现在方兴未艾的新媒体占据手机屏幕，众多的信息传播者只要注册登录就可以在一些主流平台上发布信息，文字、照片、视频等传播手段应有尽有。在信息爆炸的时代，受众有限的时间和注意力成了稀缺资源，而定点定向推送的大数据手段则看人下菜碟，熙熙攘攘的信息一时间拥挤在众生打开的手机屏幕上。

信息的无限丰富掺杂了很多真假难辨、错漏不断的伪新闻和伪信息，当然这种虚假还有迹可循，有的片面和偏激的论点式信息和跟帖则会晃晕不少受众。

有的信息仅凭道听途说就敷衍出大段文章，根本没有求证和正常的调查佐证，不明就里的受众很容易受影响。也有的信息只言片语、言语隐晦，很容易让人望文生义，凭着主观臆断去想当然地猜测真相。

四、细节的失实和把关不严可能导致严重的后果

我在电视媒体曾经长期担任制片人和频道总监，负责电视节目播出前的最后一关，而这一关最为险要，一旦把关不严，一字不慎、一个画面出错，

就可能酿成大错。

在一部《与共和国同行》的专题片里，记者用到了中集来福士公司制造的蓝鲸1号到南海开采可燃冰的事例，当时钻井平台蓝鲸1号正面对抗强度14级的苗柏台风，一段画面是操控室里工程师们操作电脑紧张调整平衡设备，其中一个镜头是电脑屏幕上的平台所在海域的地图特写，上面标注的地名都是英文。审片时有人突然发现，这个谷歌地图上的黄岩岛、曾母暗沙等岛屿竟然翻译过来与中国的不同，原来他们用的是周边其他国家对这些敏感地区的名称。我们都一身冷汗，这如果播出去，很可能授人口实，一些别有用心的人和群体则会借机生事。

在新闻节目中，有的记者或者主持人把副书记、副市长的副字漏写或者漏读；有的编导把有争议的地区所谓的国家称呼和旗帜打到了字幕上、编在了片子里；有的张冠李戴，把政协会议的镜头编进了人大会议中，甚至用了往年的画面；有的编辑没有审看出很明显的人名和语句错误；等等。

这样的失误不仅造成社会不良影响，还可能被人误解甚至利用。所以，把关的重要性不言而喻，电视媒体从业者的政治敏感和业务素质缺一不可。

五、影像的浮夸和伪真实，看上去高大上，但是缺乏事实和成果，用对未来的设想和规划，加上技术的花哨，来虚构蓝图

这类电视节目在各大媒体的黄金档主要新闻栏目中占了很大比例，还有各个部门汇报工作所用的宣传片，基本属于此类。

我曾经在观看一期总长不到20分钟的电视新闻栏目中，看到一个航拍的开发区大全景出现了三次，细问原来不同记者在非编系统调取资料时都一致用了这个镜头：一个讲外资引进、一个做园区建设、一个编基础设施改造，这种通用镜头放之四海而皆准，本身说明片子没有特点，没抓住人物细节、没有去讲故事营造独特气氛，才会在大段文件式新闻中不用镜头精准对位，闭着眼找到这种万能镜头塞进去滥竽充数。

现在一些宣传片类型化严重，很多在拼技术、拼设备、拼前后期制作水平，这给影视传媒专业的公司带来无限商机。但是类型化的同时，大量水分镜头和摆拍画面通过特效让人觉得炫目吸睛，看完却并不能给受众留下多少印象。20世纪豆瓣高分的日本、美国的经典影片《红胡子》《雨中曲》《魂断蓝桥》等，过去了几十年还让人百看不厌，所以真正能传世的影视作品要讲述动人的故事、表现真实的情感，电视从业者对看似易碎品的新闻也同样要以这些标准严格要求自己，提高策划水平。

第三节　电视节目可视性策划

我国的电视新闻性节目虽然在九十年代开始发展迅速，但在娱乐性节目和社教类节目日益浓厚的平民化倾向反衬下，不少电视台的新闻性节目总体上仍然显得呆板有余而灵活不足、说教有余而信息不足、套路有余而"卖点"不足。

就像我国的市场经济一样，电视新闻类节目依然走在发展的路上，要怎么提升它的可视性，让其更符合大众的欣赏水平呢？可以从电视新闻的故事讲述、人物刻画、镜头到位和细节收集四个方面来分别讨论。

一、新闻故事化

电视新闻故事化是采用纪实的手法来反映某个新闻事件。目前各级电视台播出的新闻节目中，可以把故事介入电视新闻的报道分为两类：一类像中央台1993年创办的《生活空间》栏目，主题就是"讲述老百姓自己的故事"，每个节目长度都在5分钟以上；另一类是在新闻消息中被运用，最常见的是典型报道和时政类节目，把新闻人物或事件用生动活泼的故事讲出来，以尽可能地给观众留下深刻的印象。新闻故事化创作，不仅关注事件的结果，而且更重视新闻事件的过程，注重展现新闻故事情节，挖掘人物的内心情感，刻画人物的个性，捕捉生动传神的生活细节，从而提炼作品的主题思想，拓展电视新闻的报道空间，以增强新闻的可视性。

首先，"故事"必须真实客观，具有代表性。电视新闻中的"故事"必须是真实的、自然的，如果不能"源于生活"原貌，就会弄巧成拙，导致新闻报道严重失实。电视新闻故事讲得能否成功，关键看故事选得有没有代表性，是否反映新闻的主题思想，讲得是否有新意。特别是对人物的报道，应把人物的经历，与之相关的诸多素材，用生动活泼而又有代表性的故事讲出来。

其次，"故事"介入必须讲技巧。讲究技巧就是把真实典型的故事很巧妙地融入电视新闻中，让故事讲得更具有情感性，更容易让观众对新闻事实产生共鸣。要在讲故事中不断设置悬念。一些新闻专题或相对较长的新闻报道，为了从几个方面来表现主题，选用了不同方面的几个故事，并在故事化的过程中挖掘故事背后的故事，寻找疑点、设置悬念，紧紧抓住了观众的收视注意力，让其在满足好奇心理的需求中把节目愉悦地看下去。

在新闻《警示牌上聚平安》一片中，为了表现山东省五莲县北店村治安警示牌（牌上记录全村连续无治安事故的天数）在村民心中的凝聚作用，记者围绕主题选择了几个不同方面的小故事，其中有一个反映村里民事调解办公室发挥调解作用的故事，经过深入挖掘，引出了这样一个悬念：村民张大妈家的两只鹅丢了，第二天，她在不远的邻居家中发现了疑似自家的鹅，但对方坚决否认。张大妈的家人知道后，非要找邻居讲道理。张大妈为保持村"警示牌"上数字的连续性，不愿为此而大叫大闹，但又不能眼看自家的鹅要不回来。到此，即形成了一个故事悬念，观众一定很想知道鹅是不是张大妈的？如果是，又是怎么要回来的？后来张大妈找到了负责村里民事调解的刘主任，这位主任是一个爱动脑筋的人，他经过调查了解，把两位当事人找到一起，又把鹅放在两家居住的中间路段，根据"家鹅认路"的特性，和平解决了即将发生的邻里大战。

二、新闻人物化

新闻中的人物刻画能够达到使新闻生动传神的效果，无论新闻事件还是成就类报道，落脚到人物载体上面就会有枝可依、有迹可循，就会使新闻进展脉络清晰、富有条理。

1. 人的情感很容易赋予新闻活性

人是有情感的，有自己的观点和个性。新闻一般分为导语（口播）、由头、主体、结尾（评论）等几部分，由头从人物切入是常用的手法，尤其一些成就类或者信息类报道，如果以一个或者几个与新闻主题相关的采访对象为切入点，这个人物的形象、声音、语言等具有鲜明的个人特点，而且处在他或者她所在的特定环境中，这就使新闻叙述有了个性和活力。通过他或者她的经历、感受，融入新闻情境之中，因为人性共鸣的激发，所以很容易使受众产生身临其境的代入感。当然身份、环境差异也能使受众对人物的言行和观点产生差异化的排斥和反对，但是正是这种或共鸣或排斥的代入感，赋予新闻鲜明的个性，尽管新闻讲求客观真实，发生在每个具体社会人身上，却有独特的一面。当然在新闻进展中坚持客观真实仍是媒体人的原则追求。

2. 人物的出现使新闻讲述更加条理化

人物是活动的，有自己的活动范围和路线，拍摄和采写新闻时，可以依托新闻人物的生活和工作轨迹，把主题结合在人物身上，通过他或她在处理或者解决问题、事件的过程，展示新闻的主题和进程，有时很容易让复杂的新闻条理化或者实现形象化解构。

三、电视新闻的镜头

1. 镜头的节奏感

不管是电视新闻还是电影、电视剧，镜头的节奏都是十分重要的。区别于后两者对镜头美感的极大要求，新闻类电视节目的镜头可能更主要的是节奏。"该长则长，宜短则短"是掌握镜头节奏的一条基本原则，镜头的长短与节奏有着十分直接的关系。使观众看明白每一个镜头所表达的意义，就必须让每一个镜头的停留时长保持到最低限度。例如，镜头中有一条醒目的标语，这又是必须向观众交代的，那么停留的时间长短就要保证观众能把标语快速读完。对于内容丰富而且比较复杂的镜头，如果剪辑得过短，使观众没有足够的接受信息的时间，就会阻碍信息的传播。作品的镜头常常是繁简相间的，短镜头常常要与长镜头相互衔接，这样才能通过长短协调的节奏让观众了解整部作品每一个部分传递的信息和表达的全部意义。

2. 长镜头的使用

本来，摄像师面对眼前现实空间的新闻事件，可以用分镜头从事件的各个侧面去拍摄形象素材，也可以运用各种运动方式去拍摄，然后按照一定的逻辑关系和结构形式把它们组接在一起，这样也可以较为完整地表现现实生活。但是，由于某些取材方面的弊端和结构上的不合理性，总是出现这样或那样的人工雕琢的痕迹，甚至于出现现实生活被人为"打碎"之嫌。如果说现实条件允许，或摄像师具备一定的把握能力，完全可以用长镜头来表现眼前正在发生的新闻事件。一个长镜头下来，就是一个段落。

首先当新闻事件比较集中地发生在一个场景中，按照分镜头的表现方法，可能需要 10 至 15 个镜头去完成。这时，摄像师就应该考虑能不能用 3 至 5 个长镜头去表现它，即用 3 至 5 个段落去表现它。具体方法是：首先要选择好长镜头的行动路线，从哪里开始，到哪里结束。而且要考虑到在这个行动路线中，不能有障碍物，即自始至终行得通；其次，要确定好在这个行动路线中，着重应该表现新闻事件的哪些内容；再次，要考虑在这个长镜头的拍摄过程中，运用哪些运动技巧去表现这些内容。运动技巧的运用应合乎人们观察事物的视觉习惯。最后，当新闻事件的现场不止一个，假设有三个现场，我们可以用一个长镜头或几个长镜头表现其中的一个场景，形成一个大段落。然后把这三个现场的大段落组接在一起，便是一条电视新闻。总之，要使我们的电视报道更真实、更生动、更有生活味，记者应该多尝试长镜头。

另一个值得注意的问题是，当我们强调长镜头和长镜头的纪实风格时，不要一味否定分镜头和分镜头的组接。因为如果处理得好，分镜头的组接关系也非常合乎客观规律，那么分镜头的作用就不可低估了。而且往往在新闻现场，囿于环境和时间限制，来不及策划长镜头拍摄，分镜头拍摄就更为有效和常用。

四、抓住细节

细节可以增强报道的可看性、感染力、说服力，对各类媒体都是如此，也符合电视新闻使用画面传情达意的表达方式。电视新闻的细节策划包括情节细节、感情细节、物件细节、镜头细节等。

各类媒体新闻都普遍注重情节细节，即在新闻表达中、讲述故事时抓住新闻展开的扣人心弦或者打动人心的梗，也可以叫包袱点。这种例子不胜枚举。

感情细节即人物的情感传达，如主人公声情并茂的讲述、一颦一笑等最为传神的一刻。如在抖音中有一条杭州杀妻案男主人公从小区出来，看到环卫车正在抽取化粪池的水时，回头一瞥的瞬间，正是这一个小细节动作，被作者捕捉到制作成一条抖音短视频，把男主人公极力掩饰但又心怀鬼胎的心理通过细节很有冲击力地表现出来。这种感情细节在很多新闻中被深刻挖掘，成为检验记者和编导功力、打动受众的重要手段。

物件细节就是通过挖掘新闻现场的一些可能熟视无睹但与新闻事件或者人物有着密不可分关系的物件，来达到激发新闻感召力的作用。如新闻人物用过的工具、个人物品等等，里面很可能蕴藏着一段刻骨铭心的故事和动人心魄的传奇。物件细节首先可以言之有物，很容易勾住受众，让受众较快进入新闻情境之中；其次让新闻拍摄更富有人情味和故事性，采访起来容易与新闻主体融为一体、打成一片，使采访话题更具体和更有指向性，也较有逻辑性和条理感。同时使拍摄画面的选择更为丰富，容易形成形象生动的画面语言。

我做记者时曾经策划采制了庆祝新中国成立 50 周年的系列报道《说说我们这一行》，一个系列几十篇报道围绕着几十个代表了时代发展变迁的行业展开，落脚在经历了这个行业五十年风起云涌的几代从业者身上。在每一篇新闻中，记者都选取了这个行业每个年代更新换代的工具、设备，从中映射出社会和经济的进步。

例如，在做到司机这个职业时，从二十世纪五六十年代的东风牌卡车、到二十世纪七十年代的公交车，再到二十世纪八九十年代的家用轿车和出租车，真切还原了半个世纪人们日常出行工具的巨变，反映了国家交通设施的日新月异给百姓带来的便利；在讲到摄影师时，从他们最早使用的 120 黑白照相机，到 135 单镜头反光相机，再到全自动相机和数码相机，随着相机技术升级，人们从过去拍摄单调的身份照、家庭照为主到影楼在外景地取景的多姿多彩的情侣照、生活照，小小相机和相片里映射出科技的飞速跃升、人们对美的追求和生活水平的水涨船高。

在看电视新闻的人中，小孩和家庭妇女比较少。我认为，没有用画面说话是主要原因，而要达到用画面说话的效果，关键是在镜头细节上下功夫。

电视新闻报道中，会议报道因画面相对单调，剪辑出来往往不好看。但是有这么一条会议新闻却让我印象很深，原因就是有一个非常到位的细节镜头。这篇报道记者只选用了几组简单镜头。第一组：会议全景—会议名称横幅特写：某市规划局决心摘掉"群众不满意单位"称号职工动员大会；第二组：某市规划局局长沉重的发言近景；第三组：一职员不顾会场纪律，公然大动作翻阅大开版报纸。并配以解说词：这样的场景，真让人担心明年规划局是不是能摘掉这顶"帽子"。画面不多，解说不多，但是却能让观众看得很明白。

细节是表达电视新闻本质的最小单元，但却能使新闻"活"起来、"立"起来、"深"起来。但有时候，细节所蕴含的重要信息，光靠画面是表达不出来的。这就需要记者、主持人在需要的时候，对细节加以解读。

电视新闻的剪辑、制作也需要处理好细节。电视新闻中人物采访的同期声，经常是记者选取被采访人说的关键的几句话剪辑在一起，但是这样的一段画面，通常都是同角度、同景别的，剪辑在一起就会出现跳帧，受众看了视觉上非常不舒服。这就需要在跳帧处插入一个不同角度、不同景别的画面用于过渡，这样受众的感觉会比较顺畅。还有，数据、计算方法、地图、道路交通等内容的表达，只靠画面和解说词很难让观众明白，除非很仔细地听、记忆，这样观众收看就很费劲；而且电视新闻是一种线性表达．观众不可能像报纸一样，能一遍又一遍地看。但如果我们注意细节，用字幕、动画等给予补充，传播效果就会完全不一样。

几十年来，中国的电视新闻虽然进行了大幅度的改革，在改革中也形成了自己的风格。但是，在很多方面与国外更为先进的电视新闻的传播理念和传播方式相比还是有很大的距离，最大的差距是在电视新闻的可看性上面。只要吸收了各方面的优点，取长补短、发挥优势，我国的电视新闻类节目一定能走出具有自己特色的道路。

第四节　电视节目贴近性策划

电视新闻产品稍纵即逝的易碎性和常看常新的保鲜度，决定了其作为大众视听产品的特性，而为受众提供新闻产品的媒体和旗下工作人员必须以做百年企业的理念做栏目，以做名牌产品的理念做节目。而"贴近性"是电视新闻产品的第一品质，体现其最重要的使用价值。

"贴近性"首先要知道受众愿看和想看什么节目、什么是健康和富有生命力的节目。从节目的内容题材、表现手法和传达方式等各方面都要贴近受众。所有节目从选题到主题、从采访到拍摄、从写作到编播等各环节充分体现贴近性的元素。

一、栏目和子栏目定位贴近受众

2005 年 1 月 10 日，我参与创办的电视民生栏目《新闻直通车》开播，每年都要根据受众反馈改版。这档新闻直播类板块节目涵盖了《聊摘》《时政新闻》《资讯平台》《社会广角》《视点》《新闻人物》《德与法》《胶东子弟兵》等小栏目，每天直播 100 分钟，新闻和专题数量达到三四十条，尽管栏目较多，题材各异，定位不同，但是因为每个栏目都努力贴近群众、贴近生活、贴近实际，形成了栏目互补。节目依靠大板块丰富的信息量、快速的反应，在当地迅速走红，时时出现万人空巷收看的盛况。我们的工作人员经常在街巷边、商场里或者餐桌上，听到人们议论我们的节目。每每听到农贸市场里的老大娘说起昨天节目播了个什么事，我们就深切感受到节目贴近群众产生的力量。

《新闻直通车》的一些小栏目设计了片头语，用精练的语言总结栏目定位，如《聊摘》的"聊人间大事小情　摘天下趣闻妙论"；《社会广角》的"关注市井民生　记录社会百态"——一言蔽之，内容题材的贴近性自不必细说。在策划中，我们力求用民生的视角捕捉细节，刻画凡人小事，真实再现形形色色的社会生活，或让人会心一笑，或让大家同声谴责，或让受众心生暖意，或让观者议论纷纷。我们在《新闻直通车》的各新闻栏目的前后期制作中对编辑记者有着细致的要求：如前期采访，记者要融入其中，善于倾听并发现新闻现场中的感动点和细节，在不同的情境中要以不同的技巧提问，有时会本地方言的记者甚至直接用方言采访，以拉近和当事人之间的距离，使采访者和被采访者更加易于沟通。而且记者要擅长倾听，在倾听中敏锐捕获采访过程中的要害问题。

二、语言的贴近性表达

电视新闻稿件要尽量通俗和生动，多使用朴实的语言，体现白话小说的特点：流畅、易懂、娓娓道来。同时根据各种新闻栏目的题材确定语言风格：民生新闻要会讲故事；资讯新闻要会用例子；服务类新闻要出现人物；综合类新闻要抓住由头。文风的变化相当于产品的人性化设计，虽然主体内容不变，但是各种人性化设计的细节要处处为消费者考虑。这好比汽车产品，原始材料类似，但是高档汽车因为加工工艺和细节设计的渗透，提升了科技含量，从而增加了产品的功能，产品附加值高了，导致价格大为提高。人性化的写作风格要"见人、见事、见细节"，同样一个题目，用不同的表现形式，有的会让人索然无味，有的却让人感动流泪，易于接受。

如我们《社会广角》的记者采访制作的新闻《海拔 633.31 米的快乐》，虽然只是一场普通的军民联欢，但是记者见人见细节：活动组织者王天赐怎样四处串联、组织演出；姜钟山老人不顾 70 多岁的高龄走了 3 个多小时的山路与部队联系，这些事例让人感动；而片中在高山上官兵们艰苦的生活通过寥寥几个细节刻画得淋漓尽致：战士们打水使用土办法、下雪时他们养的六头猪剩了两头，还有一棵 40 多年的大树和一条 12 岁的老狗，它们陪伴着官兵度过了单调又充实的生活。整条新闻繁简得当、张弛有度，长而有趣，让人看完后还能久久回味。

再像方言在新闻中的运用：尽量直译，不变为书面语。如胶东方言中的"踢蹬"实际是"坏了""糟践"的意思，但是用前面两个字却分外传神、生动形象；再如一些只有胶东农村还在使用的名词：如"双棒"（孪生子）、"偏篓"（柳条筐），这些词语流传于民间，口口相传，虽然也有相应的书面语解释，但是不如这些方言生动，而且听来分明就是儿时的乡音、家人的唠嗑。这就是语言表达方式贴近观众，听上去也就更加亲切。在字幕上也尽量遵守原意，而不做普通话的翻译。"满屏乡音分外亲"，自从《新闻直通车》上网有了视频点播后，许多身处外地和国外的烟台人也经常点播收看，饱经沧桑、满耳异乡语言的老人听到淳朴的乡音，能不为之动容和心动吗？

三、选题贴近民生

当然活用并非返古，在我参与创办的民生栏目《新闻直通车》里有街巷俚语，更有新辞新意，因为我们的立意、出发点就是弘扬主旋律，反映明亮、向上的基调。而且表现最多的就是社会新风、暖色调正能量的社会现状。现场、亮点、温情、新风、时尚构成了直通车的五环，还有许许多多的新名词在我们的新闻里出现：如《聊摘》节目的《七子登科》，包含了"车子、房子、孩子、身子、盘子、票子、电子"等七"子"，这些恰恰是我们节目选准贴近受众的地方，细想这不就是我们绝大多数人用绝大多数时间考虑的问题吗？这七"子"对应的就是"教育、居住、出行、理财、饮食、保健、时尚"，这个定位不是每位受众日常生活中关注的主体吗？由过去的油、盐、酱、醋、茶到七"子"，反映了现代社会人们生活主题的变化。

《新闻直通车》里的《资讯平台》栏目，我们以生活调查类为主。因为市场经济条件下人们的生活品质提高，对多变的生活方式和所用的物质产品单靠自己无法了解全面，许多职能部门单纯靠自身力量和本原渠道难以达到告知众多受众的目的，而电视记者寻访探查、发布公示，告诉受众具体一些产品怎么用，应该注意什么问题；同时揭示市场趋势。好比我们的栏目就是大超市，电视记者就是电子眼、质检员，代表受众用权威部门和权威方法进行区分、辨别和鉴定各种消费品和服务内容，告诉消费者正在面对一个什么样的市场。在《新闻直通车》中，《聊摘》《资讯平台》着重告诉大家和人们利益密切的行业存在什么问题，警醒和服务受众，给他们更多的物质关怀；《社会广角》则是人文关怀；《时政新闻》侧重政策关怀、社会关怀。

万源归海，看似不同定位的栏目实则一直贯穿着民生大主题，这也使多姿多彩的栏目有机融合在一个大板块中，得到广大受众的一致喜爱。

四、节目互动直接把受众拉进节目本体

节目互动形式的引入使贴近性有了更好的载体。《新闻直通车》由早期的入户调查收视率、广场知识问答、观众现场提出建议、咨询问题再到组织社区服务队一起下乡入户进行栏目推介，到后来把互动形式变为常态化，设立"有话请说"小栏目，每天四次出现，贯穿栏目前后，每天设立由节目引发的话题，让大家发表意见，同时可以发表对节目的看法，这种形式本身就是一则当天播发的新闻调查节目，因为题目本身的时效性和社会性，能吸引观众主动参与，同时体现直播优势，在互动渠道中采用了不盈利的短信和热线两种方式，使节目制作者能及时听到观众的看法，赞同还是批评；参与本身就是贴近性的最大化，实现贴近性的零距离接触。有的观众每天都给我们发短信或者通电话，提出各种意见。

策划者要注重收视心理的贴近、地域的贴近和语言的贴近。《新闻直通车》中的《聊摘》栏目的改版能体现出这一点。改版前的《埠外消息》《媒体链接》两档完全是改编式节目，截播中央台、省级台和全国城市台的社会

新闻，尽管制作精良、题材新颖，但是收视率却从高到低，而后期改版成一档《聊摘》，增加了本地新闻，反而淡季不淡，居于高点而不下，平均收视率由同时段第二变为第一。

以生产高品质产品的心态制作节目，这样才能目标高远、持之以恒。而电视媒体面对的消费者由过去覆盖地方区域内的受众，变为在融媒体环境中全区域的受众。这就好比做产品和企业，必须先研究市场和消费人群。他们买不买账、欣不欣赏，是否能成为回头客，他们的需求、好恶、趣味特点、价值取向，甚至包括他们的生活习惯、民风民俗、精神价值观、审美观，都是我们需要下大功夫研究的关键。研究透了，节目就能得到人们的信任、喜爱乃至长盛不衰。

第五节　电视新闻节目的采访策划

2019 年 6 月 5 日 12 时 6 分，我国在黄海海面首次成功发射长征十一号运载火箭，将技术试验用卫星捕风一号 A、B 及五颗商业卫星顺利送入预定轨道。从提前得到信息到安排人员到现场报道，我和记者一起用两个周策划了采访和后期的稿件修改、片子播出。这让我想起了 20 多年前，我刚开始做记者，获得的第一个全国奖《海阳农民首开自费太空育种先河》。一个在海上，一个在天上，海上的因为到了天上而成功；天上的因为回到了地上而成功，这就是新闻策划的魅力。

新闻是借助报纸、电台、电视台、互联网等传播平台对新近发生、正在发生包括已经发生但仍然具有社会影响力的事件的表达报道。新闻必须做到好看、真实，准确，还有体现服务功能。新闻采访和写作应该围绕这四点去用力。

好看才有吸引力、真实才有生命力、准确才有公信力、服务才能收获向心力，才能有好的收视率和到达率。真实准确不用过多解释；好看也不用多说，入眼入耳入脑入心；服务就要有用，大的方面说是对社会有用，小的方面，对个人有用。真实当然是最重要的，是新闻的根。

新闻可以分为几类：确证式新闻、集纳式新闻、导向式新闻。确证式新闻是经过深入调查，充分挖掘事实的新闻报道，这类新闻最难做好，也最见策划功力。确证式也是新闻永远不变的方向。

现在很多新媒体的所谓新闻不追求充满怀疑精神的确证事实，而是肯定和迎合受众已有的理念和观点；互联网上的一些网站只是收集信息，通常使用几何算法程序来进行这一工作，这导致了集纳式信息的出现。这种模式常常不负责任，不去区分流言事实和猜想，去伪存真的工作大多依靠使用者来完成。集纳式信息的出现，使很多人放弃了对纯正新闻的追求和喜好，而转变为只对突发类的重大新闻关注，其他时间则对新闻不屑一顾，这是新闻的悲哀。

导向性新闻是指我们在做一些新闻报道中，由记者或者编辑进行人为的剪辑，主观地把被采访对象的思想或者观点进行导向式的组合，给受众造成一种假象，没有完全客观真实地反映被采访者的思路，而是对其进行前期拍摄的操控和后期剪辑的组合。这种思路也不值得提倡，有很多的人为痕迹，暴露出主题先行的嫌疑，这也是新闻或者是媒介发展的一大障碍也是一大痼疾，是我们所应该摒弃的。

新闻采访是有关人员出于大众传播的目的，通过观察和访谈等手段，对可能受到广泛关注且鲜为人知的信息的收集活动。新闻采访最需要注意以下几点：

抓住新闻点，也就是最体现新闻价值的地方；巧用对比式的采访技巧；要明白调查比设问更重要；要挖掘首次、第一；具有一追到底的采访耐力；增强对细节的把握能力。

一、要抓住新闻点，也就是它最有吸引力、最体现新闻价值的地方

2019 年，我所工作的电视媒体参加全国城市台的评奖，下属部门推荐了三个作品，《烟台全球首创海上厨房　助力上合峰会》是其中之一。内容是烟台中集来福士建造的海洋牧场平台被拖到了青岛海边，用于上合峰会的元首们晚宴使用。

记者写的初稿由我把关。这个题目不错，但是有不少问题，我帮他们一一做了修改。海上厨房助力上合峰会，本身有重大新闻为背景，同时海洋牧场是烟台海工装备的一个代表性产品，在世界也是领先的，有技术亮点，但是记者没有发现新闻亮点，而且容易给观众造成误解：就是海上厨房，尽管有高科技含量，但是实际上造成资源浪费了，因为为什么有好好的陆上酒店不用，非得把各国元首都请到海上呢？记者写作的时候没有想到这一点，后来我和他们商量重新补充背景。海上厨房不仅没有造成资源的浪费，而且巧妙优化了资源配置。因为峰会召开的青岛大剧院没有配套厨房，要重新打造花费更多，如果到别的地方集体就餐又有安全和交通各方面的压力，所以正好把平时作为海洋牧场的海上平台就近拖到青岛大剧院所在的海边，一台两用，当作海上厨房使用，用完后又可以拖回去继续做海洋牧场使用；另外还有第二个新亮点是上合峰会集中了很多国家的元首，这些元首带着政治目的，同时他们又是最大、最有力的商业宣传者，我国海工装备作为海上厨房使用，可以让全世界最精英、最高端的这些政治家来给我们当地生产的平台做宣传。这些了不起的成就，记者在采访过程中一定要体现出来。结果这个作品在全国城市台获得很好的奖项。

二、巧用对比式新闻采访

对比手法应用广泛，例如现在和以前、传统和现代、新的和旧的对比，这些对比会使新闻成其新，会突出现在发生的事物，或者是新创造、新发明的先进性，体现新闻价值，突出新闻的重要性和权威性。这种对比的手法有意识地使用，可以让受众加深印象，有显著的博眼球的效果。

为什么要单独把对比式的采访提出来？记者和编导在采访中要有意识地运用对比的手法，凸显新闻价值，而且通过比较，能够发掘更多的新闻背景和深层次的内涵。2013年获得全国广播影视大奖的新闻《刁娜：舍己一条腿救人一条命》，讲的是主人公山东南山集团的员工刁娜舍己救人的故事。在当时大众关于老人倒地扶不扶的热烈讨论的大环境中，这条新闻的价值和意义有了放大功能。刁娜作为一名路过者，冒着生命危险挡住车流，为保护车祸受害者免受二次伤害，自己被车撞伤。与当时社会上遇到需要救援者避之唯恐不及的怪象，形成鲜明对比，境界迥然不同、高下立见。

在新闻采访和写作中就要注意把握这种对比的手法。《强扭的瓜不甜》是我参与创作获得中国电视奖的一条经济类新闻，讲的是张裕酿酒公司在1987年和1994年两次组建集团的经过，一次是政府拉郎配，另一次是市场的主动行为，拉郎配让张裕面临绝境，而主动的市场行为让张裕迅速壮大、效益大增。这些都用到了对比手法。

新闻评论：强扭的瓜不甜
——张裕两次组建企业集团的启示
记者：张志禹　姜常涵等

【导语】1987年和1994年，作为中国酒业名牌的张裕葡萄酿酒公司，先后进行了两次组建企业集团的改革。但两次组建集团的结果却各不相同：一次是使张裕这块享誉百年的名牌被消费者空前冷落，另一次是使张裕的主导产品抢占了中国80%的葡萄酒市场。反差如此巨大，原因何在？请看报道。

【解说】强扭的瓜不甜。先后经历过两次组建企业集团改革的张裕人，对这句话体会得最深。1987年，烟台市委、市政府本着以张裕品牌来带动全市葡萄酿酒行业大发展的良好愿望，在张裕组建企业集团条件尚不成熟的情况下，不顾其自身发展的实际需要，一厢情愿地将张裕公司与各县区葡萄酿酒企业捆在一起，强行组建了集团化的张裕葡萄酿酒总公司。张裕人对此无可奈何。

【同期声】孙总说这是拉郎配，张总讲是一种政府行为。组建后的各县区企业各自为政，张裕管不了。

【解说】张裕集团由于当时构建上的先天不足和企业间利益的不一致性，很快便出现了混乱局面，原来就严重亏损的小企业乱挂张裕商标，不顾质量，盲目生产，乱定价格，使张裕这块享誉百年的牌子备受消费者冷落。产品大量积压，效益急剧滑坡的张裕公司处于生死存亡的危急关头。

张裕公司面临的这种困境显然不是烟台市委、市政府的初衷，当初他们组建张裕集团，无非是出于以下两种考虑：一是各县区葡萄酿酒企业经营难以为继，急需"输血"；二是他们认为张裕公司有兼并、扩张的能力。然而他们没有想到理论可行，并不等于操作可行。要想使他们的初衷变为现实，关键还得看组建企业集团是否符合企业自身的实际；是否有利于优势互补；是否能实现生产经营要素的优化配置，否则良好的愿望只会结出苦涩的果实。面对这种情形，1990年2月，烟台市委、市政府只好宣布张裕集团解体。一场"包办婚姻"式的集团组建就此终止。张裕公司如释重负。

自 1990 年 2 月，张裕公司的销售收入和利税开始分别以年均 4280 万元和 800 多万元的速度递增，企业实力迅速壮大。然而随着国内外葡萄酒市场的变化，张裕人却感到，要想在激烈的市场竞争中与国内外同行一较短长，就必须增强自身的抗风浪能力，发挥拳头优势和规模效益，再次组建企业集团。于是在张裕公司原有的企业基础上，一个拥有 19 个子公司的新型跨行业、综合性张裕公司于 1994 年 10 月成立了。

【同期声】

孙总：这是张裕发展的必然趋势。

张经理：这是一种企业行为。

王总工程师：有利于与同行竞争。

工人：奖金高了，工人也挺愿意干的。

【解说】企业共同利益的一致性使新型的张裕集团号令一致地发挥大兵团作战的优势，频频向国内外葡萄酒市场发起攻击。目前，张裕集团的主导产品白兰地已稳固占领了 80% 的国内葡萄酒市场，它生产的三鞭酒也占到我国保健酒出口总量的 60%，截止到今年 7 月底，张裕集团已提前 5 个月完成今年 3.2 亿元的销售任务，利税也比去年同期增长了 25%。张裕人在第二次组建企业集团改革中尝到了"婚姻自由"的甜头。

【编后】政府命令可以改变一个企业的命运，但改变不了市场经济的运行规律。张裕公司两次组建企业集团的得与失再次证明了一个简单的道理：强扭的瓜不甜。违背经济规律靠行政命令和首长意志捆在一起的"企业集团"，不仅不能发挥规模优势，相反只能两败俱伤。

对比手法通过比较，强化受众对新闻中两个或者多个被采访对象的正反、高下、强弱、好坏的印象，收到比中见真知的传播效果。对比手法有着不言自明的作用，在电视新闻中，充分利用音视频和采访的手段，让受众在两相对照里感受更多的潜台词和更深刻的立意。

三、新闻采访时，调查比设问更重要

记者和编导采访前对所要提问问题的设定、对一些专业领域知识的提前

预习和掌握，这些是策划的基本要素。如何使问题环环相扣，如何设定问题的多样性、多元化，包括预测可能遇到的各种意外情况带来采访环境的变化，记者和编导都要做出提前的策划应对方案。

提前做功课、设计问题、对采访对象做一些假定性的采访提纲，这些很重要，但是新闻采访的实地调查有时候更为重要。

调查是什么？调查就是提前的介入，对问题真相的揭秘。就像警察和法官办案，要提前进入环境。我在电视媒体工作时，曾参与策划采制的《寻秘地沟油》《假阀门背后的阴影》等电视系列调查类舆论监督报道，都是提前介入很长时间。两个片子都涉及当地的知名企业，前一个片子还差点造成冤假错案。

接到有私下非法炼制地沟油的举报线索后，记者蹲伏了三天三夜，发现并拍摄到郊区的一个加工地沟油的窝点。记者跟踪拉油罐车的一辆车，曲里拐弯经过了几个区，狡猾的炼制者兜着圈子、走了很复杂的路线，最后进入当地一家大型食品加工企业。记者很惊讶，回来跟我说，没想到知名企业竟然用地沟油。我和记者一起反复看带子，最后我判定，记者的分析错了。为什么错了呢？经过仔细看这个记者偷拍的镜头，发现这个车开进公司，停在仓库门口，两个人往下抬着油桶的时候，很轻松，但是过一段时间，他们再把这个油桶搬回来，往车上抬的时候，两个人显得很吃力。据此可知，这个油桶开始拉进去时是空的，出来是满的，证明这家企业不是使用地沟油，而是出售制造地沟油的原料。不法商贩是从这个食品企业回收加工生猪的边角废料回去炼制地沟油。

如果当时根据拍摄的视频再结合推测报道出去，说该企业使用地沟油，就属于调查失误了，对这个知名企业很可能造成巨大的经济损失。当然，该企业把下脚料卖给不法商贩，不问对方用途是什么，本身也不对。因为当时有规定，屠宰企业的下脚料要统一出售给正规的回收公司，再由他们统一拉到炼油脂的工厂，加工肥皂等环保产品，这样做的目的是堵塞地下地沟油加工市场的原料来源。所以在新闻调查的同时，还要进行逻辑分析，调查和逻辑分析要同步进行，防止误判。

《假阀门背后的阴影》这个连续报道则曝光了一家上市企业巨大的利益黑幕，及时挖出了潜藏在深处的安全毒瘤，避免了更大的事故以及可能带来的巨大损失。当时记者调查了市区的一个一条龙服务的伪劣阀门地下市场，发现这些阀门利润率非常高，高达几倍甚至十几倍。关键最后这些伪劣产品流到哪儿去了？谁在使用这些极易引发安全事故的劣质产品？记者乔装深入调查，结果让我们非常惊讶，竟然其中相当一部分被一家上市企业的采购商收购了，这里面存在一个很大的交易黑幕。

片子报道出来以后不久，这家企业发生重大的泄漏事故，导致巨大损失、引发天价赔偿，也印证了这家企业在采购零部件环节存在很多的隐患。报道引起上市公司的极大关注，为企业敲响了警钟，帮助企业杜绝了漏洞，可以说亡羊补牢，未为晚矣。

从以上实例可以看出，提前准备采访问题，设计采访提纲，储备相关知识，固然重要，但是如果没有实地调研，也只是纸上谈兵。

受众对很多新闻不感兴趣，不仅因为其流于表面，有的报道内容甚至南辕北辙。究其根源，往往因为记者前期调查不深入、不细致。所以，新闻调查就需要提前介入，揭秘社会现象和公众关心问题的深层次真相。不仅看表象，更要抓住实质。

四、新闻采访中，要挖掘首次、第一，至少到前三，世界第三也是新闻

2019 年 6 月，我国将要首次在黄海海面发射搭载卫星的运载火箭。之前五月底我得到线索，直接安排了记者并提前做了策划。后来记者写稿子时，国内媒体都是说国内首次成功发射，我修改时把亚洲首次加上去了。因为我在和信息提供人详谈时，了解到中国是排在美国、俄罗斯之后，第三个成功在海上发射运载火箭的国家。结果只有我所在的媒体新闻这么报道了，绝大多数媒体忽略了这个重要的新闻点。另一篇作品《山东省首批共有产权房在烟台交房》，其中的关键词首批也是我让记者核实无误后加上去的，这样共有产权房首批上市在一个更广区域内的示范指导价值就凸显出来了。还有前面提到的《烟台全球首创海上厨房　助力上合峰会》的"首创"，直接在题目上挑明了新闻事件的唯一性和首创价值。

五、记者要有一追到底的跟踪采访能力和耐力

获得中国新闻奖的作品《生命的捐献》，记录了身患肾病多年自强不息、常年参与志愿者服务，在生命最后时刻把本来用于自己手术的肾脏捐给其他受助者的彩虹女孩栾丽君。我们记者跟踪了 5 年，从栾丽君接受物质捐助，到她主动组织志愿者队伍，反过来捐助别人。记者一直陪着她走到生命的终点。感动的瞬间都被我们捕捉到，而且她参加和组织的各种活动，不少记者都提前和她一起策划，帮忙组织。所有细节都在媒体掌握之中，这说明记者和编导一要带着情感、二要坚持不懈地去采访，这样记者才能采访到最真实、最感人的瞬间。

获得全国城市台新闻一等奖的专题《"蓝鲸"南海采冰记》，我们记者则跟踪了 3 年。

从 2013 年开始，中集来福士制造的钻井平台类型日益增加，技术含量节节攀升，随之全球市场份额不断拓展，市场占有率名列前茅。烟台广播电视台和中集来福士海工研究院同在烟台市莱山区，只有几分钟车程，近水楼台先得月，更何况这是中国海工装备制造的前沿、大国重器的孵化基地，两个单位一直保持着密切的联系。

来福士每一座平台开始研发、建成下水、出海海试、交付使用，我台都会跟踪拍摄采访、对内对上报道。正因为此，蓝鲸1号从孕育到成功开采可燃冰，几年间，我台记者一直紧盯不放，积累了大量视频和采访素材。

我作为电视新闻综合频道总监，几年前就和跟踪拍摄的记者一起探讨，叮嘱记者关注这座超深水钻井平台的每个重要节点，把采访拍摄的功夫下在平时。因为很多细节故事和视频画面转瞬即逝，无法补拍，只有积累完整有效的素材，才可能最后裁剪出精彩的电视作品。就像平台有数万个组成设备，成百上千的工程师参与其中，大国重器是靠日日夜夜的工匠精神打造出来的，好的电视作品也是靠记者的工匠精神从每一个镜头、每一句解说磨砺出来的。

从蓝鲸1号超深水半潜式钻井平台开始设计、建造，建成出海，成功开采可燃冰最后胜利归来，所有的关键节点，记者全部跟踪拍摄到了。所以，在后期的写作、剪辑期间，资料翔实，就如同建造平台的几万个零部件，记者需要什么素材都可以信手拈来，整个片子镜头到位，所有重要节点都可以准确展示，片子就很有说服力和感染力。

"蓝鲸"南海采冰记
记者：万瑞鹏等

【导语】今年，我国在南海神狐海域成功试采可燃冰，获得了该领域的历史性突破，连续试气点火60天，也创造了海域可燃冰连续稳定产气的世界纪录。承担可燃冰开采这项国家战略的就是由烟台中集来福士海洋工程有限公司设计建造的超深水半潜式钻井平台——"蓝鲸1号"。攻克能源开采领域的世界性难题，助力国家在可燃冰开发领域领跑全球，"蓝鲸1号"是如何做到的？在长达60天的开采期里，"蓝鲸1号"又经历了什么？

【正文】2016年7月的一天，正在查看钻井平台调试数据的烟台中集来福士生产基地总经理闫永军接到一个电话，上级领导通知他，中国石油海洋工程公司计划租赁中集来福士"蓝鲸1号"钻井平台前往南海进行可燃冰开采作业。可燃冰也称天然气水合物，是世界公认的高效清洁能源，由于特殊的存在方式和分布范围，开采利用一直是世界性难题，目前只有美国、日本等极少数国家试采成功。可燃冰开采对改变我国能源结构具有里程碑式的意义，对中集来福士而言，能够参加可燃冰试采，无疑是参与了一项重大国家战略。

【同期声】中集来福士生产基地总经理 闫永军：当时说是总理，每周要给总理汇报，每周总理案头上要有报告，到了这个层级了，所以说到这个层级了我们都很荣幸。

【正文】中油海计划租赁的"蓝鲸1号"是目前世界上最大的超深水半潜式钻井平台，由烟台中集来福士自主设计并历时四年精心建造。这座海上"巨无霸"自重达到43000吨，长117米，宽92.7米，高度相当于37层楼，甲板面积等于一个标准足球场，平台的最大作业水深3658米，最大钻井深度15240米，配置了高效的液压双钻塔和全球领先的DP3动力系统，适用于全球深海作业和能源勘探，具有极强的抗击风暴能力。

【同期声】"蓝鲸1号"项目经理 马振华：这个平台目前来讲，不论从钻井深度还是从动力系统，还有各种参数来看是一个目前（全球）最先进的一个平台。

【正文】虽然"蓝鲸1号"性能先进、功能强大，但是能不能圆满完成可燃冰开采任务，生产调试总指挥闫永军心里还是有一丝忐忑。因为按照中油海的要求，平台需要在2017年3月6日出发前往中国南海，这意味着在八个多月的时间里，"蓝鲸1号"需要完成可燃冰开采的所有前期准备工作。而此时，这座平台刚刚完成建造，还没有通过船级社的认证。

【同期声】中集来福士生产基地总经理 闫永军：我们有好多的系统设备还没调试完，特别是整个钻井系统，还有一些它的运营服务需要一些第三方设备，和一些改造工作，所以这个也是同时进行的。

【正文】如何在保证质量的前提下，加速平台的调试、改造速度？中集来福士成立了专门的指挥部，协调各方力量，全力推进项目进度。在现场，数百名技术工程人员吃住在一线，轮流上岗、倒班作业。负责平台钻机深沉补偿系统的工程师诸世超仍然清晰地记得那段难忘的经历。

【同期声】中集来福士工程师诸世超：当时我们从早晨8点开始一直干到了第二天的凌晨4点多钟，实验测试了将近30次，我一个月之内我瘦了将近15斤。

【同期声】中集来福士生产基地总经理 闫永军：我们一边造一边调试、

试航然后往交付的节点上赶。

【正文】在所有工程技术人员的努力下，"蓝鲸1号"的调试、改造进度不断刷新着业内纪录：

2016年8月16日，中集来福士与中油海正式签订技术服务合同；

2016年11月，"蓝鲸1号"完成钻井部分所有系统调试；

2016年12月，"蓝鲸1号"通过船级社认证，获得DNV入级证书；

2017年1月，"蓝鲸1号"完成可燃冰开采第三方设备安装及调试，开采人员开始操船试验；

2017年2月，"蓝鲸1号"完成深海钻井操船实验、完成可燃冰开采所有前期准备工作……

【同期声】中集来福士生产基地总经理 闫永军：我们钻井系统的供货商NOV就说了，我们类似的东西，在韩国有个钻井船类似的东西，我们调了大概用了12个月，你们想用8个月调完不可能。但是最后我们其实是按期交付的。

【正文】2017年3月6日，芝罘岛海域，碧空如洗、波澜不惊，伴随着长长的汽笛声，"蓝鲸1号"在六艘拖轮的簇拥下，缓缓驶出码头，驶向1400多海里之外的南海神狐海域，与"蓝鲸1号"一同前往的是一支由200多位中外技术工程人员组成的开采团队，迎接他们的将是一项神圣而又充满挑战的任务。

【同期声】"蓝鲸1号"船长 乌尔夫：我们前期做了很多努力，我们有信心能完成这项任务。

【正文】2017年3月14日，经过8天的海上航行，"蓝鲸1号"到达南海神狐海域预定井位。三月的南海，气候温和、风景如画，但对"蓝鲸1号"上的技术团队来说，随时可能生成的台风和海面下的涌动的内波流让可燃冰开采必须争分夺秒、抓紧展开。

【同期声】"蓝鲸1号"动力定位师 刘腾飞：在台风季节作业，最早台风3月份就可以形成，一直可能要持续到9月份、10月份。特别是内波流的话，就是（海平面下）突然间来这么一股强流，你平台应急如果说不到位的话，可能（平台）它就漂移了。

【正文】3月20日，"蓝鲸1号"模拟开钻，随着各项数据的反馈，一个难题摆在了大家面前。

【同期声】"蓝鲸1号"钻机队长 马克：岩层属于泥沙岩层特别软，我们的钻机防喷器和隔水管有300多吨，所以岩层不能提供足够的支撑力。

【正文】预定作业海域水深达到了1200米，但钻机作业点位却是纵深只有100多米的泥沙质岩层。在这样的海床上钻探无异于"豆腐上打铁"。

【同期声】"蓝鲸1号"安全主管 谭国仁：如果说一旦操作不当，造成了地层的物理条件的变化，它会导致了可燃冰的溶解，就大量的甲烷气体释放出来，这个会造成一个非常大的生态灾难，这时候就显示出我们固井工作的重要性。

【正文】"蓝鲸1号"上，技术团队对固井液配比进行100多次测试，确保固井作业顺利完成。2017年3月28日，"蓝鲸1号"开始布设隔离套管，固井工作一次成功，随着钻井缓缓下放，可燃冰开采工作正式启动；5月10日可燃冰开采试气点火成功；5月17日经过7天的连续开采，"蓝鲸1号"总产气量突破11万方……

【现场】自然资源部部长姜大明：我国海域天然气水合物试采成功……

【正文】可燃冰开采成功的消息振奋了国人、也震惊了世界，党中央、国务院发来贺电，向可燃冰开采参研参试单位表示祝贺。"蓝鲸1号"上，开采团队的每一个人都为此兴奋不已，就在大家欢呼雀跃的时候，一场更严峻的考验却悄然而至。

【正文】伴随着可燃冰开采的持续进行，神狐海域也迎来了台风季节。6月10号，"蓝鲸1号"开采作业进行到第31天，天气预报突然传来预警，两天后强热带风暴"苗柏"抵达"蓝鲸1号"作业区域，风力将达到七到八级。

【同期声】"蓝鲸1号"动力定位师 刘腾飞：（风暴）正好从我们平台的这个位置通过。

【正文】随着海上风浪的不断加剧，周围海域作业的平台已陆续停工撤离，"蓝鲸1号"撤离还是继续作业？会议室里大家争论不休。

【同期声】"蓝鲸1号"动力定位师 刘腾飞：我们进行了分析，在模拟器上进行了模拟。平台是可以在这种天气状况下保持我们的位置的。

【正文】技术人员的信心来自平台上先进的DP3动力定位系统。

【同期声】"蓝鲸1号"船长 乌尔夫：我们的动力系统是世界上最先进

的，它可以结合传感器接受的海况信号和卫星定位，通过 8 台推进器来保持平衡，分流台风带来的影响，保持住平台的位置。

【正文】乌尔夫船长说服了忧心忡忡的客户，可燃冰的试采工作继续进行。然而，出人意料的是 6 月 12 日凌晨 3 点"苗柏"风暴突然增至 11 级，瞬时最大中心风力已到达到 12 级，而"蓝鲸 1 号"正位于风力最强的风暴眼上。

【同期声】"蓝鲸 1 号"动力定位师 刘腾飞：一般的货船从这个区域通过的话它可能都能摇到 20 多度。

【正文】面对突如其来的变故，一向沉稳，经验丰富的瑞典船长也不免有些担心。

【同期声】"蓝鲸 1 号"船长 乌尔夫：风暴的等级有点出乎我们意料。我们很担心发电机跳电，如果是这样平台就有可能保持不住位置，发生漂移。

【正文】一旦平台漂移超过 22 米，或者倾斜度超过 2 度，钻采管道都有可能断裂。如果出现异常状况，船长乌尔夫只能按动"紧急解脱"键，终止可燃冰的试采。

【同期声】蓝鲸公司项目经理 贺国强：紧急解脱这口井马上就要作废掉了，就没法取出一些比较关键的核心数据来支撑后续的研究方向了。

【正文】暴风中经过 DP3 动力定位系统的快速运算，不到 30 秒，"蓝鲸 1 号"底部的八个螺旋桨自动调整方向、马力，稳定平台。直至次日凌晨六点"苗柏"离开，"蓝鲸 1 号"最大位移只有 11 米，可燃冰开采工作一直没有间断。这座山东烟台建造的"钢铁巨鲸"，犹如定海神针一般牢牢地坚守在自己的工作海域，不断刷新着世界海域可燃冰开采的纪录。

【正文】（音乐）自 5 月 10 日试采点火成功到 7 月 9 号关井，60 天的时间里，"蓝鲸 1 号"累计产气 30.9 万立方，创造了产气时长和总量两项世界纪录。为我国实现天然气水合物商业性开发利用提供了技术储备，对保障国家能源安全，优化我国能源结构具有极其重要的战略意义。2017 年 8 月 12 日，在南海圆满完成可燃冰开采任务的"蓝鲸 1 号"载誉归来，抵达烟台基地。

【同期声】中集来福士生产基地总经理 闫永军：这能给国家开发深海、给国家战略油气开采能发挥它的作用，其实是我们挺欣慰的事。大国重器做出来干啥，就是给国家做贡献。

功夫下够了，优秀作品的成型就水到渠成。作为电视媒体，触碰重大题材的机会并不多，一旦遇到了，就必须主动出击、千方百计抓住机遇，用尽心思把事件变成影像，把素材裁剪成作品，然后交给观众，交给历史。

六、新闻采访细节的把握能力

电视新闻有了细节才会好看，有了细节新闻才能成其新，有了细节才能超越同行。一个新闻现场当时可能会有很多媒体，你作为一个记者来到现场，要发现什么、关心什么？优秀的记者就是要发现挖掘别人发现不了的新闻点。

烟台电视台采制的电视专题《张健横渡渤海海峡》在众多媒体报道中脱颖而出，获得中国电视奖一等奖，亮点就在于记者挖掘到了几个点：第一张健的臂展，伸开来一米八。然后他从大连老铁山到蓬莱，这100多海里（108公里）的横渡距离，他一次摇动胳膊一米多，那么这100多海里换算一下，得划动几万下。记者用这组数字来说明这次横渡的难度，比讲他单纯怎么怎么辛苦、怎么超人要更形象。

再是他怎么进食？因为他横渡的时间需要两天两夜，长达52个小时，怎么进食呢？片子生动交代了护送人员在随行船只上，用瓶子挑着流体食物，供他吸取以补充能量，同时又不用上船。另外怎么躲避渤海湾可能不期而遇的鲨鱼？原来随行护送人员带着声波干扰仪、驱鲨剂等。

有了细节，就有了故事；有了故事，新闻就有了张力；有了张力，作品就有了魅力。

第六节　电视新闻节目的写作策划

电视新闻写作中有几点经验：要取好的标题；新闻由头使用创新手法；要巧用鲜活的接地气的语言；要有严密的思维逻辑；突出有用的信息，就是新闻的服务性。

一、注意对传统媒体和新媒体的传播渠道的差异性采用不同的手法；共同点是新闻写作要取一个好的标题

好的标题会在第一时间吸引受众的眼球，尤其现在是网络时代，各种新媒体产品、自媒体产品出现，要求题目先声夺人，吸引受众点击进去；然后再是关键的前十几秒。不管是客户端还是公众号里的视频新闻，这是一个非常重要的新变化。另外就是字幕要比声音更重要，因为智能设备属于碎片化传播，受众坐公交车、在车站等车这些嘈杂环境中可以随手点开，手握观看，画面和字幕不受环境声音干扰。

《山边有座农民的城》是 1995 年我做的第一个电视系列报道的题目，虽然报道对象是一个很土的乡村，但是这个艰苦创业、勇立时代潮头的山村充满蓬勃的朝气，这个颇有仙气的题目，让受众充满好奇心，吸引他们看下去。再如《阴阳之惑》讲述的是一个用欺骗手段承诺可以治疗乙肝的舆论监督节目，《养蜂人的甜蜜事业》《久病床前有贤媳》等新闻题目既一目了然，又让人印象深刻。

二、新闻由头的创新手法

我在采制《索赔制度在万华》《山边有座农民的城》这两部作品时，万华和南山两个企业当时知名度不高，而且都归属于经济新闻，要做到通俗易懂、引人入胜，就要在前期策划和后期结构上动脑子。我在这两部作品的开头采用一些戏剧化的开场，用情节代入的方式力求达到先声夺人的效果。

新闻分析：索赔制度在"万华"

【导语】国有企业重视产品与用户的关系，轻视内部生产单位之间关系的现象比较普遍。全国百家国有企业改革试点单位之一的烟台万华合成革集团有限公司，把目光更多地转向内部生产部门，创造出一种独特的索赔制度，作为有效的管理办法和经营机制，收到了兴利除弊的效果，提高了产品质量和经济效益。请看报道。

【解说】记者在公司制革事业部的整饰车间采访时，恰巧碰到了一场官司，整饰车间和涂覆车间因为布的等级问题发生了争执：

【同期声】整饰车间工人　林繁岭：你们这个一级布在我们这儿显示是二级布，你看缺陷超过了 5 米。

【同期声】涂覆车间工人　李宝金：关于这个米数超与不超，我代表涂覆车间过来的，这代表着涂覆的一个利益，代表着整个涂覆车间。

【同期声】林繁岭：我也代表整个装饰车间……

【解说】从前到后，二位师傅认真比较了布的质量，但这块布到底是一级布还是二级布，他们仍争执不下。李师傅坚持涂覆车间判定一级布没有错，而林师傅却认为 550 米的机布，缺陷超过了 5 米，应降为二级布。没办法，他们只好打电话找仲裁人员——事业部生产技术科的王科长。几分钟后，王科长急匆匆地来到了车间。

【同期声】王科长：像这样的缺陷属于比较新的针孔，经过印刷、压花是不能遮盖这种缺陷的，这种现象就应判为废布。也就是说，必须要降级，根据咱们仲裁规定，因为你的布没有达到咱们规定的缺陷范围之内，那么，降为二级布，同时，从产量上要进行索赔。

【解说】李宝金代表的涂覆车间在这场官司中输了，但他们心服口服地在索赔书上签了字。涂覆车间因此要向整饰车间赔偿近万元。

【同期声】王科长：双方都比较满意地接受了我们的仲裁，达到了双方从质量上都提高认识的目的。

【解说】这类索赔事件在事业部的五个车间以及科室和车间之间经常发生。按索赔制度，一个单位因产品产量、质量问题造成另一方效益损失的，要按损失额的 20%，从工资基数中扣除。这样就会直接影响被索赔单位职工的工资收入。6 月份的一次抽查中，聚氨酯车间因事故向涂覆车间提供的粉末聚氨酯数量不足，缺少了 100 公斤，按制度规定，连续一个周，聚氨酯车间的原料都按缺少 100 公斤计算，累计赔偿 7 万元。采访中我们还了解到这样一件事，原布车间因为一种备品备件用完向经营科索取，为了缩短停车时间、减少经济惩罚，科室的工作人员自己掏钱打的去把已经回家的仓库保管员拉回了厂。

【同期声】制革事业部部长　曲建强：多个单位之间模拟市场机制，车间与车间的产品交接，以质论价、以量论价，缺斤少两，加倍索赔。经过两年的运作情况来看，职工的业务素质和产品质量都得到了很大的提高，索赔事件越来越少了。

对于一条电视新闻而言，好的标题成功了一半；引人入胜的开头成功了三分之二。特别在节奏越来越快的信息社会，轻阅读、快阅读成了趋势，我们的新闻写作要顺应时势、迎合受众的阅读习惯。

三、要巧用鲜活的接地气的语言

电视新闻写作中要善于把抽象的内容变成形象的说法。用我曾参与创办的三农电视栏目《绿色田园》举例：对于农民关心的农业方针政策，我们大多会经过"消化理解吸收"采用剧情对白的方式"说"给农民听，而不是简单的播报。

例如，党的十八届三中全会通过的《中共中央关于全面深化改革若干重大问题的决定》指出："要大力发展合作经济，允许财政项目资金直接投向符合条件的合作社，允许财政补助形成的资产转交合作社持有和管护，允许合作社开展信用合作。"如果简单地把这样的信息以叠加字幕版或者空镜头画面的方式播报，相信不会有几个农民能够第一时间明白，于是我们设计了栏目中的主持人小豆子请教小惠的场景：

豆：弄半天合作社是要社员集体入股啊，我都自己掏钱，唉，我说办得这个困难，大家伙积极性都不高啊。

惠：合作社就是要大家共同出人，出力，出钱，然而一起闯市场，正所谓有福同享，有难同当，这样才有动力啊。

巧用鲜活的接地气的语言，就把干巴巴的文件语言、书面语言变成生动的新闻语言，即使农民观众也会很轻松地理解文件中的相关精神。

四、写作的思维逻辑要严密

在系列电视专题片《四十城四十年——筑梦北纬 37 度》一片中：我和编导策划了一条线五个点（也是五个人物），选取五个故事用一条线连接起来，这条线就是烟台贯穿东西 200 多公里的滨海路，五个故事里面又有五组人物，分别是长岛的老渔民、栖霞的新农民、黄海社区的城市居民、渤海轮渡的调度员、中集来福士的工程师，用一条主线，串缀起 5 个人物群体 40 年间发生的巨变和故事。五颗珠子用一条主线串成了一条项链，写作就线索清晰、一气呵成。

五、新闻采访时一定要突出有用的信息，就是新闻的服务性

要有意识增加诸如天气、交通等有用信息的提示，另外对新闻发生地的具体位置、人物关系等也要尽可能交代清楚，便于受众按图索骥寻找相关线索。

总之，一个好的电视新闻记者或者好的新闻编辑，第一要是侦探家，要具备超常的新闻敏感；第二要成为情感专家，能发现和融入情感、代入情感；第三要是美学家，有发现美、发现打动人的东西，然后体现到前期镜头拍摄，还有对后期剪辑节奏和选配音乐等的把握运用上面；第四要做文学家，写作有文采，这需要编辑记者带着感情去酝酿篇章、遣词造句，用好手中的笔、眼前的电脑，把所见所闻溢于笔端、诉诸文档。

第七节　电视调查类深度报道的策划

电视调查类报道是指运用电视拍摄、采访、编辑和播出手段对新闻人物和事件、社会活动和现象等进行深入调查后形成的节目。它要求电视编导和记者具备相关调查领域的专业知识，能够把握调查对象的内在逻辑、厘清追踪层次，在调查过程中，对当事多方对象往复采访，通过相互印证以抓住矛盾的主要方面，巧用前后的对比等策划技巧，从而得出准确结论。电视调查类报道需要注意哪些问题呢？

一、具备调查领域的专业知识

国外传播学人士认为：只有两类记者才称其为记者——即战地记者和调查类记者，尽管有些以偏概全，但是有一定道理。为什么呢？这两类记者最能体现记者的素质内涵和职业水准。记者这个行业的进入门槛并不能算高，因为能够通过时间很快掌握入门知识和技术要领，有时很多理工科学生像新闻传播学专业的学生一样也能做一名好记者，而就调查记者来说，具备一定的专业知识可能比新闻专业技巧更重要。从这个角度看，新闻记者要做通才，要极大地拓展自己的知识面，做杂家和博学家。

国内媒体对马航 MH370 飞机失联的报道，在互联网全球开放的大环境下，面对扑朔迷离的海量信息、利用匿名登录、互动交流等网络新路径，取得了传播迅捷的效果，极大地改变了以往信息传播的格局。

从马航飞机失联事件报道过程中可以看出，最开始的传播通道正在逐渐被新媒体占领，所以传统媒体不能满足于等待官方新闻发布，充当传声筒，而是要凭借集团作战优势，通过深入调查，在内容开发上下足功夫。电视调查类报道是体现内容作为媒体优势之所在的重要一点。

马来西亚 MH370 航班失联因为整个事件一波三折、神秘离奇，所以在早期各类报道中，真假消息铺天盖地。如果媒体能够迅速采访到参与搜救的人员，可以缓解公众由于信息饥渴带来的焦虑。但是由于我国媒体在马来西亚等地缺乏核心报道资源，因此难以捕获最新信息，只好引用外媒报道或者等待当地政府的新闻发布会，初始阶段处于十分被动的状态。

在 MH370 失联事件中，马方最新进展通过马航官方推特发布，我国传统媒体同样使用官方微博发布获悉的最新消息。在这场新闻战中，新媒体不断证明自己正在成为不可忽视的力量，传统媒体与新媒体的携手，开始萌芽。

在马航失联事件报道过程中，传统媒体谨慎报道核心事实，新媒体负责实时传递、海量转发。这一新情况突出展现了一个事实：新媒体正在积极而自然地参与到突发事件报道中来，尽管不断爆出一些真假难辨的消息，但是展现出勃勃生机。优秀传统媒体在跟进过程中表现出了内藏的调查能力，这与芜杂、海量的新媒体不同。

在此次事件中，传统媒体担任了主要权威内容提供者的角色，新媒体则成为这些重要内容的传播渠道。到事件的中后期，传统媒体开始取代新媒体用户，成为真正的新闻资讯生成者，开始了报道力量与新闻实力的比拼。

美国和英国等欧美记者专业知识较为全面，有的甚至是以前从事过此类职业的人员，或者懂得驾驶飞机。他们从漂浮物的样子和位置等就能判断出这不是 MH370 飞机上的，开始的路线设定在越南海域、包括了印度到西亚各地，英国的媒体根据专业知识分析得出，MH370 折返飞往南方，这些都反映出专业知识的重要性；有一种信号发射装置可以周期性地发出信号，制造商可以接收到，这些都必须具备一定的专业知识，不能人云亦云。

我在电视媒体工作时，记者有一次接到热线，爆料某游泳馆20多个正在游泳的孩子出现中毒症状，数辆救护车赶往现场。几个媒体记者先后赶去，到了后有人说水不干净、有的认为可能有故意投毒的，还有的推测是集体食物中毒。现场大家七嘴八舌、莫衷一是，为了抢发新闻，个别媒体没有确证便仓促发出了稿件，造成了更大的恐慌。

后来，经过专家检测调查，发现是游泳馆清洁人员误把84消毒液和洁厕灵混在了一起，引起化学反应，释放出有毒的氯气。如果媒体从业人员有这方面的知识，不仅能够顺藤摸瓜找出中毒孩子的毒源，还能帮助救援人员对症下药，及早救治，减轻损失。

前些年国内一些地方出现产妇在医院因为羊水栓塞死亡的案例，一些自媒体就开始渲染医院救治不及时或者认为属于医疗事故，有的还虚构情节，使许多不明所以的网友跟风把矛头纷纷指向医院和医护人员，甚至一些传统媒体也跟进炒作，一时间本就紧张的医患矛盾因此升级。

后来经过科普，大家才知道羊水栓塞是孕产妇分娩中的一道鬼门关，也被称为"孕产死神"，最高时死亡率达80%以上。在没有基本医学常识的情况下，往往很多连门都没入的新媒体和自媒体发布者包括媒体人就开始根据自己极有限的学识、很狭窄的知识结构开始说东道西，不仅贻笑大方，甚至会造成难以挽回的社会负面影响。

没有见识并不可耻，这个世界上没有人是通才。可耻的是在互联网时代，一些作者连用几分钟就能了解的一些浅显常识都不去了解，就去哗众取宠，用震撼性、爆炸性的类新闻标题引发公共话题，制造更大的社会矛盾。

家属可以没有医学知识（当然事先有所了解的话最好），但受过高等教育的记者，在承担"社会公器"这一神圣职责的时候不应该没有。事先不知道很正常，在采访报道新闻事件前，完全可以而且应该快速学习一下，最好再请教一下专家。

尤其在医患矛盾突发的今天，自称"社会公器""道德良心"的媒体记者在报道这些案例时要格外谨慎，不要轻易直接断定这是医生和医院的责任。可以先用互联网这个工具本身快速了解一下相关领域的科学知识，最起码先咨询一下专业医生和医学界学者，不要再闹出"羊水栓塞为何没有事先检查出来"的无知笑话。

这些工作因为时间来不及而没做是一个媒体在技术上的缺失；故意不做，制造话题煽情，达到炒作目的，无端加剧社会不安，则是道德上的无良和无耻。

医患关系、贫富嫌隙等积患现象走到今天，虽然各方面都有很大关系，但一些媒体不负责任的报道也是其中推波助澜、无中生有的重要一环。还记得八毛钱治结肠闭锁、助产士缝肛门、医院"烤婴儿"等事件吗？还有宝马男、拜金女等一些影响了很长一段时间，而且难以消除的刻板印象、生造名词，这些舆论制造的话题和号称的热点，如果媒体从业者稍有常识，再能深入调查事实和真相，谣言就能不攻自破，假新闻和伪话题就没有滋生蔓延的土壤。

愿逝者安息、伤者痊愈，愿无谓的纷争不再，愿我们每一个人作为社会中的一分子，都能有职业操守、道德良心。尤其作为铁肩担道义、妙手著文章的媒体从业者，更要养成不断学习、深思审问的习惯。

二、梳理清晰新闻事件的层次

有的新闻事件涉及的层面众多，可能会牵扯不少当事人，而且在事件调查时，不断有新情况发生。这时，调查记者必须锲而不舍，在事件进展过程中，判断每个线索的价值。

对重大的题材，需要一追到底，还原事件的前因后果，不仅调查过去时、现在时，还要对未来事件的影响做出预测和分析。

我在电视媒体担任民生节目负责人时，和记者郭云等策划的第一个大型连续报道是《假阀门背后的阴影》。

阀门多用于工业领域，按理说与普通市民接触并不多，但是其巨大的利润空间在当地形成了巨大的造假市场。在一个城郊村，从南方过来回收、加工旧阀门的小作坊有十几家，他们把回收回来的旧阀门重新抛光打磨再刷上新油漆，以新阀门的价格对外出售，形成了一个完整的、巨大的产业链。

有了这个基本的新闻线索，接下来的策划就非常重要了。报道从哪里入手，怎样收尾？中间会出现什么问题？甚至报道过程当中，遇到外部力量干预该怎么办？都要考虑全面。

经过周密策划，记者决定从废品回收站入手，因为这些加工废旧阀门的人需要原料，而原料就来自废品回收站。记者先后几次来到新桥废品回收市场蹲点守候，功夫不负有心人，果然等到了来买旧阀门的加工贩子。记者也以买旧阀门客户的身份与这些贩子搭上了话，用暗访机从他们的嘴里得到了他们购买废旧阀门作为原料加工的事实。

可等到他们买完原料后，如何能找到他们的加工窝点呢？这些造假分子十分警觉，当记者跟踪他们的车子走到1公里多的地方时，可能是他们从反光镜里发现了记者的车辆，就突然掉头迎面驶来，如果记者的车也跟着掉头，无疑暴露了身份。魔高一尺、道高一丈，记者提前已做了充分准备。当他们的车掉头后，记者安排的另一辆摩托车继续跟踪着他们，这令他们压根没想到，就这样，这一路记者顺利地跟踪他们到了加工窝点。这一次的成功，也为我们积累了经验。

实际上采制打假类民生新闻，最难的就是找到造假窝点，只要能找到造假窝点，做出来的新闻肯定是好新闻，这是后话。随后栏目推出了第一篇报道《回收站购买废旧阀门为哪般》。等查到了他们的加工窝点后，记者迅速联系了质量技术监督部门进行查处，推出了第二篇报道《直面加工窝点》。

按理说采访到这里应该告一段落。把造假的都抓着了也算是对观众有了一个交代。但是我们并没有满足于这些，而是继续深挖下去。我们又提出了这样的问题：他们加工好的阀门在哪里销售，都卖到什么人手里了？这样一些废旧阀门使用了能不出质量问题吗？带着这些疑问，记者到市区阀门批发零售点进行了明察暗访，终于找到了几家销售二手阀门的网点。他们把这些加工好的二手阀门贴上其他厂家的标志，冠冕堂皇地在店面销售。这些产品是真是假，只有厂方的观点才最有说服力。为了把报道做得严谨，记者打电话给其中一家上海的阀门厂，请他们的打假人员到当地现场鉴别产品真假。上海的生产厂家非常重视，连夜派打假人员赶到当地鉴别，这样第三篇报道出来了——《上海厂家烟台打假》。

节目播出后，我们就会同工商部门和厂家打假人员把销售网点一举端掉了。在查处销售网点的过程中，我们根据提前设想的问题，询问销售人员，查找他们的销售记录，找到了他们的销售渠道，紧接着推出了第四篇报道

《假阀门流向何方》。调查结果令我们大吃一惊，其中一大部分阀门居然流向了当地两个重要企业。接着，我们策划了第五篇报道，当地有自己正规的阀门厂，为什么大家不去买正规厂家生产的产品，而是购买假冒伪劣产品呢？烟台这些正规厂家在假货影响下，会不会受到冲击呢？带着这些疑问，记者来到了位于福山区的烟台阀门厂，果然得知，这家企业在假冒伪劣产品的冲击下，面临倒闭的边缘。于是第五篇的题目我们定为《假货冲垮正规企业》，对假冒伪劣产品带来的危害进一步报道。

五篇报道推出后，整个事件可以说是圆满结束，观众也能认可。但我们还不满足这些，继续推出了第六篇报道《反思篇》，这体现了系列报道策划的必要性和重要性。在第六篇报道中，我们反思了为什么假阀门会在当地形成这么大的产业链？相关的监管部门都到哪儿去了？为什么有些业务人员明知是假冒伪劣产品却一再购买？应该怎么监管才能让假冒伪劣产品不再卷土重来？第六篇报道为这一组报道画上了圆满的句号。这组报道后来也被评为山东广播电视奖一等奖、山东新闻奖一等奖、全国城市台好新闻奖一等奖。

总结这组报道，显示了策划在民生新闻报道中的重要性。如果我们对事件的发展听之任之，那么在端掉了窝点的第二篇报道后收尾，就不会出现后面的四篇报道了，更不会有后来的所有奖项。另外，在一些隐含危险因素的调查报道中，以什么身份深入现场、如何应对复杂的突发状况、怎样及时脱离险境等方面，策划团队都要考虑周全，还要配备相应的后援保障措施，务必充分保证记者的人身和设施安全。

三、分析新闻事件内在逻辑，抓住矛盾的主要方面得出准确结论

新闻事件发生、发展直至结束自有它的内在逻辑，记者在采访报道过程中，尤其在提前策划阶段，首先应该了解事件发生的背景、原因和关联信息。对较为复杂的事件，要像侦探办案一样，认真分析各种表象掩盖之中的真相。

在厘清事件的线索之后，再按图索骥，抓住新闻主体的主要矛盾和矛盾的主要方面。在采访报道过程中，也要抓大放小、揪住首要问题一追到底，不能纠缠次要问题，更不能被假象迷惑，甚至被人牵着鼻子走。

电视连续报道《阴阳之惑》调查的是一家民营医院如何欺骗乙肝患者的事件：记者在采访了当事人小王之后，带着他对这家叫仁和医院的民营医院

所谓的乙肝阳转阴的疑问，记者来到了烟台传染病医院进行咨询。医院的专家负责任地告诉记者，小王乙肝五项指标中的第五项在短短一周的时间内竟然奇迹般转阴，这几乎是不可能的。记者的第一个结论，小王的检测结果是伪造的。而且据了解，国家规定的医院诊疗科目中并没有肝病科这个具体科目，而是传染科。此时，记者得出第二个结论，仁和医院有可能根本没有治疗肝病的资质。那么，所谓的专家很可能就是个假医生。

顺着前期深入外围调查推断的逻辑，假如真如记者设想，那么这家医院的问题就非常严重了。单凭记者无法调查出仁和医院肝病科的内幕，于是记者第一时间将问题反映给了当地区卫生局医政科和市药监局。医院问题多多却能够一直经营，而且电话中这两个部门所表现出来的态度，让记者不得不留了个心眼。他们将车停在医院门口，不停地盯着医院的正门和后门，不敢关机。

果然，不到半个小时，一个身着便装的熟悉身影出现在了医院后门，接到有关人员私下信息、想要金蝉脱壳的正是王专家。记者和当事人赶紧追了上去。

王专家的步子是越走越快，同事灵机一动，装作接了个电话："派出所的吗？我们在仁和医院后门。"没想到，这位王专家真以为警察来了，撒腿就跑，跑到拐弯处竟然想往路边的草丛中钻，"医跑跑"的狼狈相顿时暴露无遗。

此后，当地卫生局和药监局迫于压力，对医院进行了查处。面对记者的采访医院有关人员前言不搭后语，在所有观众面前上演了一场闹剧。经过检查，药监局认定"王专家"是假医生，他所使用的"抗乙肝蛇毒转阴注射液"也是假药，除了对医院进行罚款，卫生局责令医院停业整改。

虽然医院得到了处罚，但是如此多在此就诊的患者耽误最佳的治疗时机又有谁来为他们买单？这家医院为何能长时间如此明目张胆地欺骗病患者呢？调查到这里，一组前后几个小时内拍到的镜头显示：之前记者暗访时，肝病科的牌子赫然在目；而执法部门工作人员和记者时隔不久再次来到科室门口，牌子虽然已经匆忙摘掉，但是挂钉还没来得及移走，从镜头语言和片子隐含的逻辑里，受众已经能够心领神会到监管部门存在失职甚至提前通风报信的渎职行为。

四、往复采访当事多方，相互印证对方观点

没有互动的舆论监督很容易片面化和引起公愤，在很多投诉类的调查报道中，"原告有理"报道倾向值得探讨。先入为主容易造成话语权的偏颇。

当一方当事人寻找媒体诉说冤屈时，出于人的自我利益为中心的天性使然，类似于原告寻求法律支持，为引起倾听对象的关照重视，肯定要从有利于自己的角度选取证据和理由，甚至有夸大之嫌，而往往忽略对自身不利的事实或者隐去有利于对方的事例。

当这种情况出现时，或者记者在采访开始时，要尽力辨别事实与采访对象诉说的疑问点和隐含在背后的真相，提出恰当和准确的问题，既要充分了解采访对象的思路，又不能被其完全牵着鼻子走，保留自己理性的逻辑判断。

《焦点访谈》的调查类报道很多就使用这个往复采访几方当事人的做法，在来回看似拉锯式的调查中，开始含混不清或者夹杂着谎言的解答逐渐清晰，问题真相慢慢浮出水面。

在 1995 年 2 月 25 日的《岂能一了了之》一片中，讲述了广西南宁数千万的摩托车车购费莫名消失的事件。记者在摩托车主、车行，尤其是交通征费稽查局、公安部门、工商局几个行政执法单位之间来回就不同问题层层设问，逐渐还原事件隐含在利益链和不作为下的真相。

按照规定，经销商根本不允许代替车主办理车购费。但是在南宁这种情况普遍存在达一两年之久，并没有任何部门出面制止。而且，为什么许多伪证能够通过管理部门的把关呢？消费者认为，应该有人对此做出解释。

对此，南宁交通征费稽查处主任黄震强的解释是："根据一些车主的反映，他买这个车的时候车行都说，包管购置费，应该是受到诈骗了。"

记者："那就是说这笔钱消费者是交了的？"

黄震强："反正没有交到国家，就不能算是交，至于他花这个钱花到哪里去了，比如说，你受骗了以后，那是你自己受骗，国家没有收到这笔钱就不能说是交了。"

虽然，至今没有哪个管理部门公开承担责任，但事后不久，稽征部门就宣布，补征车购费，采取大幅度优惠的措施。

记者于是又来到了当地征费稽查部门。

记者："实行这种优惠的办法是不是考虑到一些政府部门在这个工作中间有一些失误？"

广西交通征费稽查局副局长寿奎德："考虑了这个因素。"

记者："那么这个优惠的部分余下的差额部分由谁来补足呢？"

寿奎德："差额部分就不收了。"

记者："不收了，就等于国家的税收就减少了一部分？"

寿奎德："是的。"

记者："国家承担了这部分损失？"

寿奎德："是的。"

只要分析一下人们就会发现，在南宁车购费事件当中，最终承担损失的，是国家和无辜的消费者。那么，该负责任的是谁？消费者已经付出的几千万元，究竟哪儿去了呢？

寿奎德："这笔钱应该是南宁市销售摩托的这些车行以及车行前面经销车的，比如说广东某地的老板，还有制造假证的老板，这几家吃了的。"

记者："他们给吃了？"

寿奎德："应该是他们吃了，因为国家没收到。"

记者："那这笔钱是不是应该追究呢？"

寿奎德："应当追究。"

记者："发现问题以后，有没有向有关的部门立案或者报案来查处？"

黄震强："这个我们已经跟公安部门立案了。"

记者："向哪个部门？"

黄震强："向城北公安分局（要求）立案。"

记者在现场发现，这家车行门虽没关，人却闭门不见。不过记者在这里看到了车行代办各种手续的收据，办理入户用的登记卡以及办理车购证的工本费收据。

记者："这段时间里面，你们认可了车行来代办，是不是这样？"

南宁交通征费稽查处工作人员："不会不会，从来没有的。我们只以车辆的拥有人作为用户，你拿这个手续来，我们帮你办，但是说你车行是作为一个商行，一个商店来经营这个产品的，他不是这个车辆的拥有人。"

记者："这样的票证如果在车行里面大量出现，这说明什么问题？"

南宁交通征费稽查处主任黄震强："在车行里面大量存在这些票证是吧？这个就要调查以后才能答复了，也有可能是套印，也就可能是印刷或者怎么样，这个就很难说了。"

记者："有可能是他自己印的？"

黄震强："有可能是这样子。"

为了确定这些收据的真伪，记者当即到稽征处的会计科进行了查证。会计科工作人员向记者证实，稽征处江南所 1994 年 11 月的确发过这些车购证。

记者："只有去办的人才能拿，那么车行的人拿到了说明车行去办了。"

黄震强："这个我就不能这么肯定，比如说，我去办了以后，车行老板你需要这个票，对我来说没有用了，车行老板你也可以存放在那里。"

记者："您认为有可能是用户车主自己办了以后存在车行老板那里了？"

黄震强："有可能。"

南宁交通征费稽查处江南征稽所所长韦桂华："我们车行呢是分期分批来办也有可能。"

但记者发现，车购证的号码是连续的，不可能是分期分批来办的。

记者："这个号码都是连续的，那就不可能是零零散散来办的，肯定是一次拿的了。"

韦桂华："连续的，我看看……就在我们江南稽查处办的？"

记者进一步追问："这几张，您看这个是不是真的？"

韦桂华："这个是真的啊。"

记者："它们号码又是连续的，说明什么问题呢？"

韦桂华："说明什么问题呢？现在你认为是什么问题呢？"

记者："我问您呢。"

韦桂华："因为我还没有调查，我不懂。"

记者："现在能够查吗？"

韦桂华："现在我们哪有时间查这个。"

记者："您现在查一下可以吗？"

韦桂华："现在我们没有时间去查。"

车购证事件查处困难，看来原因十分复杂。

记者还听说过这样一件事，交通稽征部门会同城北公安分局对一家叫泰仕的车行进行过查处，但由于公安局刑侦支队的介入，这次查处不了了之。

广西交通征费稽查局副局长寿奎德："我们城北区公安分局和南宁市公安局的刑侦支队防暴队也赶到现场，所以摩托车是防暴队扣走的，两张办公桌是城北区公安局扣走的。"

记者："就是当时这两家单位有过冲突，是吗？"

寿奎德："听说有冲突。"

对此，记者进一步到有关部门求证。

记者："在现场，你们和城北分局和稽征部门，就是你们这两方有没有过冲突？"

南宁市公安局刑事侦查支队副支队长张景跃："没有冲突。"

记者："特警队正常情况下不应该参与这种案件的处理吧？"

张景跃："这个东西呢，它有时候也可以搞。"

记者："有时候？什么情况下可以搞？"

张景跃："它有时候举报的它认为有能力就搞，不能搞就移交。"

记者："换句话讲，任何一家车行发生这种纠纷，叫你们特警队都会去吗？"

张景跃："都可以去。"

记者："这个车行和你们单位有没有关系？它有没有主管单位？"

张景跃："没有。"

刑侦支队为什么对这家车行的事这么热心？记者在工商局的企业登记表上找到了答案。

记者："这家单位的主管部门是哪里的？"

南宁市工商局局长武希文："那都要看一看，详细地看一看。从登记的情况来看，就是它始终是刑侦支队，公安局刑侦支队下属的企业。"

南宁摩托车车购证事件，国家损失几千万元，近万名消费者的权益受到损害，而直接责任者并没有受到任何追究，不法分子至今逍遥法外。事件发生已经八九个月了，这件事究竟还能不能有个结果呢？

南宁市公安局车辆管理所副教导员钟庆："应该是由这个稽征部门和这个司法部门来负责。"

南宁市公安局城北分局副局长张广中："车购费来讲呢，应该是稽征部门来查这个事情，我们公安机关如果它要求我们配合，我们只是协助它查，因为我们的任务主要是抓刑事案件。有举报的我们就查，没有举报的，因为不在我们这个地段的我们不可能去一家一家地查，也不是我们的职责。"

广西交通征费稽查局副局长寿奎德："我们没有责任和义务去管理车行，它不是我们车辆征收附加费的对征单位，不属于我们管辖的单位。按照雷宇同志（时任广西壮族自治区政府副主席）批示，应该是工商部门去办。"

南宁市工商局局长武希文："工商部门的话，没有去进行了解这个情况，没有去调查处理这个情况。"

记者："为什么呢？"

武希文："因为这个刚才我已经说了，不是我们职权范围之内，应该是交通运输部门来做这个工作，因为是它管理这个证的。"

记者："稽征部门本身需不需要负一定责任？"

广西交通征费稽查局副局长寿奎德："我们没有责任。"

发生在南宁的摩托车购置费事件究竟应该如何查处，至今还没有一个明确的说法。我们想，如果这件事就这样不了了之的话，损失的绝不仅仅是金钱。

从上面对不同部门的往复采访中，我们可以看出交通征费稽查局开始认定是伪证，后来又承认是下属单位发出的，而且本来不应该由车行领取，却成批量出现在车行；公安局刑侦支队参与扣押发生冲突却不承认，否认与车行有关系，记者在对工商局的采访调查中却发现是其下属企业——

记者来回对几个当事人的往复采访，展开了一波三折的戏剧性场面，让观众慢慢看出其后不可告人的失职和违法违规行为，还有时隐时现的国家税收流失的利益链条，以及部门相互推诿、找尽理由摆脱责任的欲盖弥彰。

记者在对其他当事人做补充采访时，切忌草草了事。别的当事人可能因为记者的先期介入，存在记者与第一当事人是否有特殊关系的疑问。所以一要打消其顾虑，让其他当事人放心和无成见地与记者对话交流；二要在与其交流过程中，记者需要不断对双方或者多方的例证和观点进行比对、分析和判断，得出相对清晰的事实脉络。另外，记者在对多方当事人逐步深入采访的过程中，可能会发现新的新闻点、新的问题，也可能发现整个事件更加复杂和疑问重重。这时，记者可以借助专家和当事部门的专业力量，让他们出面帮助记者对复杂问题和事件进行剖析。

电视调查类节目需要注意的问题较多，对记者所要具备的素质要求相应也较高。

因为电视调查类节目采访必须深入现场，还要拍摄到确切的场面，这增加了采访难度，所以前期策划需要尽量周密，采访步骤要衔接紧密，提出问题到准确到位。同时，在借助法律和政府部门力量进行调查的同时，还要更广泛听取民意，尤其是涉事民众的意见，可能也会发现隐含的新闻点和其他不无道理的新论点。

在后期成片过程中，记者既要保证事实和细节准确，又要摆出多方论点，当然对于明显有对有错的观点，需要态度鲜明，不能偏向一方；如果各自有理，那就要一一说明，让观众做出评判。

此外调查类报道往往涉及争议性题材，有时需要提前着手，带着题目准备，这和突发类新闻不同。

调查类报道的线索来源广泛，需要媒体和从业者有敏锐的新闻敏感和对题材及时准确的把握能力。从业人员要广交朋友，建立线人网，丰富线索渠道；还应做好器材准备，特别是正确使用偷拍设备，当然在对方不反对的条件下，可以亮明记者身份，正常拍摄。

另外，尽可能选择对社会有重大影响的事件，如产品质量、食品安全、失职渎职行为等威胁公共安全、社会反响较大的题材。记住受众关心是选题的第一衡量标准。

电视调查类节目的记者要具备良知和社会责任感。真正优质的社会调查可以影响到区域和行业的发展，甚至改造社会。爱新觉罗·蔚然的《粮民：中国农民会消失吗?》的调查报道对中国失地农民进行了深入调查，对新中国"三农"问题极具参考价值；晏阳初、费孝通、马寅初等大家做过的社会调查影响了时代的步伐；毛泽东做过的中国革命阶级和领导力量的调查，改变了中国。这些调查方法和思路都值得媒体学习。

国内电视媒体从 20 世纪 90 年代开始创新报道模式，纷纷开设舆论监督板块。央视从 20 世纪 90 年代中期开始设立东方时空、焦点访谈、新闻调查、社会关注等舆论监督类、社会调查类节目，新千年的初期，省台、城市台调查类节目风起云涌，尤其以民生调查为主，如河南台的《民生大调查》、南京台的《东升工作室》等；而近些年肇始于省会电视台如西安、武汉等地的问政节目逐渐向上延伸到一些省台，如山东台的《问政山东》，向下拓展到各地市台甚至县区级台的问政节目，成为各地党委政府督促部门工作，沟通社情民意的利器。

从 1994 年开始，每隔 10 年在各级电视媒体中会兴起一股调查类报道的高峰，下一次高峰的出现时间和调查类型、重点会是什么呢？这是一个值得关注的问题。

电视调查类报道在几十年的发展进程中，在涌现了很多优质栏目和知名记者的同时，也暴露出不敢触及一些敏感问题、调查不充分和调查问题得不到有效解决等短板。

尤其面对近年来新媒体和自媒体的内爆式增长，和他们对相关领域话题探讨的广泛性、及时性、互动性相比，电视调查类报道越发显出题材狭窄、与受众距离拉远等缺陷。

要解决电视媒体与受众的关系疏远的现状，需要媒体自身定位和记者角色的双重变化。

我们需要重新以"受众—用户—公民"的三重角色来理解跟媒体打交道的人。现在网络时代的受众已经不是单纯被动收看节目，他们的参与意识因为微信、微博、头条、抖快号等新媒体易于直抒胸臆从而由接受者变身为传播主体而空前高涨。由此受众不仅是接收，而且变成了和媒体双向互动的使用者。因为参与度急剧提高，所以受众的公民身份和自尊感不断强化。

针对受众环境和媒介生态的更新，电视媒体的调查类报道首先要问受众在电视荧屏上想要看什么？有什么题材适于电视表达？怎样设法让受众参与选题、策划、采访等整个调查报道全过程？

媒体大环境的变化也造成受众情绪化和躁动的状态，受众"深思"的能力弱化，"快思"或"浅思"的意识可能会强化。而网络舆论基本上是事件主导型的，而不是话题主导型的。这也是网络媒体肤浅而浮躁的一面。

网络新技术只是从传播覆盖范围和传播速度上区分了与传统媒体的界限，但是在受众个体理解能力和接受能力方面并不能起到同质化地把世界变成地球村的作用。

任何时候，民众都需要对社会问题和现象深入翔实的分析了解和对社会前景富有前瞻性的推断理解，这时专业调查类记者就能发挥作用。从繁杂的信息中条分缕析选择最有价值的题材，然后扎扎实实做出深刻准确的调查报道，这才是专业电视调查记者的生存之道。

第八节　电视评论类节目的策划

电视评论类节目是指利用电视手段，采取夹叙夹议的手法，对新闻事件的背景、原因、影响、结果、趋势等，提出意见和观点。节目中既有叙述新闻事实的部分，同时一定要有评论的内容构成节目内核。电视评论类节目没有具体的限定时间，但是必须要有评论内容，而且评论部分一般要占到 10%~40% 的比例。

像央视的《焦点访谈》《今日说法》《新闻调查》等都属于电视评论类节目，最为脍炙人口的《焦点访谈》于 1994 年 4 月 1 日开播，每天播出，成为继《新闻联播》后央视最具影响力的新闻栏目。时事追踪报道、新闻背景分析、社会热点透视、大众话题评说涵盖了评论节目的诸多特点。各省市台的评论类节目也有很长的播出史。

一、评论节目必须体现思想性，深刻思索社会现象，针砭时弊

电视评论节目首先要挖掘线索、选好题。单一的突发事件、有限的采访对象、简单的新闻过程，很难做出像样的评论节目。这样的节目因为往往触及个别政府部门的不作为或者少数窗口单位公职人员的失职渎职、一些企业组织和团伙等社会黑暗面，往往直抵一些群体和个人的切身利益，而且涉及的对象大多不当得利，所以记者的采访经常受阻，甚至有时面临较大的风险。但是正因为这类节目坚守社会监督的职能，为弱势群体说话，从正义立场出发，所以更有新闻价值和社会影响，对整个社会发展进程更有推动作用，记者的无冕之王的终极价值在此能得到有效体现。

现在的舆论监督和十多年前从监督方向上不太一样，十多年前大多从下

往上进行舆论监督，更多的问题从民间开始；但是现在更多是顶层推动，从上往下监督，主管部门要求媒体必须增加舆论监督的比例。

党的新闻理论认为，舆论监督能帮助政府部门推进工作，具有公权力的单位要勇于接受监督，而不要去抵触舆论监督。因为现在老百姓向上反映问题的渠道线索太多，作为本地媒体就要加大舆论监督的比例，这样给老百姓尽量提供疏导情绪、反映问题的本地出口。群众越级往上反映的难度肯定比在本地反映问题的难度大，本地出口增加了，能地方解决的，谁也不会舍近求远，或者是舍易求难往上反应。像央视的《焦点访谈》，地方台报道了一般不再做重复报道。

各地近年来主动推出的电视评论类问政节目，一般是自上而下的要求，即党委主要领导倡议开办，以求通过媒体架起沟通基层和政府、群众和领导干部之间的桥梁，把更多群众难办的事情和诉求、现实社会中存在的问题和痼疾及时反映上来，把矛盾纠纷化解在萌芽状态。

现在主管部门对各地的放管服改革、窗口单位服务质量、行业作风建设的监管变成了常态。不少电视媒体每年都要配合上级和当地党委、政府和纪委等党政部门明察暗访，从项目推进到作风建设，采制大量电视评论类节目。

目前，整个社会舆论氛围是从上层推动，把媒体作为反映问题、解决问题的最重要的利器之一。作为电视媒体要正确理解、积极配合，把舆论监督类的电视评论节目作为推动工作、改进工作的重要手段。

烟台电视台有一档传统的新闻评论类节目《聚焦烟台》，曾经播出过《圈地建别墅　相关部门为何集体失声?》的节目，获得多个新闻奖项。从题目看前半截"圈地建别墅"，讲的是一个新闻事件，属于典型的舆论监督类节目。占了农用土地建造对外出售的别墅，这个事件有典型性、有看点。土地是农民的命根子，国家十八亿耕地的红线绝对不能突破。土地问题是中央的原则问题，因为粮食安全是关乎民生和国家安全的头等大事。但是土地又是最来钱的，一些村里卖地、建房，有的地方政府热衷出让土地、拍卖土地使用权，最大的受益者是谁? 是政府部门、开发商、炒房团、建筑商等利益链条上众多的受益者。

这个片子没有回避矛盾的主要方，对国土资源局、规划站、耕保站、办事处进行了抽丝剥茧式层层推进的采访，故意装傻、踢皮球的推诿在记者的采访中一览无余。记者的解说和后面的编后语都很有力量，引用土地法相关条款，对利益方的分析非常到位。

圈地建别墅　相关部门为何集体失声
记者：王一维　孙小静

【导语】用新视点聚焦烟台，欢迎收看今天的聚焦烟台。很多年前，国家已经禁止占用农用地盖别墅，而在福山区福新街道小河子村，却建起了两百多栋别墅群，这些别墅占用的农用地多达几百亩，经记者调查，这些地被村委以六万五一块的价格出卖，非法获利高达上千万。关于此事，村民多次向上级部门反映，但至今无人过问。圈地建别墅后，有关部门为何集体失声，请看聚集烟台记者的报道。

【正文】小河子村的别墅群，坐落在半山腰上，远远看去，整齐划一，蔚为壮观。一条水泥路直通别墅大门，走近一看，每栋别墅两到三层不等，独门独院，十分气派。然而，盖房就要占地，盖别墅就要多占地，据了解，小河子村人均耕地还不到一亩，盖这两百幢别墅一下就占了两百五十亩地，可谓有魄力的大手笔。那么，别墅群占用的是什么性质的土地呢？它怎么就能占那么大呢？

【同期声】村民：净外村盖的。

记者：外村盖的？上咱村来盖的？

村民：对。

【同期声】记者：这地是什么地？原来在村里是宅基地还是口粮地之类的？

别墅业主：我还真不知道，反正是花钱买的，花钱买的地皮。

【同期声】别墅业主　温先生

我那是当初买的，花六万五买的。

记者：买的哪块土地？

温先生：我一下买了五栋，往村委交的钱。

【正文】从别墅周边未开发的地块可以看出，这里原本也应该是一片果园。村民们告诉我们，两年前，推土机推平了上面的果树和荒草，数月后，一栋栋水泥钢筋浇筑的别墅楼房，从此站了起来。一个无名小山村，为何能引来这么多人来这盖别墅呢？

【同期声】

别墅业主　温先生：我跟村主任两个不错，所以说我在那儿（盖楼），眼瞅着后面就是产业区了，你没见臧家北面都盖过去了，道都修过来了。

【正文】因为火车道的建设和产业园的规划，昔日默默无闻的小河子村，正在酝酿着一个因征地而致富的计划。在这场计划中，所有人利益一致，村级卖地，外村人投资盖房，只等着征地大幕一拉开，借机获得拆迁补偿。

【同期声】

别墅业主：关键一个问题出在哪，这个房你也发现了，早晚有一天会占的。对，肯定会占。早晚有一天会占的。因为那边火车道已经开始了，大火车道在臧家那个地方，已经开始了，打井去年，火车道已经开始。所以占，至于什么时候占，谁也不敢说。臧家都已经占了，占了以后，下面一层的房产证，肯定给你该怎么分怎么分。至于你这个房子是属于别墅级别的，还是什么级别的，我就不知道了。

【正文】这场轰轰烈烈的圈地运动，因为有了村委的参与，变得一发不可收拾。不用担心小产权别墅将来办不出房产证，只要打通关系，花点钱，把户口落到村里，一样可以办出合法手续。

【同期声】

别墅业主　温先生：你知道我花多少钱我办这个证？我办证的钱我都没算上三十三万。我那个烟都是成箱成箱往那边送，卡都是十多张十多张往那边送。

记者：这是哪来批，哪里管证？

别墅业主温先生：房管局，规划局，派出所，计生办，臧家庄街道，福山区什么地方来……地方多了。你以为好办啊，好办都办了。

【正文】姑且不论，那些办了房产证的外村人，其背后涉及的是怎样的关系网和利益链条。先说小河子村这片别墅群，占用农业用地上百亩，国土部门难道不知情？再说这上百栋新建别墅，难道都办下了宅基地审批手续？其合法性着实令人质疑。关于此事，小河子村村民曾多次向上级部门反映，但至今无人过问。接到举报后，记者来到福山区国土资源局，了解小河子村近几年的宅基地审批情况和别墅群的土地性质。

【同期声】福山区国土资源局　耕地保护科

科长：应该说近几年我们在福新，应该说是没批过宅基地。

【正文】既然福山区国土资源局没有新报批的宅基地，那么，小河子村的上百栋别墅所占用的，是什么性质的土地呢？

【同期声】记者：想了解一下，它那块地占的属不属于耕地？或者说它那块地现在，是个什么性质的地？

福山区国土资源局　耕地保护科　科长：我现在不太好说。国土存在一个问题在哪，必须是看图纸，才能发现占没占你所谓的耕地。你们如果是在图上能看出来的话，图在我们家规划站有。他们在电脑上能给你打开图，我们这场没有图纸。

【正文】随后，记者又到了福山区国土局规划站。规划站工作人员告诉记者，新一轮土地规划，已经将小河子村批为建设预留地，列入征收范围。也正是在这个大背景下，才开始了这场由村委主导的，轰轰烈烈的圈地建别墅运动。然而问题的关键在于，整个逐利过程中，村委卖的是否是本村村民的耕地，是不是在牺牲村民的利益，从中获利。这所有的疑问，只要查阅一下土地类别，就不言自明了。但不知为何原因，当记者提出，要查看小河子村别墅群的土地资料时，规划站工作人员忽然面露难色，顾左右而言他。

【同期声】记者：他们现在在上面盖的房子，算什么性质？违法不违法吧，对咱国土来说。

福山区国土资源局　规划站　陈站长：如果说这个地没征用的话，肯定是违法的。

记者：这个图是个规划图。有没有现在的土地性质的图？

陈站长：现在的土地性质图？

记者：嗯，对。

陈站长：现在的土地性质，征没征用的话，我们现在看不出来。能不能找耕保，问问耕保征没征用。

记者：耕保没有图呀。我们就想在你这看看，现在小河子村土地性质那个图是什么情况？要不你打个内线问问耕保科吧，他们征没征用土地？他们说不知道，就让我们上这边来。他们没有图关键是，你让我们去问耕保，都是公开的，为什么不能直接给我们看一下？

陈站长：可以，因为各个单位有各个单位的制度，我们也不能破坏制度，我们也不可能破坏制度。

【正文】国土部门对于此事的暧昧态度，令记者十分不解。土地类别本来就属于政务公开的范畴，记者要查明真相，为何却成了破坏制度？说起小河子村的这群别墅楼，国土局工作人员个个顾虑重重，讳莫如深，果真是不知情，还是另有隐情，难免让人浮想联翩。最终，福山区国土局以领导不在家为由，拒绝了记者查看小河子村别墅群土地性质的要求。随后，记者又电话联系了福山区福新街道办事处。小河子村村委能盖起上百栋别墅群，当地街道办事处难道也不知情？通过办公室，记者联系到了福新街道办分管此事的负责人。

【同期声】福山区福新街道办事处

记者：小河子村山上盖了上百栋别墅，我们就想了解了解这个情况。

陈主任：那个我不太清楚。

记者：您不是分管领导吗？

陈主任：我不是，我不是。

记者：您给我一个分管领导的电话行吗？

陈主任：我是刚刚过来的，我也不知道。

记者：你们街道谁了解这一块情况？跟我介绍一下。

陈主任：这个我不清楚。

记者：您是分管哪一块的领导？

陈主任：我不是分管的，我只是个办事的。

【正文】还没等记者说完，陈主任便匆匆挂了电话。

【同期声】福山区福新街道办事处

记者：我想问一下6431023，刚刚这个分管领导……

福山街道办工作人员：他是副主任，他就是分管违章建筑的。

记者：他是什么时候过来的？他了解那个村的情况吗？

福山街道办工作人员：他了解。

【正文】为保护耕地，近年来，土地部门严格了宅基地的审批，村委会擅自征收村集体土地，用于规划建楼房，并没有通过国土部门审批，属于非法开发建设。关于此事，村民多次向上级部门反映，但至今无人过问。根据2004年《中华人民共和国土地管理法》第七十六条规定：未经批准非法占用土地的，责令退还非法占用的土地，对违反土地利用总体规划擅自将农用地改为建设用地的，限期拆除在非法占用的土地上新建的建筑物和其他设施，恢复土地原状；对非法占用土地单位的直接负责的主管人员和其他直接责任人员，依法给予行政处分；构成犯罪的，依法追究刑事责任。

【演播室】曾经在城区上演的土地资源争夺与房地产博弈的故事，如今也在小河子村重现了。只是，因为偏远，方式更为大胆。通过销售地皮，村委可以获得超额利益，建筑商盖好了扒层皮，如果将来可拆迁，业主也能分一杯羹。多方共同利益，导致了小河子村小产权别墅的不断升温。然而，廉价占地，高额回报的背后，却是对耕地资源的极大浪费。好，感谢收看今天的聚焦烟台，明天我们同一时间再见。

这个片子如果没有题目的后半截"相关部门为何集体失声"，那么它仅仅算一条新闻消息，如果幕后的背景挖掘不出来，观众会有疑问，会觉得看得不过瘾。作为记者，采访也就不充分；而如果没有后半部分记者向国土部门和当地街道办的掷地有声、直击痛处的发问，没有主持人的深刻犀利的点评，就发挥不出电视媒体的舆论监督作用。而恰恰是记者一针见血的连番发问和痛快淋漓的评论才最终揭露了当地村委卖地敛财、非法获利的事实，也暴露了当地相关部门失职渎职的行为。

二、掌握评论节目的采访技巧

评论类节目的采访根据记者是否需要公开身份可以分为暗访、明拍、明暗结合的方式。暗访通常是某些舆论监督类报道，必须隐瞒记者身份，使用当事人或者旁观者身份参与采访进程；有时可以亮明身份，但最好不要引起被采访者的警觉，采用旁敲侧击、层层剥笋的办法逐渐触及关键问题。

有了好的线索，对于记者来说，要设想可能遇到的各类意外情况。记者要认真研究问题产生的各种原因，尽管不能先入为主、带着成见去采访，但是脑子里要有想法，要学会分析，设想各种可能性，围绕主要问题展开采访报道。

（一）递进式

层层递进式的电视评论报道是沿着采访对象的逻辑关系由表及里、从现象到实质、从点到面、从存在问题到解决方式的逐步深入的报道方式。层层递进需要记者对所报道的事件和现象脉络有清晰的认识，分清主次、理出先后，随后或者按照时间顺序，或者按照逻辑关系，分步展开采访。

央视《焦点访谈》2015年6月10日播出的《未婚时如何证明"未婚"》一片，就是围绕奇葩证明的现象，层层递进采访，剖析这一痼疾在很多地方和行业存在的现状、产生的原因以及如何解决的办法。

节目开始引用了胡女士想把户口从昆明迁到成都遇到了一系列跑断腿开各类证明的例子：本来就是迁个户口，结果在近两年的时间里，胡女士反反复复奔波于当地的社区居委会、民政局、派出所、教育厅、档案馆等部门，要开未婚未育证明、户籍证明、户口托管证明等各类似乎与迁移户口关联不高的证明，而且本来在一家单位的电脑里就显示的信息，却让胡女士去别的部门开另外的证明来调取这个证明。

胡女士的经历并非个例，紧接着片子又列举了需要开的"我妈是我妈""自己的父亲没有私生子""不是故意损毁人民币"等各种奇葩证明。

到这里，记者分析造成这种现象的深层次原因：部门之间职能交叉、管理分割、服务意识差；制度规定过时，办事过程中信息化、数据化利用程度低等。最后片子指出，解决问题首先要做好简政放权的减法，消除信息壁垒，信息互联互通，最大的问题是要改进工作思路，真正落实服务意识。

层层递进的报道方式在电视新闻评论节目中最为常见，因为电视叙述结构呈线性排列，受众的观看一般也更适宜于线性叙述的结构，所以层层递进的报道方式常被包括电视新闻评论类节目在内的各类视频节目采用。

（二）并列式

这里的并列式指的是相互有关联但并非层进关系的报道结构，各个组成部分之间为并列关系，存在内在主题的相关性，但是没有前后递进关系。

我曾在20世纪90年代末采制过电视理论片《农村社会保障——九亿农民的企盼》，全片分了最低生活救助、农村合作医疗和社会帮扶三部分，采访了当时的民政部部长和多位中国人民大学、中国社会科学院的学者专家，全片采用夹叙夹议的结构。这三部分互为补充，没有内在的主次关系之分。

（三）对比式

福州电视台的新闻评论片《心灵的拯救》，使用了两个例子：一个是孩子溺水，周围人以运气不好为由见死不救，反映了人性的冷漠，甚至残酷的一面；另外一个例子，讲述了一个海上恶劣海况里救人的事情，救人者没有告诉被救者自己的姓名，还给了他盘缠，然后淡然离开。危难时刻挺身而出、救人不图回报的大善之举本就激荡人心，而被救之人几十年一直寻找救命恩人，反映了爱心传递的人性善的一面，救人者救人于危难的高尚之举和被救者知恩图报的拳拳之心感人至深，与现实社会个别的冷漠现象有机整合在一部新闻评论节目中形成鲜明对比，令受众深受触动，也深受感化。

这部片子又连续采用了两条新闻事件：讲述了一位农民工因为救完了人而流下热泪、一位女记者对一位溺水者人工呼吸但终因无力回天而失声痛哭这两个事件，呼唤人们能唤醒良知，最后截取了一幅令人回味的漫画。整个片子有视频、有图片，抓住感人瞬间，对比性地谴责冷漠者、颂扬救人者和感恩者，引发人们对大爱的思考和回味。

这显现了新闻评论节目在电视媒体中具有的舆论力量，而这样的节目在网络传播中很难达到如此效果。这是因为网络视听节目的快节奏和海量化的特征，往往很难让受众拿着智能化设备，长时间收看一个主题集中的长视频节目。这却是电视媒体传播的优势，电视评论通过整合和筛选题材，通过递进式的评论就可以达到新媒体有时难以达到的深度。电视评论类节目也可以体现电视新闻记者的综合素质，它也是电视媒体最有魅力的节目类型，能够充分发挥电视媒体和电视媒体人的特长和优势。

现在央视最大的优势在于新闻优势，这其中新闻评论栏目独树一帜、占据着重要的位置。从 1993 年《东方时空》创办，再到 1994 年开播的《焦点访谈》节目，还有随后的《新闻调查》《每周质量报告》等高质量的新闻评论节目，仍旧是卫视台和地方台甚至包括其他平面媒体所无法抗衡的。这类电视评论节目的成功在于它选题的独家、立意的高度、题材的重要、线索的综合等全面优势。

国外的节目如哥伦比亚广播公司电视网（CBS）的《60分钟》，开播时间是1968年，每周日播出，每期节目通常像杂志一样被分为三个独立的部分和一个口头新闻评论，每个部分都是记者就某个事件展开的调查和评论。其主题以报道严肃新闻为主，涉及政治经济外交领域的重大事件，报道风格严肃客观却不拘谨，内容深刻而不晦涩。他们的记者擅长从社会热点事件中找到独特视角，给观众以全面、理性的解读。如迈克·华莱士报道的美军在伊拉克的虐囚门事件等影响深远。还有ABC美国广播电视网的《夜线》也在本国受众中广为人知。BBC英国广播公司的《全景》，开播于1953年，是一档新闻专题调查节目，有关药品安全、职业足球黑幕等报道在英国社会产生了广泛的影响。

电视新闻评论节目的记者和编导也要学习其他行业和其他媒体的精华，既不能做犬儒，也不要做愤青。应该追求理性、清醒的世界观、人生观和价值观，掌握实事求是、辩证思维的方法论。写作了《自由在高处》《一个村庄里的中国》的作家熊培云、《民主的细节》《观念的水位》的学者刘瑜，他们都是评论者，但是同时也是具有独立思想和客观视角的思考者。记者和编导应该学习他们的治学方法和思考方式，做有操守和人文关怀的电视媒体从业者。

三、严肃的新闻评论才能生命力强

重大、深度、时效、犀利、贴近，这几者可以归结为电视新闻评论节目的几个标准。在现在信源芜杂、人人皆可为评论员的信息社会里，以深度报道为特点的新闻评论节目是电视媒体的优势。

生命力强是因为在现在的新媒体、自媒体蜂拥而至的包围圈里，评论类节目是电视媒体最有生命力的新闻类题材，它的严肃性、调查的难度，还有对记者素质的要求，辅之以电视媒体本身的权威性，包括与采访对象沟通的顺畅程度都是别的媒体无法与之相比的。

电视新闻评论类节目与社会政治环境直接相关，既要高屋建瓴，又要角度准确，还要视角独到，看到普通大众看不到的、想不到的视域。这里有知识的储备、有生活经验的积累、有发散性思维的养成，还有对法律政策的理解。

四、首先观点要准确、全面

电视新闻评论节目一定要从事实出发，全面采访涉事的当事人，真实反映事实全貌，理性发表客观论点，不能从一个极端到另外一个极端。

2014 年 8 月 10 日，湖南省湘潭县妇幼保健院的产妇在手术后死亡为例，开始的观点是一边倒地骂医院、骂医生和护士，不久又有人从羊水栓塞的医学角度出来讲解此病的难以治疗、家属为了生二胎而延迟签字导致手术拖延，延缓了最佳治疗时机。后来网民又一边倒地骂家属、骂医闹，变成了全是家属的不对。

还有关于广东小悦悦的报道，2011 年 10 月 13 日，广东佛山一家五金城内，年仅两岁的女童小悦悦被先后两辆车碾压，事件发生后，几分钟内路经的十几个人都没有救助被车子碾压的小女孩。后来一位拾荒阿姨把她抱到路边找到孩子的母亲，送医后抢救无效死亡。

这个惨剧因为路过的人员众多，却漠然视之、见死不救，一时间引起国内外巨大的反响，对人性沦丧的谴责，对社会道德滑坡的讨论成为热点。

网络和传统媒体口诛笔伐，对拾荒阿姨的颂扬，对两个司机和众多路人以及市场管理方的抨击，是当时各媒体和论坛的主基调，并引起官方的关注和参与。

实际上后来记者又到现场模拟，发现事实是当时市场内的大棚光线昏暗，因为视角原因，人部分路过的人没有看见倒在路边的小悦悦，其中看见的人有两个去找了她的亲属，并非像前期媒体报道的全部路人都视而不见、见死不救。

由此例可以看出，评论者应该调查现场、综合意见、尊重事实、依法评论，不能人云亦云、偏激武断，做愤青发泄一通，更不能信口开河，甚至违法乱评，否则就可能出现问题、惹祸上身，不仅没有正面效果，反而带来负面效应。

无论通过采访对象还是以主持人之口发表观点，评论者应该具有理性引导的思维。媒体评论人要戒除不负责任、破坏性的评论，针对问题想办法、出主意，从建设性的角度摆出论点，尽量往良性发展的社会方向引发受众思考。

如一些人用绑架、烧车、爬塔吊等手段索要工钱，以致反复报道后引起很多人仿效，媒体就不宜再多做类似采访，以防不断出现同类事件。这时加大评论类节目的播出，可以从另外的角度进行策划，如督促政府主管部门出台更有力度的欠薪整治和预防办法，建议出台更有效率的法规，执法部门采取更有针对性的执法行动，对涉事方也要从情感、道德、法治等几方面动之以情、晓之以理、明之以法。

五、采用多样化、灵活生动的评论方式

电视媒体的声画一体的特点，更适于表现富有动感的场面、叙述情节化强的故事，评论体裁并非电视媒体的专长。如果与恰当的事件、人物等有机结合，充分发挥电视媒体形象、多元的表达特征，电视评论也一样能出精品力作。

评论的出现方式：一可以通过片中解说、片前导语和片尾编后直抒胸臆，传达媒体观点；二可以采访不同的对象，通过他们的同期发表观点。这些被采访对象可以是专家、当事人或者当事单位、旁观者等。

电视评论节目要掌握好评论比例，不是越长越好，也不是越尖锐越深刻。评论尽量贯穿在新闻主体事件之中，所占比重不宜过长，否则让受众有夸夸其谈的印象，应该点击痛处、一击而中，不能长篇大论、不得要领；另外要紧贴事实，有理有据，既要实事求是，又要鞭辟入里、进得去出得来，切忌抓一漏万、不得要领，也不能主观臆断、意气用事，否则可能收到适得其反的作用。

评论的文稿在来得及的前提下，应该多次打磨，做到主题鲜明、散而能收、观点准确、指向犀利。

对评论写作者而言，要有丰富的知识储备和严密的逻辑思维。电视媒体的评论是经过事实论证后得出的结论或者观点，必须经得起推敲，所以日常厚积薄发的学习积累很重要。对比较复杂和有争议的新闻事件，要各方求证，客观引用，不能厚此薄彼。同时要站在人民和真理的立场上，敢于发声、摆明自己的观点。面对繁复的线索论据，要讲求逻辑、主次分明、条理清晰。

第六章　演播室策划

电视演播室是广播电视节目的有机组成部分，是电视栏目主持人与受众交流的活动区域。电视音视频技术的飞跃发展在演播室上的体现尤为明显。

演播室凭借良好的拍摄录制和传输技术优势，在节目录制时可以有效规避外界天气影响、环境噪音干扰等，所以可以全天候、不受技术约束进行节目采制。随着 AI、AR 和后期特效、制作合成的技术升级换代，各电视传统媒体一直很重视各类节目演播室的策划、建设和改造。尤其融媒体时代的来临，促使演播室利用更高效，向分区化、多功能化转变。

第一节　融媒体演播室

全媒体栏目是指在信息采集和分发渠道等方面，广泛使用各种新兴技术手段和平台进行生产的节目。它不再是单一的电视节目或广播节目，而是跨越多种媒体平台的节目形态。目前，央视、各省台以及苏州、南京、无锡、青岛等大多数城市台都开始跨媒体运作。

目前国内从县级到央视以建设融媒体全景演播室为主，采用全场景、多机位设计来达到广视角、多功能的效果，为了充分体现融媒体多渠道分发、各层次受众的制作特点，演播室尽量做到全方位取景，立体和空间合理分配，做到各尽其用。背景多为 LED 和液晶屏，因为 LED 屏幕成本相对较低、耐用性好，一般作为拼接大屏使用，尽管颗粒度近处可见，但是达到几十平方米后，在主持人和访谈嘉宾后作为衬托，还是比较清晰大气。而且可以做出开合屏、弧形屏等各种效果，高度和曲度、长度和宽度能够任意调节，是主流背景屏幕。液晶屏因为造价高和拼接难度大，常常作为局部小面积使用。

景区常分为新闻演播区、访谈节目区、网络节目即融媒演播区、专题节目区等。一些融媒演播室在线包装使用摇臂、加传感设备，然后采用虚拟加在线包装软硬件，以获得取之不竭的虚拟前后景搭配方式，从而丰富演播室的表现效果。

摄像机、演播台、摇臂、虚拟装置等设备配置往往采用电动操控，由外面的操控间统一调配。背景灯光可以自由组合出成千上万种不同的色彩，根据节目定位营造不同的氛围。摄像机与电动伸缩摇臂、电动主播台和虚拟植入装置能够密切配合，演绎出身临其境的诸如森林、草地、海洋、人物等动态效果，实现多空间交互拍摄录制。很多演播室广泛应用国内外先进的图文包装和虚拟植入技术，充分展示出现代视觉特效的魅力。指挥调度中心、微信微博、网络、手机视频等各类信号的接入，使主持人可以在直播中与观众进行立体化的交流互动，为节目创新提供坚实的技术支撑。

目前，大多数地市级以上的电视台都开通了高清频道，从前期拍摄采访、直播设备的购置，到后期各种技术系统的建成，快速反应直播网的软硬件配套，还有高清融媒体演播室，可以容纳全台的电视栏目和融媒体节目的直播和录播。节目制作部室配备全套的高清采编设备，从软硬件网络建设上，初步形成一张完备、高效的采编、推送全程连接的传统媒体和新媒体融合的大网。

第二节　新闻（谈话类）演播室

新闻演播室一般要考虑直播和新闻性需要，打造快捷、简明的演播室空间和技术配置系统。

一、背景

新闻演播室背景往往追求大方明快，色调一般不超过三种，蓝、红、白为最常用的搭配色。从最早的喷绘式背景，到建构类实景，再到液晶屏、

LED 大屏背景，兼之采用虚拟背景，形式无外乎这一些种类。另外，如果作为地域性电视媒体，最好融入一定的地域特色：如当地的地标性景区、建筑。

二、前景

新闻演播室前景一般设置演播台，便于安置话筒和放置电脑等。演播台有简易式和电调式，电调式可以调整角度、高度等。有的民生类新闻栏目则比较灵活，很多用一些比较生动的前景搭配：有的节目主持人前面摆设一面大鼓，两个主持人手拿鼓槌，精彩处就敲打一下，比较有地方特色；有的打扮成相声演员，前面放一张常见的方桌，摆一个惊堂木，到了抖包袱处，随手一拍，颇有表演说书的气势。

三、单双人

新闻栏目一般有两个主持人或者一个主持人，谈话类新闻栏目则有三个以上，其中有主播，有的邀请各方面的专家和学者作为嘉宾主持。单人主持往往坐在正对屏幕的左边三分之一处，右上角可以播放大屏图像或者抠像，也可以用虚拟场景。

四、拍摄

新闻演播室拍摄机位可以从单机到多个机位不等，有的用摇臂从高往低或者从远及近拍摄，展现演播室大全景，使受众对环境有所了解，满足大家对主持人所处环境的好奇心。当然,有的用一到两个机位切换,相对简单。多个机位拍摄切记不能穿帮,有的主持人上半身衣冠楚楚,下半身随意着装,当拍摄全景时就容易露出马脚。

五、传输

演播室的主持人镜头如果不是直播类节目一般存储到电脑或者连接到非编网络中,后期编辑可以采集或者直接调用,比较方便。也可以在后期加工时添加字幕、做抠像等特效处理。

六、直播

直播新闻栏目则通过光缆直接由操作室,导播等直播团队将新闻节目切换以后通过播出机房播出。

第三节　生活类节目演播室

生活类节目演播室需要随情境设定演播室布景和拍摄机位，策划演播室导播流程，达到栏目所追求的定位要求。很多生活类节目演播室追求个性化背景，使主持人与背景有机融合，富有情趣。

一、根据节目定位布置演播室环境

因为生活类节目包含的节目类型多样，所以不必强求一致，灵活布局、巧妙安排拍摄流程，让受众产生身临其境的观感。

像旅游类节目，可以用当地的标志性景区、地标作为设计背景的主要元素。既可以用大屏，也可以用灯箱、喷绘等作为背景，有的可以制作微缩实景，如亭台、月亮门、假山、建筑等，主持人和嘉宾可以或坐或站，或停或走，在山水楼榭之间穿插，前景用石桌石凳畅谈快聊，凭栏抚今追昔，丰富受众的视觉看点。

再以读书类节目为例，以常见的书架为背景、书桌为前景，展开的书页可以用 AE 等特效制作；少儿类节目则要满足少年儿童的欣赏趣味，兼顾学校家长的考量。通常的少儿节目演播室设计理念从每个细节都要迎合童心童趣。

很多分众和小众电视栏目最好仔细研究受众欣赏品味和接受能力，并不要一味追求高新技术，过多铺陈、花哨点缀。如三农节目，就要体现朴素、接地气的"土气"。"土气"并非俗气，也不是低档粗糙，而要接近农民心理，让他们一眼看去就觉得是身边景，有本乡本土的亲切感。

山东农科频道改造的 200 平方米演播室，四档节目都在一个演播室（和山东台生活频道类似：生活频道演播室大小与之差不多，晚间节目实行直播），都采用分组大液晶屏，生活频道的还带有手写功能，整体环形分区设计，周边有小液晶或者 LED 屏幕，上围有 LED 屏显。演播室紧凑实用。

我当初曾经参与创办电视台一档"三农"类节目《绿色田园》，主要是传播农业技术，引导农民增收致富。在创办栏目之初，大家一起商讨栏目演播室建设时，七嘴八舌，但是有一个共识就要让农村受众有代入感，同时城市观众一看节目，也会触发耳目一新、似曾相识的怀旧感。

二、色调

演播室色调要与栏目定位吻合，既要风格鲜明，又不能过于烦琐。

风格搭配新闻演播室常以蓝色为主色调，凸显新闻栏目客观、冷静的特点。而生活类演播室则要渲染生活气息，同时兼顾地域风尚。

三、装饰

在策划演播室背景时，要充分贴合栏目定位。以上面提到的三农栏目《绿色田园》为例，我们策划设计时就以一个胶东村庄为背景参考，把农村的院墙、室内风格统一杂糅进去，甚至把一些农村流行的标语也做在上面，在窗户、门楣等设计上也尽量简约而富有地方风味。另外一面可移动墙体正反两面使用，而且几米长的背景墙可以分段拍摄，这样最充分地利用了相对狭小的演播室空间。而且既可以作为室内场景，又可以换作院落里的场景使用。

第四节　文艺节目演播室

文艺节目演播室主要包括综艺节目、舞台剧、春晚等节庆活动所应用的演播室。

综艺节目的演播室可以尽量还原场景，很多采用实景，有的在外面选择地方改装演播室，等拍摄完毕后再拆除，这是因为综艺类节目制作周期相对集中，投入成本相对较高。

情景喜剧《武林外传》在中厅中立柱上挂了"布老虎"等装饰件，再辅以搁置在桌角上的京剧脸谱道具，一是色彩丰富、天真，二是充满童趣，很有味道。

主持人背景设置 LED 屏采用动感技术的手段以增加信息量。一方面可以丰富背景，一方面也可以用来做背景广告等。如流动的红黄相间的字幕、画面等，以凹凸等形式做出效果来增加美感。

目前各台春晚及其他大型舞台演出等活动背景大多采用 LED 大屏幕，同时把虚拟背景、3D、AR 等新技术与移动的大屏、升降的舞台结合，达到软硬件的完美融合，创造出惟妙惟肖的实景效果。

对于过度娱乐化和过度包装的问题，国内电视行业已经普遍重视。各台在提高艺术水准和审美标准的同时，一方面本着因地制宜、重视软件而不追求奢华包装的原则，尽量运用高新技术丰富舞台效果。

更重要的是坚守优质内容、亲民题材的出发点，根据文艺节目的内容来选取恰当的表达方式。文艺节目的演播室设计要体现形式是娱乐的、内容是人民的本质要求。

第七章　融媒体环境下的电视串编策划

　　《新闻的十大基本原则》一书中讲道，假设公众参与实践的层次大致有三类：第一类是参与的公众，这个事件与他们的个人利益息息相关，他们对事件也有着深入的理解；第二类是感兴趣的公众，他们与事件没有直接关系，但是他们身处其中受到影响并做出反应；第三类是无关的公众。等其他人谈起这些事时，他们既不关注，也不参与讨论，在不同的实验中，我们分别属于这三类连锁公众群体中的一类。这个公众的分类，也说明了我们的编辑在工作时必须不断研究公众的种类。

　　美国的公众编辑一般选择经验丰富、思想独立并敢于说话的新闻工作者担任，甚至有的会招聘竞争媒体的编辑记者担任，它们的功能是代表受众监督并调查本报新闻报道工作和表达中的错误、疏漏和违反新闻伦理的行为。公众编辑通常在报纸的社论版开设定期的专栏，公众编辑必须有记者的经历，才能对受众层次和他们的兴趣分类。这又是一个比较直观和职业性的判断，只有对受众有了充分的了解，他编辑的新闻和节目才更有针对性和实用性，才更有效率。

　　连锁公众理论指出，他或者她或许会阅读这则新闻，但是这则新闻得具有足够的吸引力，才能留住他们，公众对传统媒体的需求仍然和过去一样强烈，媒体应该尽可能地为最广泛的共同体的利益服务，像现在国内火热的问政节目。

　　但是连锁公众理论也暴露了新闻工作中细分受众市场的概念所存在的问题，民众的复杂程度要远高于人为创造的类型或刻板印象，目前我们的新闻栏目除了民生、社会、时政新闻的划分，恰恰是懒于在公众连锁划分方面去下功夫，导致了我们的新闻类型千人一面、同质化严重的现象。

电视媒体向融媒体转换，实际是要克服以上这些容易出现的脱离受众、脱离公众服务的困扰。在融合的过程中，不仅融合人员和队伍，更体现与受众的脉搏合拍、同频共振上。而要实现这样的目标，就要做好节目融合、技术融合、经营融合。

节目融合因为要求几种传播渠道同步分发、优先播发，所以在节目流程中需要重新设计、优化环节。

传统的编辑思路是各媒体分头作战，从策划、采访到编辑、传送各自为战，很少合作，即使同一集团，因为内部下属单位相对独立、自成体系，所以广播、电视、网站和纸媒过去即便在一个大媒体旗下，也分别拥有自己的采访报道、后期编辑、审核播发队伍。同一题材往往几家下属单位几个采访小团队一起出击，甚至一个媒体内部多个栏目会采访同一个素材或者人物，造成人力物力等资源重复使用。

这里就有通过融合团队来达到节目融合的需求，不仅仅带来人员和资源的高效利用，而且可以快速、多向、全程、高效分发报道内容。流程策划、采编体系策划和报道资源策划的作用就凸显出来。

第一节　前后期一体化策划

现在的广播电视机构往往都有自己的广播、电视、网站和新媒体团队，面对已经整合的队伍和线索资源，如何在前后期策划中统筹考虑、优化配置、合理部署、高效安排采访报道和组织活动，体现了目前融媒体发展的战术细节。

一、有效配置节目资源

广播电视媒体拥有政府部门和社会民间的广泛社会线索资源，以往不论机关部门，还是民间爆料，一般靠人际关系或者热线、微信、网络等几个渠道，集中整合后，需要成立应变高效和视野宽广的指挥协调团队对万千资源有效配置。

这时候集合几个下属媒体采编和营销人员的策划团队成为必要。以往广电媒体基本都有各自的编委会，主要负责人亲自主抓，精干的各层级中层干部和业务骨干组成策划主体。融媒体中心成立后，就需要在此基础上，把几个下属媒体的编委会合而为一，同时把节目和经营有效融合。

策划者面对众多资源，根据各自属性，适合大众新闻采访的题目，马上调度广播电视、新媒体同步跟进；适合小众栏目传播的题材，可以单独安排给相应栏目和活动团队；适合与产业经营挂钩的，就让营销团队跟进。

二、前后期人员队伍统筹

电视策划者或者策划团队面对同一新闻事件，要根据它的重要性、时效性、发生地点和社会关注度，灵活机动开展策划活动。有的突发新闻，尽管现场感强，但是社会影响力较弱，可以直接调配民生节目记者前往；有的新闻事件，涉及对象多、背景复杂、情节丰富、场合分散，这时应该调度新闻、专题和新媒体同步跟进；有的涉及重大国计民生主题，又有比较抓眼球的新闻现场，可以组织融媒体直播或者电视直播；有的活动现场环节紧扣、群众参与度高，就可以调度文艺或者大活动团队参与，除了新闻和专题报道，可以采制成活动专题或者综艺节目。

对不同的节目资源，在前期采访、拍摄、技术支持等配置上要区别对待。适合短平快的就派出小分队，适合拉长战线的就可以安排集成作战模式，适合现场直播的就调度直播队伍和技术团队，适合做活动的就提前介入、及早预热。

三、打好媒体个性牌

广电媒体基本涵盖了视频、音频、PC 端、手机端和平面媒体的全媒体手段，在前期策划中对不同的资源也要打好媒体个性牌，审时度势、看人下菜碟。

有的活动就是针对开车的受众，那么广播频率可能是首选，如早晚交通高峰，交通资讯和车辆安全事故报道对要出门和在路上的上班族和开车族最有用，那么广播早晚这个时段的频率必须跟进这类报道，最好和交警、交通、高速、港口、机场、出租车公司、公交公司联办，汇集最直接和最准确的信息给这方面的受众。而这个时段电视也可以策划制作相关报道，但不如广播频率的到达率和有效性。而在晚间七八点钟，电视媒体则更应该着重于美食生活类和民生新闻资讯类的节目，充分利用电视声画优势，吸引回到家的受众群体。当然网络媒体尤其手机公众号、App 则应该全天候集中整合碎片化时段，发挥其天然优势，第一时间插播最快捷和最灵敏的即时信息，不用像纸媒那样长篇大论，也不用追求电视媒体那样声画俱佳，哪怕几句话，把最精彩、最紧要的信息第一时间传到小屏就是成功。

而平面媒体则可以精雕细琢，挑选最有价值、最权威的信息，集纳最有深度的报道和富有思想内涵的文章，精选最动人的图片，当然也要和客户找准契合点，以做出精彩版面。

第二节　电视栏目编排策划技巧

电视栏目编排策划决定了一个栏目的整体风格，首先要确定栏目定位，以鲜明的定位为指导。电视栏目编排有诸多的技巧和注意事项。

一、栏目开场注意提纲挈领，以抓住受众为第一要务

无论是新闻类还是社教类的电视栏目，开篇很重要。最好和受众互动起来，从当天或者最近所在区域的大家都很关注的事件、天气、节庆等切入，能够引发受众的共鸣，迅速拉近荧屏内外传播者和受众的心理距离。如一档日播新闻栏目的开头，如果恰逢三八妇女节，就可以由此引出栏目的内容提要：观众朋友，今天是第 111 个国际妇女节，我们栏目组衷心祝愿天下女性一帆风顺、一切顺利、一生幸福。接下来请看今天的新闻提要——这样的开场就比硬邦邦地直接播报多了一份温馨和亲情。如果是周播栏目，则可以从天气、交通、教育等与当天节目相关的主题寻找话题，用聊天或者议论等方式"随风潜入夜"般由表及里引出当期内容，如初春时节的一档读书节目，可以这样开场："我们的城市这几天感受着温暖的气息。二月春风似剪刀，料峭的冬天慢慢走远，春姑娘的脚步声近了。让我们追随着她轻盈的脚步，翻开书本里的春天——"

很多栏目接下来有内容提要，新闻提要会根据重要性选择几条概括播出，提示具体节目，吸引受众的提前关注，以防收视流失。内容提要不管几条，虽然各自内容不同，但是要从语句、衔接上有机统一、错落有致，防止各自为战，甚至结构雷同重复。如某地的当日新闻，切忌主语或者时间反复出现，像"某市近日怎样"连续出现几处，从听觉上不停机械重复，语句缺少变化。可以变换句式，把某地改为具体名称，或者把谓语分句提前，形成倒装句式。像"我市举行三八妇女节表彰大会，对100名优秀的妇女先进工作者和50个先进单位进行通报奖励"就可以改成"100名优秀的妇女先进工作者和50个先进单位在今天的全市大会上受到通报表彰"。编辑在电视栏目策划时，时刻想到栏目的每个部分都可能影响整体风格，如同一台结构严密的机器，每个零部件都要严丝合缝、互为关联，才能形成统一的有机体。

二、编排类电视栏目要形散神不散

电视栏目在编排策划时，除了技术规范、导向准确、形式多样、特色突出外，还应该尽量做到形散神不散。这如同中国书法，隶草楷篆，每个字有自己的字形和写法，如果组合在一起成为一篇作品，就有了字与字、行与行之间的联结关系，形成谋篇布局的章法。

每期栏目尤其组合类节目编排上特别要注意既突出重点，又体现高低起伏。不能把所有的重要单体节目竹筒倒豆子一泻而出，而要抓住各个单体节目内在关联，可以依据内在逻辑在一期栏目中分成若干有机联系的小板块：如遇到强热带风暴等极端天气，事前策划者要做出周详的策划预案：对报道区域、部门单位、采访层次以及人员队伍详尽分工。这样在后期编排时，就可以浓墨重彩地在第一时间里全视角地展现各地区和公用事业单位如何应对，群众交通出行和生产生活等受到的影响，渲染强烈的现场气氛，让受众身临其境、感同身受。而在自然灾害类报道编排时，既要反映天气的不利影响和政府作为，又要对普通群众在重大自然事件中如何同心协力参与防抗灾害、如何在突发事件中互帮互助给予关注。做到既信息丰富，又层次分明。

再如一些情节复杂、牵扯面广的民生选题，策划时就要贴近基层民众，从百姓的冷暖着手，节目线索从群众中来、新闻内容回到群众中去；舆论监督不回避政府部门和热点问题，而且一追到底，客观展现，可以把问题的缘起、背景、难度所在、各方看法、解决方案、预测结果等整合在一起，组团编排。这样的结构不仅有深度，而且有力度。

对于电视栏目中的会议、领导活动这样的时政报道，编辑在策划时，一方面要做好做透时政活动报道本身，另一方面要跳出笼统的宣传模式，找出这类时政活动与公众利益的关系所在，尽量突出其公共服务的内容。如某地开展创建文明城市会议并发出倡议书，如果在后面的社会新闻中，挖掘出一些凡人善举、社会关怀之类的文明事迹，正好与之前的主题前后呼应，整个栏目就会浑然一体，看点更多，形成局部高潮点。

三、电视栏目要靠细节和情节取胜

快节奏的现代生活和纷纭复杂的电视频道使电视越来越成为休闲艺术，即使作为严肃新闻或者专题，表现方式也要推陈出新，增强可视性。如何用出新的形式打动受众、如何挖掘细节抓住受众的眼球、如何巧讲故事吸引人，这些都是电视工作者需要重点思考的问题。

每期节目给人印象深刻的看点可能只有几处，哪怕有一两个动人心魄、感人至深的细节或者一两段紧张刺激、扣人心弦的情节，整期栏目就会被受众记住，甚至念念不忘、时时提起。

用中国画的"密不透风、疏可走马"的布局，来诠释一档电视栏目的疏密结构，似乎有不少相通之处。在遇到有精彩的细节和情节的部分，编辑要有不惜篇幅和时间说深做透的决心，因为恰恰这样的细节刻画和情节展示最能聚拢松散型的收视心理，让有一搭没一搭闲看聊天的受众短时间聚焦屏幕。同时，还可能引发群体受众参与讨论和发表感想，形成电视栏目的收视高峰。

四、电视栏目务必注意画面语言

电视是视频艺术，画面是它的最大优势，与文稿同样重要。如有两条讲到居民区规划和防汛的新闻，其他方面没有问题，只是画面大量用了万能镜头，像城市街景、居民楼、广场、沟渠等，如果脱离开解说，这些镜头没有明确指向，这就失去了电视镜头可以表情达意的优势。

再就是电视画面有景物更要有人物，因为我们大量的栏目具有时效性、关乎国计民生，怎么能没有主体人物的画面呢？而且电视新闻或者专题栏目抓拍人物的言行瞬间会产生极大的情感张力，这样就能突出节目的人文关怀。

能用镜头交代就尽可能拍摄到贴合主题的画面，而不要图省事一味在演播室里完成。演播室主持是为了发表观点、衔接前后、架构整体，具体叙事和表现情境的部分尽量拍摄外景。如一些电视访谈类栏目，大量镜头在演播室，应该尽量多用介绍相关主题的外景，有的主持人也可以走到室外，找更有表现力的场景进行拍摄。

第三节　融媒环境里的电视全程多工种采编

随着网络技术的飞速进步，传播的平台和渠道进入加速演变的快车道。扑面而来的新媒体和自媒体在制造和传输海量信息的同时，也人为割裂了受众原本更多的可支配时间。尽管这种割裂对受众而言是主动选择的，但是选择巨量信息的副作用就是让时间碎片化，这改变了人们和社会的联络方式以及人际关系。

网络新媒介的更新换代、图文视频并茂的特性引发了人们对内容的疯狂需求，无论男女老幼、文化素质高低，都可以在各种各样的智能设备的平台上各取所需。人性对信息的渴望和对外界社会的好奇，驱动这些硬件的主人依赖于这些工具，甚至直接被新媒介所"绑架"。

因为大数据定向分析和推送，使推送到每个受众眼前的内容似乎是个性定制，而且内容的波浪化更新也让深陷信息海洋当中的"溺水者"欲罢不能。

因为传输平台和接收工具的技术性变革节奏加快，受众希望第一时间在任意场合收看收听他想了解的第一手信息，所以作为内容提供方，必须做出适应随时随地让受众无缝对接的内容提供的转变。大屏时代，电视媒体可以按部就班，按照策划、联系、采访拍摄、写稿剪辑最后播出的线性流程做一个片子，这取决于当时的播出和接收工具的单一性。

随着小屏时代的到来，手机作为接收工具大有超过电视大屏和 PC 端中屏之势，因为手机的方便快捷，无时无地不可以以内容发布者传输和以内容接收者观看，所以导致视频等信息以几何量级爆发式增长。

尽管内容为王的原则颠扑不破，但是受众主动选择内容和依托大数据分析为基础的主动推送内容的双向交互式方式已经极大改变了媒体生态。全息、全员、全程、全效的全媒体生态改变了传统媒体的生产流程。

同一个事件在记者编导出发前就可以发出预告,到达现场主持人可以直接用手机等直播设备启动流媒体直播,在受众看到几乎与现场同步的报道同时,文字和摄影记者进行外围和深度调查、拍摄,而与此同时,媒体的后方编辑和技术人员将接收到的文字、图片和视频二次加工,推出不断更新的即时报道。电视频道以插播新闻出现,App 上的事件报道可以以文字加图片加视频的融媒直播的形式出现,而视频直播一直到报道结束都可以在大小屏自始至终进行。

当然,每个报道节点要考虑媒体形式、审核事件、受众习惯等因素,这种选择因为媒体传输平台的多样化而相对简便,但也增加了对媒体从业人员的技术要求和对传输效率的考量。

一个新闻事件和现场之所以吸引人,在于受众认可的价值。现在很多媒体一厢情愿地自己制造噱头而忽视对受众收视需求的深刻了解和体察;对不同的内容一味求快,喜欢以直播和撩动人眼球的题目出现,却忽视对内容真实性的把握、可视点的选择,导致碎片化的信息充斥大中小屏。受众从初期对新技术装备的尝鲜式体验到对千篇一律形式和粗浅强塞内容的厌倦,归根结底的是,他们需要对内容全视角了解和深刻洞察,需要真实能代表民意的发声,更需要互动式的交流。

多工种对内容的分发无疑满足了多层次受众对信息的第一时间的渴望,但是也因为内容芜杂和散漫消解了他们的深层次解读的耐心和兴趣,久而久之对媒体公信力的考量就要大打折扣。

另外,大中小屏和视听不同类平台恰当运用也是考量传统媒体一体化采集水平的标准之一。各用其长、扬长避短,适应一体化媒体传播的规律。对老年人关心的事件和信息更适合用电视、广播等平台播发,而对年轻人关注的信息则更适合用中小屏以网络新闻、公众号发送;对事件类的推广一定要发挥图片和视频的长处,而对单纯政策、远期规划的介绍,则更应该从图文解释方面多下功夫。

用麦克卢汉的冷热媒介理论来区分,新媒体的快速、便捷、图文并茂,尤其互动交流更为直接的特点,使大量的新媒体更倾向于热媒介。这种高清晰度不仅体现在内容的鲜明，而且更表现为通过各种链接和互动，使受众接收的信息一股脑地涌现到面前。这种热媒介属性往往将用户带入一种情境之中，使其成为新媒体内容的传播者甚至是对接收内容的再创造者；而冷媒介则对受众有更多要独立思考的要求，面对众多新媒体传播的信息，其中不乏有一些精心采编和潜心制作的作品。这样的作品可以给用户带来更多的思考，唤醒用户的理性思维。

从传统媒体到新媒体，冷热媒介的区分都越来越模糊，过去从形式和载体去划分，而现在需要更着意从传播的内容来判断。虽然对电视媒体来说，利用好传统手段与新技术贯通以加入融媒体平台，无非是增加了传播的出口，但更重要的仍旧是提升内容的高质量和服务性。

对电视媒体的编辑，要增强新技术的学习和掌握能力，善于把传统与新潮结合，取长补短、择善而从，目的是收获最佳的传播效果，更好地服务受众和社会。

第八章 前期拍摄和后期包装策划

技术进步是电视发展的保障。电视是高投入的行业，电视前后期采编设备的更换周期一般是 5 到 10 年，而且大多需要使用国外先进设备，价格贵、成本高，后期维护也投入很大。面对客观现实，要保证节目的高质量，必须增收节流。现在很多电视台从最早的模拟信号的编采前后期设备，到现代化的十几个讯道的大型直播车和高清采编播系统，经过了 10 余次的设备更新。

从手写稿件、对编剪辑、放带播出，到编采播一体化的全网络流程，日新月异的电视事业对技术更新要求越来越急迫。面对资金不足、投入巨大的不利局面，电视媒体要努力增收挖潜、修旧利废，提高人员的技术水平和责任意识，全心全力把节目办好，在完成党委政府的宣传任务的同时，要一心一意为公众服务，树立社会效益为中心的大局意识和服务理念。同时，要顺应社会主义市场经济的潮流，把自身发展与市场经济更好地融合，增强媒体自身的造血功能，培育前进动力和发展后劲。

第一节 前期拍摄构思

策划即构思，策划方案的制定，即电视栏目和作品采编写各环节在头脑中分析、架构和搭建设想蓝本的思考过程。

当然，策划仅是电视节目制作播出的一部分，还需要其他大量工作，如电视设备技术的支持和配合。当代电视采编播设备更新速度日新月异：从录像带到 P2 卡、从模拟信号到数字信号，拍摄电视作品的摄像设备从大的

DVCPRO 到便携式的松下 298、从广播级摄像机到微单单反相机和 4K、8K 电影机、从几千元的 GOPRO 到数万元不等的四轴、八轴无人机，上能飞天、下可入海。很多设备既可以架设到专业三脚架上，又能使用各类大小稳定器。电视媒体能把从昂贵的电影机到各类手机拍摄的数字素材转换格式后应用到各类电视节目中。

设备和软件的特异性对电视策划有着直接的制约和引导。如果在一处宏阔的户外场地，拍摄现场没有限高和异常气候干扰，在电视前期节目构思中，拍摄前就可以考虑加入无人机，从空中和地面多视角立体拍摄，节目构思过程中可以双线推进，地面主持和空中航拍交叉。那么，拍摄、采访、写稿、剪辑四个过程就要充分引入航拍要素，视角转换、主持采访、文稿转合、剪辑切换都应该体现立体交互的特点。

抗疫期间烟台首个中欧班列从烟台站出发开往德国，这类工程、交通类新闻的拍摄完全可以提前策划。记者运用了无人机，和地面的几个机位同步拍摄。特别是无人机在火车缓缓驶出站台时，空中无人机可以俯拍全景和环境的变换，让受众从宏观视角感受班列的长度和速度，这时主持人的主持画面，也用了航拍镜头穿插，动静结合、高低衔接，镜头就有了张力和活力。

在另外一个立交桥合拢的片子里，记者用了延时拍摄，七八个小时的合拢过程，经过延时，光线明暗变化、工人穿梭忙碌，在十几秒的时间同时展现，让受众感受到了合拢的每个细节，但又去冗存精、一目了然。

摄像设备的前期选择由拍摄者的策划方案规制，也反过来决定了现场拍摄的实际效果。当然这要根据拍摄的事件、场景等来决定采用什么样的拍摄工具和拍摄手段。有时候要运用多种特种设备和技巧，有时候要化繁为简、大巧若拙地拍摄。目的就是符合所要渲染烘托的情境、更好地用镜头辅助片子所要传达的主题。

上海广播电视台记者做的《红旗飘扬上海滩》的片子，时长 3 分钟，没有用一句解说，而是调用了几十年间广播的资料库，把过去播音员的声音拼接起来，另外他花了大功夫，短短的 3 分钟里面上百个镜头，每个镜头里面都有红旗元素。实际上策划者花了大量的功夫，有主题有主线，有重要的标签——红旗。尽管他是把分散在过去已经播过的历史影像汇集起来，但是整个脉络很清晰，一下子把人带回到了几十年前，这里面既有创意又下足了功夫。

现在尽管电视媒体正在探索融媒体之路，但是不能只把流程融了，却还是用传统方式，依旧高高在上地表达，拼命去做一些老套报道。电视从业者要与时俱进，满足受众新的欣赏趣味，必须静下心扑下身子，在各种融媒体作品创作时，不要高高在上俯视受众，而是应该平视甚至仰视受众。要让人喜欢看你的节目，除了入耳、入眼、入脑，最重要的是策划者要投入情感，让作品入心。

记者拍摄镜头时，要根据表达的内容和发布的平台来决定使用的设备和技术手段。例如，抖音短视频镜头的运用有其特点：一般这种短视频为了及时快速发布，减少后期剪辑的工序，长镜头运用广泛，因为其一气呵成，不用蒙太奇合成，所以既简约又真实。

像有一条路见溜车出手垫砖，结果帮了倒忙的片子，一共30多秒，一个长镜头贯穿到底，看似漫不经意，但是必须经过认真的前期拍摄思路的策划。从后视镜斜后方的位置拍摄中远景，低头看着手机主人公由远及近走来，而近景的车子却慢慢向前滑动，两个相向运动的物体出现在一个镜头的开始，形成速度、方向的对比；然后主人公走近车子，一转头发现情况不对，这时镜头转向车子和人物的近景，表现人物的动作、反映；等主人公发现凭一己之力控制不了溜车时，他反应神速，跑向路的另一侧捡起一块砖头，这时镜头跟拍过去，尽管有个延迟，却更显真实，因为拍摄者不能让受众感觉出你在熟练地按照演练好的分镜头或者套路拍摄；镜头移过去又摇回来，他快速在轮胎下垫砖，等车辆稳定后，又打量一番驾驶室，估计在得意地想，是不是要留下地址联系方式等车主发封感谢信或者送个锦旗，整个动作完整，人物神态自然；然后主人公走开，走了几步又掏出手机，这时镜头横移跟拍，包袱解开，原来车子坏了，几个人在车后一起推车，几个人和主人公一起入镜；这时知道帮了倒忙的主人公反映和捡砖垫车一样迅速，稍一迟疑马上快步走开。整个长镜头跟拍得很到位。

这样的长镜头在短视频拍摄时很有用，而之前的策划更重要。除了机位的位置、路线、景别、运动镜头的速度和景别变化，场景和道具也要提前策划好。这个短视频里的涂鸦的红墙、灰色的街道、白色有文字的车辆，甚至路边的砖块都在先期的策划方案里设计好了。尽管没有一句话，只有现场声；

虽然没有一个字幕或者特效，但是不同国家的受众都能很轻松看懂并且明白里面有什么梗，都会哈哈一笑。这就是长镜头的魅力。

第二节 后期剪辑构思

编辑设备已经历经多代更新，现在有联网的索贝、大洋非编网络系统，也可以用几台电脑串编为小局域网，利用服务器和工作站进行统一格式的信号输入，节目制作完成后，采用需要的格式输出上载到播出系统。很多记者、编导也习惯借助手提电脑用流行的非编剪辑软件直接进行后期制作，甚至手机上各类公司也推出了操作简易的短视频剪辑的影像制作客户端。

我们所处的世界充满光影和图像，随着 5G 和 4K 技术快速普及、AI 和 AR 等智能设备的飞跃发展，上至耄耋老人下至垂髫儿童，拿着手机和相机，就能拍摄照片和影像。

很多人能拍，但是很少人会剪。电视媒体从业者要依靠扎实的理论和丰富的实践，使自己成为影像工程师，用作品打动世界、敲开未来之门。

剪辑就是组装前期镜头成为一部完整作品的过程，并在粗加工时增加外包装，进行精加工和再创作。

一、视频作品后期剪辑

（一）成组镜头运用

至少应该有两到三个以上镜头才能形成镜头语言片段。举例说明，《烟台味道——鲅鱼水饺》一片中，鲅鱼水饺是烟台名吃、鲁菜里的招牌主食之一，在片中45秒到1分钟这15秒钟的镜头剪辑，从绿叶葱茏的树梢近景落到出现人物老哈和他所处环境的大全景，再从古玩街的牌坊近景，落到行走在街上的老哈近景，跟拍他到酒店门口的全景，用了五个镜头，比较好地组接出人物、环境和行进路线、目的地的关系。剪辑要有逻辑关系：在户外，交代大环境的大全景镜头尤其重要，它告诉观看者镜头里的主体（可以是人物或者动物）所处的位置、空间，隐含的环境要素最多、信息量最大。层进式的从远到近或者从近及远，表现出的镜头逻辑不同：前者要刻画主体的未来活动，后者更多地要揭示所在空间的信息。这组镜头就要通过镜头语言告诉老哈要去的地方。《舌尖上的中国——主食的故事》镜头多用近景和特写镜头来组接，体现美食的诱人质感，反而是突出不了美食特色、其他信息较多的中全景镜头在剪辑中用得比例少。

（二）剪辑点的选择

主体动作告一段落，而不能在动作行进半途就切走，否则会让观看者产生心理上的不适感。这个细节很多业余爱好者不注意，包括一些专业工作者也不大讲究。镜头里的人物举着筷子夹起饺子，如果刚到嘴边就切换到别的镜头，或者这个人走路刚抬起一只脚没等落下就切走，观看者会很不舒服，反过来如果拍摄主体的动作完成半天如果没有别的信息，还一直停在那里，也会让观看者觉得冗长。

（三）前后镜头衔接的技巧

1. 对角线原则。另外一个不大被业余爱好者关注的技巧：现在的视频作品怎样体现动和变化？运动镜头很多人都明白，是拍摄主体和拍摄设备两者的运动，不过静态镜头也可以通过表现主体对角线的交叉形成节奏的变化。

2. 景别变化。视频剪辑时，大全景镜头因为交代信息多，一般要比中近特写镜头时间略长，要给观众留够阅读镜头信息的时长。不同景别的交替使用会形成衔接节奏。

3. 轴线规律。《烟台味道——鲅鱼水饺》的片子中，1分钟后老哈从街上进入酒店，本来摄像机在跟拍，下一个镜头转到室内变成了在他身前正面拍他，用叠化软接，如果硬切，就是越轴，观看者会觉得转接生硬。

4. 镜头长短变化。镜头时长不同的变化规律与主体信息表达、动作和表情完成快慢有关。长短镜头的交替使用会形成衔接节奏。例如，你拍摄的一个人在哈哈大笑，然后转成怒气冲冲，尽管是特写镜头，剪辑时也要等他的表情变化完成再切换，如果中途切走会产生镜头歧义。美食节目在炒制和添加佐料时就要剪辑时长足够让观看者看清楚，而在各种食材的切换时经常用十帧八帧的快切。

5. 镜头先后顺序代表镜头语言逻辑。镜头的顺序形成了镜头语言，每个镜头的先后构成影像表达的内在逻辑，好的视频作品就要做到既信息丰满，又张弛有度。

（四）镜头过渡就是不同场景转换的剪辑技巧

1. 特写和全景过渡。
2. 特效过渡。
3. 音效过渡。
4. 不同主体动作衔接。
5. 镜头运动衔接。
6. 用相似或关联性强的元素的镜头过渡。
7. 电视短片常用到字幕、小片头的过渡。

剪辑时要慎用特技作为过渡，因为会降低视频的真实感。前面几种过渡手法用得多，后面几个用得少。用什么方式过渡，要看镜头剪辑要表达的主题和感情。

（五）背景音乐和音效的配合能有效增加生活气息

纪录片、专题片先出带现场声音的空镜，配音从低到正常，要稍微晚几秒出现，这样能增强观看者的代入感。受众先会被镜头主体吸引，进入环境中。例如，《烟台味道——鲅鱼水饺》开头 15 秒到 22 秒，先用农贸市场熙熙攘攘的人声和刀具切剁声，紧接着出音乐，轻快和带有民乐风的片头音乐和主题音乐，与美食节目也很搭配。当观看者融入后，再通过配音交代画面难以高效表现的信息。这里的声音剪辑顺序：先出音效、再起音乐、最后才有配音（当然有时也可以先出配音，再起音乐，但是现场音效一般最先喧声夺人）。这就像炒菜时先热油、再放佐料、最后加进主料，次序不能错。在音乐和配音出时，要从低渐高，才不显突兀，就像炒菜从小火到大火类似。

（六）字幕的作用

在新媒体中字幕有时比配音更重要，因为收视环境的不同，大屏是在家庭中相对安静的氛围里几个人一起观看，而小屏往往是在嘈杂的公众场合如候车厅、车厢、路边等一个人独自欣赏。眼睛看到的要比耳朵听到的更重要和更准确。很多短视频通篇即使有配音，也要加上字幕，就是为了在公众号、短视频的智能化设备传播时，收看者能获得有效信息。

（七）特效的美化和实用效果

基本特效如软接、黑白场过渡衔接、快慢镜头处理是剪辑者必须掌握的方法。在《舌尖上的中国——主食的故事》节目中，后期慢动作的特效用得尤其多，但是在 3 分 30 秒和 3 分 40 秒处，少见地运用了快进的镜头后期处理，与山西面食的多样性配合。不过，在其他位置，特别在人们品尝美食、端出亲手制作的食品时，多用慢镜处理，洋溢着满满的幸福感和满足感。其他较复杂特效如 AE、达·芬奇、C4D 等特效制作、后期色彩调整、建模软件等，能在后期剪辑起到实际拍摄达不到的效果，烘托镜头人物主体的情感和画面的美感。特效运用得当能起到提高视频主题表达的效果，但是滥用会损伤真实感，甚至让观看者产生作假的疑问。

二、视频作品结构

（一）影像节目前期策划直接影响后期剪辑和结构形成

做影像首先也要提前构思，才能在后期剪辑时取得事半功倍的效果。在《舌尖上的中国——主食的故事》48 分钟处，用了 13 组笑脸洋溢的镜头，摄制者在每处拍摄时，应该已经提前考虑到这个镜头组合作为结尾创意，前期拍摄作了充分准备。这样在后期剪辑中信手拈来、水到渠成。

（二）结构次序体现视频逻辑，是能不能看懂和好不好看的关键

在《舌尖上的中国——主食的故事》中，从南到北跨越了山西、陕西、新疆、广州、嘉兴、宁波、北京等多地，剪辑时根据解说词需要，每个段落大地方以全景农田或者城市镜头来引入，小地方则以食品的特写为转场。美食准备、制作、品尝等过程的剪辑后期顺序表达，可以是正叙也可以是倒叙。

（三）美食片也要讲故事，抖包袱

《舌尖上的中国——主食的故事》和《烟台味道——鲅鱼水饺》都贯穿了一些老老少少、男男女女，他们或是美食制作者，或是食用者，饮食男女一词最能说明在结构上美食和人物要一起展现。《舌尖上的中国——主食的故事》中每个地域的特色食品都能看到人物的身影，增加了美食文化外的人文和历史内涵。这也说明剪辑后的镜头结构外延越广，体现的作品内涵越深。镜头结构能带来多向发散效果的就是故事和人文，美食短视频的人文故事性也能增强文化内涵和作品可视性。在这两部一长一短的作品中，人物与美食形成交叉互动结构，经常平行展开，分头叙述。

大疫袭来、山川变色、世界动容，疫情过后，很多事情都会巨变，但不变的是人类对美好的追求，而让美好定格的最好手段，是影像。

第三节　屏幕美化设计

随着电子科技的飞速发展，用作电视机、电脑、手机的显示屏科技含量越来越高。国外的三星、LG，国内的富士康、京东方等数十家显示屏制造商换代速度越来越快。屏幕可以越来越大，也可以做出纤毫毕现的折叠屏、曲面屏。硬件发展，对屏幕的美化提出新标准。

无论大中小屏，屏幕上的每个细节直接入每一个受众的眼，带来第一印象，也影响着他或者她对每一屏画面每一个细节的评价，这也直接决定受众视线停留在屏幕上的时间长短。所以花费心思美化屏幕，不仅能给受众最好的视觉感受，也决定他或者她目光停留的长短，这就是对节目提供方到达率和受众停留率的衡量。

电视媒体融媒化进程中，大中小屏要一起考虑美化设计，因为动态画面与静态图片、声音和图像、片头与角标、字体与色调等需要统筹的因素众多，所以要下慢功夫、做好细活。

一、片头策划

每个栏目都有片头，电视栏目片头片花从几秒钟到几十秒钟不等。片头有节奏和画面的多重元素，现在更多引入三维立体、4D 建模等特效，富有炫酷感。但是不同栏目的风格特点还有一定之规：像新闻栏目一般节奏明快动感强烈，同时大气舒展，过去常用的转地球和宇宙眼颇能体现这种广容天下事的气势。而地方电视媒体的新闻栏目很多凸显地方特点。如流线式穿越城市地标建筑、街区景点，再有的民生新闻栏目节目采用温暖瞬间的动人场景镜头组合，等等。

片头画面选择虚实结合的情况较多，有的纯用特效，有的以写实为主，常换常新是很多媒体的做法，但是一档深入人心的节目，还是尽量保持一贯风格，能够保持受众的忠实度。如央视的《新闻联播》和《焦点访谈》，尽管特效更新，但总体片头风格稳定。最稳定的是《新闻联播》的片头音乐，从 1988 年 3 月在作曲家孟卫东手中诞生作为片头曲，这首短短 16 秒的乐曲几乎是电视上每天使用或者播放次数最多的曲子，至今没有更换过。因为这样的乐曲大家太熟悉了，不用看画面人人都知道这档每天雷打不动 19：00 开始的节目。实际转地球的画面现在随便一个电视台都能做出来，央视的"转地球"影响了 30 多年各级电视台的新闻片头风格。

片头音乐选择有时比画面还重要，一段耐听的音乐不仅能烘托画面，而且有余音绕梁的效果，甚至在反复播放以后，久而久之，演变为一个片头的音效标签。

另外，片头音乐要与片头定位和内容相吻合。如一档沿海城市台的生活类节目，就可以引入海浪、海鸥、船只、风帆、鱼虾等元素体现在其中，既可用实景，也可用动画等特效，而主体色调可以用蓝色、白色和金色等为主。

二、角标与字幕

角标与字幕像是栏目的衣服，尽管不能完全代表节目的内容，但是多少影响栏目的脸面。

角标字幕的美化与恰当表达也能局部反映栏目的精细化水平。像三农类节目的角标和热线，包括字幕，就可以采用金色和绿色作为主色调，预示着绿色的田野、金色的收获。

字幕首先要以受众看清为第一原则，多采用黑体和宋体等常见字体，字号普遍较大，当然一些文艺类节目和儿童类节目中，字幕表现得富有活力，动态感十足，有时再配上俏皮的音效，能收到特殊的锦上添花、于无声处听出弦外之音的效果。

三、特效使用

电视媒体的画面特效使用随着硬件的更新，功能不断拓展；软件升级，创新空间不断扩大。硬软件的迭代引导后期编辑制作水平提升。很多无法用实际图像表现的场景或者抽象数据，在电视媒体主流使用的索贝、大洋等非编系统中，都有对应的制作特效实现功能。像这些非编系统借鉴国外先进软件特效，开发的动画、蒙版、柱状图、饼状图等效果可以很方便地应用于新闻和专题节目制作中。

像中央十套的曾用过的频道宣传片，用两只手的不同造型，辅以数学的图表，来阐释几种意象：最高远的山峰；最遥远的距离；最远的视野；最艰难的攀登。而用掌纹寓意最深的智慧。

在庆祝一档民生栏目的周年生日时，我们采用了钟表的元素。用三维动画软件做出钟表的表盘，然后在钟表上面的刻度盘上，标识年、月、日等，用倒计时来代表栏目的生日。这样一是一目了然，二是富有情趣。

在文化类栏目中，可以借鉴中国的笔墨纸砚文房四宝元素，融入书法、国画、篆刻等艺术形式，用特效做出笔墨晕染、朱红印章的效果，让受众感受到浓烈的民族传统文化氛围。

第四节　小屏特色设计

中小屏与电视大屏设计有很多共通之处，但是也有因为传播渠道差异而变化的特质。像 PC 端可以随意翻阅、暂停快进回看，手机屏的横竖可以变化，再如电视一般在家中、PC 端更多在办公室，而手机则无处不可，尤其公众场合成为最便捷的收视工具这些特点和因素在影像大中小屏的设计理念中都要综合考量，有针对性地设计。

大屏更注重画面和声音并重的传达之道，而 PC 端对画面和字幕要求更高，音效反而在其次；手机屏幕则更重视视觉传达，因为环境常有噪音干扰，尤其要注重关键场景字幕的多重提示和再次表达。

另外，随着高清、4K 技术的普及，电视和电脑 16∶9 的宽高比成为主流，在视频节目选择时就要以此为拍摄标准；而手机的抖音、快手等以竖屏短视频 9∶16 的宽高比拍摄为主，拍摄方式与大中屏视频完全不同，这时就要考虑为何种传输平台提供视频素材以决定拍摄方式。

影视特效的适当运用能够锦上添花，滥用或者不恰当运用则可能适得其反。

在很多写实性电视节目中，最好的镜头就是跟踪式长镜头拍摄，如果采用了华而不实的特效和一味为了剪辑普遍规律而采用的特殊拍摄编辑技巧，有时会损伤节目的真实性。这在前面的长镜头应用中有过阐释。有时真实的镜头即使不符合技术规范也比炫酷的后期技巧堆砌更吸引人。所以，前期拍摄非常重要，作为摄影师和编导要有细致和用心的策划方案，尽量减少因为无法复原现场，而拍摄不到后期需要的镜头，以免在后期编辑时捶足拍胸、后悔莫及。

在我们看到的各类宣传片中，尽管特效很多，有的可称炫酷，但短时间看看可以，很多往往只能昙花一现，没有多少审美和保留价值。因为它是人为雕琢做出来的，不是在真实情境和现实环境中拍到的。

第九章　依托于电视媒体的新媒体节目策划

　　这是个全民营销的年代，各种风起云涌的新媒体平台变成了个体进行自我展示、自我推销的主要传播渠道。推销不仅仅表现在对个人和集体的形象宣传上，更是为了提高美誉度和自身形象的公众好感。

　　传统媒体与新媒体的关系，好像实体商店和网店的关系。实体店和网店本质为竞争对手，但是实体店铺引入菜鸟驿站，从势不两立到分一杯羹，各得其利。所以顺势合作，借助新生力量，一是实体店铺进货成本也因为网店存在而降低；二是从产业链融合上成为前后相连的利益共同体。这就是并生关系。传统媒体也必须借助新媒体的传播渠道，同时利用差异化战略开拓出自己的生存空间。

　　手机 App、公众号等新媒体平台和电视频道的比较而言：如 App 门槛较高，进入更难，首先得用户主动下载。公众号等也要关注并进入其存在的平台渠道才能看到更新的内容；电视频道则是传播方主动设置，地域用户会被强制安装，受众被动接收，虽然选择性弱，但是接收简易。

　　其次用户进入 App、公众号后，选择性更广。形式更为多元，既有文字标题，又兼具图片和视频，浏览时间延长，导致停留时间增加。随着大浪淘沙，用户逐渐向少数 App 和公众号集中。

　　第三 App 删除、公众号取关简易，对质量一贯性的要求更高。因为受众感觉不如意就可以删去，而且对硬件要求也较高，更换手机或内存不够就可能被删除或者舍弃。而这两点缺陷对电视频道基本不存在。

　　因为传统媒体和新媒体的传播渠道、形式、载体和模式的不同，所以在依托新媒体进行电视策划时，策划者要充分找到传播内容适合用什么渠道、怎样效果最佳。

第一节　新媒体创意策划

因为新媒体的深度介入，客观造成电视大屏节目的收视率下滑。

核心受众从开始的群体不同到大面积占领普通受众阵地。新媒体用户从起初的城市已经普及到农村，从年轻人为主已经扩展到中老年人，从文化层次高的群体已经覆盖到普罗大众。

其次，从十多年前央视和省级台主打新闻和娱乐节目、地方台走民生路线吸引了绝大多数的受众群体，到今天自媒体和新媒体人人皆可做记者、机机都能做传播，互动、快捷的传播模式对采编审播的传统线性周期传播提出巨大挑战。如新闻事件和资讯信息，时效性成为最吸引人的价值标签。

新媒体和自媒体信息的巨量和获取的便捷，无形中大大降低了传播的代际成本，使企业和商家等客户的对外宣传拥有更多的选择渠道，大大切走了传统媒体的营收蛋糕。

互联网时代新媒体和自媒体的方兴未艾对频道定位影响巨大，对频道自身形态、对节目交流和推广都有助推作用。

为提高电视频道的传播力和影响力，很多广播电视台积极筑建新媒体运营平台，目前每家电视媒体一般都拥有一个网络广播电视台、多个微信号、手机 App 等。广电的网络广播电视台可以实现电视和广播节目的直播和所有栏目的点播。同时，转载国内重要新闻时事，通过提高总点击量提高媒体影响力和信息传播能力。广电的公众微信号和手机 App 以吸引粉丝关注为其中重要的考核指标。在当今受众正日益被切割分配的有限时间里，争夺他们相对固定的注意力，并尽量强化其黏性和忠实度，成为融媒体改革的重要任务和目标。

以烟台广播电视台的《绿色田园》栏目为例，创办于 2011 年，现在有 20多名员工，全覆盖烟台农村观众。因为紧贴果农的生产种植和销售等实际，成为指导当地果农生产的电视教科书，周边威海、青岛的观众也被吸引，但是需要架设天线才能收看。为了扩大栏目公共服务覆盖的领域与人群，栏目组依托电视栏目办起了田园大喇叭公众号、多个专家微信群、果香天下抖音快手视频号等，通过和新媒体的无缝融合，节目第一时间可以通过小屏传送到任何地区想要观看节目的受众眼前，而且可以收藏、转发，便于随时反复观看、揣摩学习，并且向亲戚朋友转发推荐。

新媒体沟通便捷、互动性强，弥补了电视单向传播的缺陷。通过新媒体平台，电视节目策划者一方面能够第一时间了解到观众所想、所需，从而使电视频道贴近性更强；另一方面，通过与观众互动，及时获得新闻线索，增强新闻的时效性和真实性。

广电新媒体必须积极配合广播电视的各项中心宣传工作，例如，重大的纪念日或者节日活动，可以通过电视、网站、新媒体平台同步推流直播。还可以利用网络媒体文本的超链接功能，迅速推广，让受众第一时间点击转发，几何级放大传播效应。像群众问题竞赛、各类短视频微电影大赛等赛事，可以同步在电视屏幕上设置二维码，手机扫描即可进入活动界面；网站、新媒体客户端和公众号、头条号、抖音快手、视频号等同时开辟活动专栏，通过链接也可以快捷找到活动区域。

第二节　融媒体视频拍摄和编辑技巧

因为与传统的电视媒体在传播渠道的广度与时效等方面有了显著的变化，所以融媒体产品，尤其纪实迅捷的融媒体新闻在编辑把关上要求因时而变。

这里的编辑既有整个版面统一协调的整合，又要求单个产品的设计创意。融媒体编辑的技巧和编辑架构的重新设定，就成为从传统媒体向新媒体融合转型需要突破的重点。

一、版面策划设计要有先声夺人的魅力和整体统一的协调感

无论是 App 还是公众号等融媒体产品，在受众打开设备看到的瞬间，第一印象即第一眼的观感决定了是否能继续看下去。

首先要从图文搭配下功夫，醒目的标题、错落的排版和协调的色彩组合都会影响受众的视觉，从而转化为继续点击探索下一步内容的动力。标题的

清晰明确、创新讨巧都可能引人注目，配图的生动恰当也会起到画龙点睛的作用。

其次，字号、字色等细节也会产生微妙的视觉冲击变化。用到视频的静态截图也千万不要忽视，一些穿插视频的信息或者公众号，出现的人物闭着眼睛或者姿态不雅，就因为制作者没有认真筛选最能代表主题的那一帧画面。

另外，在排版顺序上也要讲究，因为智能设备的手持操作，打开的首页如果有广告，不能过长，否则容易让受众失去耐心或者对其诚意产生怀疑。在首出页面上一方面突出重点，另一方面在与下拉页面的衔接处一定要把精彩的图文放在中间，形成视觉的连续性。

二、巧取标题

融媒体标题切忌题目笼统，甚至里面充满了术语或者文件语言，让读者第一时间很难留下深刻印象。如市领导参加市委常委会、某地举行第一次某某委员会第一次全体会议等笼统而无具体实际意义的题目。

在快阅读和轻浏览的时代，对新媒体包括传统媒体，标题的重要性比过去更加重要。每个人每天关注媒体的时间再多也是有限的，随着新技术飞速应用在媒介行业，各类传播渠道都可以归并到媒体序列。媒体数量较之以往有了几十倍的增长，而且呈加速上升的态势。把有限的受众时间和注意力分配到无限的媒介种类中，在媒体样态屈指可数的时代是可行的，而在信息内爆和网络无垠的现代，这种平均分配变成天方夜谭，除非你还封闭在一百年前。

让我们看下面几个标题：一档民生电视节目记录一位养蜂人的生活，最早的题目是《养蜂人的忙碌人生》，后改为《养蜂人的甜蜜事业》；讲述一位儿媳妇几十年照顾瘫痪在床的老人的片子，开始取名《孝顺儿媳几十年如一照顾公婆》，后改为《久病床前有贤媳》。尽管稍有差异，但是甜蜜事业很容易让人联想到酿得百花成蜜后，为谁辛苦为谁甜；而久病床前的题目巧用俗语，把无孝子改为有贤媳。寥寥数字，却见精神。再如娃哈哈、农夫山泉有点甜这两种饮用水品牌的起名和广告词都是大俗大雅、通俗生动。

好的标题对于现今面对严重供过于求的浩如烟海信息的轻阅读和碎片化浏览的用户可以说至关重要。对于一些程序性的会议和活动，题目可以另辟蹊径。如果记者参加一个招商引资的大会，不要仅仅盯着讲话的领导和签订的数字，可以宕开一笔，从招商引资的外围环境琢磨标题；假如记者参加一个很平常的会议，可以从会议解决的问题和对下一步工作的思考引申出题目。

从什么渠道传播或者以什么形式传播，传播者就要考虑接受者喜欢的形式和传播渠道，从过去传播者主动地往外推送，变为传播的内容要被接受者方便地提取出来。形象地说，就是被他们拉出来，而不是单纯推出去完事，变"推"为"拉"，这个"推"是过去传播者的"推"，变成接受者的主动去"拉"。这就需要研究接受者的特点：如他们的心理特点、兴趣点等。那么这个拉手是什么呢？拉手就是传播作品讨巧的形式和内容。

这个拉手就是要在第一帧画面或者题目上要先声夺人，要给人刺激，要让接受者把持不住自己的欲望，要点开界面、点开视频，要一睹为快。这个拉手就非常重要，它由作品的标签，即外观来决定。就如同一件商品给人的第一印象，能不能让人引起兴趣，打开你的盒子看到你的包装里面真正的内容。如果连被打开都做不到，那么你做出的东西就没有价值，或者说根本就是自娱自乐。

尼古拉·尼葛洛庞帝在《数字化生存》的书中也说道，像一部好莱坞电影一样，多媒体的表现方式太过具体，因此越来越难找到想象力挥洒的空间，相反的，文字能够激发意向和隐喻，使读者能够从想象和经验中衍生出丰富的意义。阅读小说的时候，是你赋予它声音颜色和动感。要真正感受和领会数字化对你生活的意义，也同样需要个人经验的延伸。这段话也说明了文字的它独特的魅力，但是呢，多媒体的表现形式更易于被人的视觉所接受，而真正用头脑思考需要文字来实现，但是在今天这个浮躁和娱乐的社会我们必须先学会视频化的传播。

三、视频的开头十秒非常重要

对融媒体视频作品，视频的开头部分几秒钟分外重要。一个手把遥控器面对数百频道的观众，几秒钟的画面不称心如意，就极可能转换到别的频道，短视频也是如此。手指轻轻滑动就能转换到新的视频，甚至比手按遥控器都省力轻松。如果内容不能吸引受众，别人何必要看完整个视频呢？甚至定帧的第一个画面也能起到先声夺人的效果。因为根据科学家的研究，面对音视频，人类的视觉体验优先于听觉，也即眼睛比耳朵先选择。

今天所有的移动客户端，像今日头条、抖音、快手等 App 里面一些短视频，非常吸睛引流。它们的作者有专业拍手，也包括普通市民甚至农民自拍。为什么能吸引人？因为拍手心态比较轻松，表达的信息量丰富，传达的主题直接，叠加后的传播效果也最理想。

短视频是融媒体最重要的标签之一。视频传播有人工智能的各类技术的支撑，如百度中有秒懂百科的短视频，一般是一两分钟，甚至几十秒。它比文字的百度要更加形象，用讲解的方式来阐明一个理论，或者是一个概念、一种方法，受众利用碎片化的时间可以非常快捷而有效地看懂，而且更加容易接受和理解。对于一个拥有手机的用户来说，这种方式更易被接受。

视频报道一定要选择好视频和图片，好的图片和视频能够一图胜千言、一秒抵万语。一篇网文用到一张女童的照片，一个小女孩蜷缩用粉笔画的妈妈的怀里，表现的是一个母亲去世的女童对妈妈深深的思念和无尽的伤痛。这样的画面和视频是用千言万语也难于表述的。

但是有一些平常的、放之四海而皆准的照片、视频就是浪费流量，时间长了反而让受众对这样没有下足功夫的媒体失去兴趣，所以在融媒体视频和画面剪辑时一定要慎选精选、选好用好素材，否则还不如不用。

四、编辑的技巧

电视融媒体产品的编辑和传统电视节目一样，包含了视频编辑、标题编辑、字幕编辑、转场编辑、音乐编辑、开头结尾编辑等。但是，不同的融媒体产品，从表现手法、传播技巧有很多区别：例如，新媒体文本和传统文本的语言的重新设定；电视直播与新媒体直播形态和技术设备的差异；等等。

1. 视频编辑

相较于传统电视节目，在智能设备上传播的新媒体产品往往时长压缩得很短，从十几秒钟到几分钟的短视频居多，以适应受众利用闲暇时间忙里偷闲的快速浏览。

不同于大屏播出的长短镜头的错落编辑，短视频在单体镜头上长度没有明显变化，有的甚至用长镜头和单一场景以求在有限时间内快捷而集中表达一个情节"包袱"、事件和场面。蒙太奇的全中近景的剪辑和各种推拉摇移的运动镜头并不适合小屏观看，因为人眼近距离的聚焦功能对过多快速或者大幅度的镜头运用会很快疲劳，所以在短视频的新媒体传播中要尽量保持画面的稳定和一目了然。

小屏和大屏的差别，表现在大屏更凸显声音，小屏更凸显文字。作为移动优先的客户端，广电融媒体一定要以视频为特色、以直播为优势。现在融媒体建设一定要重视视频的作用，要发挥广电媒体的优势。据统计，视频内容快速增长，占据了 App 网络平均流量的90%。

前段时间，我一位同事说：教教你练练五禽戏吧，锻炼身体。他给我讲了半个小时，我跟他讲，你不用再讲了，我录两分钟你的表演。他讲半个小时，有些关键的动作我还没看明白，也没听明白，但是这两分钟视频我拿回去看两三遍，就看懂了动作要领，这就是视频的优势。现在的融媒体中心策划者安排记者到现场前期拍摄，应该鼓励记者用移动设备包括手机拍摄，短平快地发回报道。

不同的融媒体出口，对视频的技术指标要求不同。目前电视播出基本以16：9的高清信号为主流。而新媒体出口并没有如此严格的质量标准，除了高清广播级摄像机，很多轻便的专业摄像机，如佳能尼康的相机、GOPRO、大疆的手持和航拍设备、索尼的黑卡等设备都可以拍摄较高质量的视频，不少手机拍摄的视频尽管在电视荧屏上不够清晰，但在小画幅的手机新媒体终端传送与专业设备从视觉上相差无几。

另外，手机拍摄既可以以3：4或者9：16的格式竖拍，也可以用4：3或者16：9的格式横幅拍摄，不过因为受众观看视频手持的姿势以竖屏为常用和习惯，前者出来的是大幅或者满幅画面，后者则是遮幅画面。因此要根据发布平台的惯用格式拍摄和剪辑，而这也决定了标题、字幕的位置和所占比例。

后期镜头剪辑既能用专业的 PR、AE、EDIUS 等软件，可以增添特效，字幕形式也更为丰富，在片头和片尾制作上能够实现一些创意。而目前，实力较强的抖音、快手、视频号等短视频平台也开发了一系列实用性强、简便易操作的剪辑软件，传播者手机上可以快速完成，然后以最短时间发布，达到先人一步、以快制胜的目的。

2. 标题和字幕的编辑

前面提到标题的重要性，从文本意义上标题可以第一时间勾住受众视线，精彩的标题会让人欲罢不能，对短视频作品尤其如此。

融媒体视频的语言以标题和字幕为主，一般很少像传统电视节目配有解说词，创作者在惜字如金的同时要坚守文字的守正创新，切忌以下几点：成语、俗语的误用；文不对题；画面和文本脱节；大量出现错别字；等等。这些都是作品的硬伤。

标题编辑技术上要注意的问题有：首先，拟好的标题字号、字色要适合内容需要，欢快、幽默的产品可用俏皮点的花体，而严肃、庄重的内容就要选择宋体或者黑体等，而且字色不宜花哨；其次，标题的大小、比例和位置一定要醒目，却又不能遮挡画面的主要信息，同时要注意与字幕说明等其他文本搭配，既相辅相成，又主次分明；标题出的时间长短也要注意，很多以秒计数的短视频可以从头到尾一出到底，但是几分钟的视频就要讲究首次出现的时间不能过晚、不宜过短，中间还要适当穿插；当然，标题也有很多特效表现手段，如聚沙式、金属立体式等，有的需要借助专业技术软件制作完成。

在 16∶9 格式的遮幅画面中，题目常规打到上面，字号要大于视频中的字幕和遮幅下面的说明；对 9∶16 格式的画面，标题和说明要打在下方，上面一般不再出现别的字幕，否则容易造成杂乱无章的混乱。同时要避开一些新媒体平台自身所带标识的位置，免得标题或者字幕被部分遮盖。

3. 音乐的编辑

融媒体视频的配乐比起传统电视节目要更重要，因为在用移动设备观看短视频时，要求创作者在很短时间内迅速点燃受众的情感引线，不能像电视节目可以逐步展开情节、采用累积煽情的渐进法，所以必须运用一切有冲击力的手段全力调动观看者的多种器官。音乐的恰当与否，直接关乎受众代入画面情境的效度和速度。

我们在观看短视频时，一些用滥了的音乐，也包括音效、画外音等尽管耳熟能详，但也会多少收到点效果。当然，对创作者而言，积累和筛选恰如其分的音乐（音效）需要把功夫下在平时，也要培养一定的音乐辨识和审美能力，这样才能随手拈来、锦上添花。

4. 开头和结尾的编辑

电视节目特别是专题、纪录片等一般在前面加上专门制作的片头，从几秒到几十秒不等，片尾为了渲染气氛或者使结尾完整，可能采用抒情式、悬念式、展望式等手法。与电视节目不同，一段融媒体短视频短的就十几秒或几十秒，开头要力求快速切入，干净利索收尾。

一般的短视频开头会直接出标题，同步把最精彩的画面放在最前面，一些知名媒体和大 V 会用一秒左右的时间用快速渐隐渐显的方式把自己的 LOGO 做个标识，随后马上切入正题，来不得一点拖泥带水。

短视频结尾要起高潮、造爆点，不论长短视频节目，都有设悬念、抖包袱、波浪起伏的过程，到最后短视频尤其要点题，形如豹尾，虽然戛然而止，但是最好有余音绕梁、回味不已的效果。

五、文本的故事性和采访技巧

李克强总理在一次会议中讲了三个故事，两个不同的媒体用不同的方式来报道了这个新闻。其中一个媒体完全是笼统的、概括性的文件语言。而另外一个媒体则把李总理讲的三个故事简要地用非常活泼的语言叙述出来，用"你妈是你妈、一个表盖了几十个章"等形象化口语，以讲故事的手法说明部门行政程序烦琐、办事不为民着想、作风拖拉等痼疾，非常生动，很容易被读者所理解。这是枯燥的文件语言绝对收不到的效果。

现在很多电视媒体采访领导，投机取巧，经常用提词器，让被采访领导照着读。时间一长，这些领导不会和记者聊天、面对媒体不会应急反应。本来应该讲老百姓都能听得懂的口语，结果记者或者机关工作人员把它变成书面语，照本宣科机械背读，缺少了形体语言、神态语言等这些附属信息。

所以媒体从业者要养成和被采访对象沟通交流的习惯，鼓励对方娓娓道来，被采访者说的有些地方可能不一定很流畅，但是心态非常自然。只要被采访者嘴里的表达是从心里、从脑子里面、从储存信息里面直接现场反映出来的，那么他讲出来的话就生动，而且比较接地气。

从以上例子能看出来，新媒体和传统媒体最终都要靠内容来打动受众。在电视媒体向融媒体转型过程中，从业人员要坚守内容第一、渠道第二、形式第三的原则。

第三节　融媒体转型的编辑素养

同质化严重的新闻类型不管通过多少融媒体渠道分发，因为其缺乏对受众的细分，同时无法满足受众了解自身需要的信息、解决自身需要解决的问题这样定向的强烈愿望，而在更多元的传播中效果不佳。

要解决这些困扰，一可以利用大数据统计然后定向推送、精准传播；二可以采取最为喜闻乐见的讲故事的形式，娓娓道来，得到尽可能多的受众欢迎。

一、融媒体语言、视频图片与传统媒体的承继性

新媒体和自媒体的异军突起，在于贴近性、实用性和自由度；另一方面细节的刻画度和表达的个性化不够，是传统媒体在跟新媒体和自媒体比较时致命的弱点。

近年来，国内很多广播电视台开通了高清频道，建设了融媒体中心和新媒体部门，初步形成了一套完备、效率很高的采编、推送全程连接的传统媒体和新媒体融合的协作体系和完整流程。同时开通本地电视媒体的新媒体出口，如 App、公众号等。通过 App 的订阅号页面，可以汇聚连接本地的部门和各县市区单位的新媒体，通过网络和技术的完善，这些链接的公众号随时可以更新。

各地在融媒体建设中，力争占据渠道传播的制高点。从本地到全省、到全国，甚至到全世界只要有网络覆盖的地方，都可以经由这个制高点把当地每一个角落、每一个单位想要公开的信息、发布的内容迅速分发。

居高临下的另一个好处是通过融媒体出口，电视媒体可以把本地最精彩的内容提炼出来，在客户端首页、在各个频道里及时发布，而且可以和受众随时互动、受众可以信手转发链接。

广电媒体整合本媒体的广播、电视、网络等下属单位，通过视频、图文、云直播等各种渠道，把文字、图片、视频和最先进的一些 VR、AR 等人工智能技术结合，进行多渠道传播。

在美国，一些新进入新闻行业的公司根本不从事新闻采集工作，而是像谷歌和雅虎新闻这样，主要集纳编辑整合由他人生产的新闻。2002 年上线的谷歌新闻，甚至不用人工编辑来进行新闻的选择和编排，相关工作由计算机的算法规则来完成，这被称为机器人新闻。

在国内现在的今日头条和趣头条等 App，也已经采用计算机算法来进行编辑、编排，人工编辑慢慢淡出历史舞台，只是在最后的环节，由人工负责内容的最终把关和选择。

那么我们的编辑是不是就失去了作用？并非如此，编辑在最终的新闻走向具有决定性的作用。不得不承认，今天的娱乐和电子商务就如同 20 世纪 30 年代的钢铁和化工产业，在当时那个年代，美国的新闻业被钢铁、化工行业收购，现在新闻业则正在被娱乐产业和电子商务并购，部分整合为娱乐、商务、信息一体化的新媒体巨头。

今日头条和趣头条就是用商业竞争的方式来进行新闻的大规模制造，批量派发和传播。这些 App 和企业及商业的合作，使新闻的独立性无疑受到了影响，对新闻编辑和新闻记者将来的职业选择也发生了深刻的影响，将来的学生在就业时，可能到这些更多商业色彩的新闻 App 和市场化媒介企业从事与传播相关的工作。

受众在多大程度上能够依赖这些属于类似联合企业的新型新闻企业？又如何监督这类经济社会中的权力集团呢？我们是否能依赖少数大型媒介公司的帮助来执行有效的监督？尤其是当这种监督对他们所拥有的公司的利益并没有多少好处的情况下，这些问题会愈发严重，也需要我们认真思考和面对。

二、融媒体新闻编辑把关的重要性

融媒体网络建设和转型并不难，因为现在有很多样板可以学习、有技术可以支撑。转型容易，入门也只是技术和网络的熟练应用问题。那么网络建起来了，框架搭起来了，人和队伍组织起来了，最难的还是后续大量的内容生产和样式创新工作，需要广联民意、紧贴地气。还有一项重要而辛苦的工作，就是把关。

融媒体产品的错别字成风已成风气，例如把"不忘初心"打成"不定初心"、把"奥巴马"打成"奥马巴"，还有的同一个人名经常前后不一，让人哭笑不得。

一次我在浏览一篇公众号时，看到编辑截取的图片竟然混进了一张已经落马的贪官的合影。这些问题和漏洞有时让人防不胜防，把关岗位的把关人必须有极强的业务素养和政治敏感。

融媒体的融合体现在从上到下，从里到外，从思想观念到媒体理念，从表达、腔调到内容一起融合，这是重中之重。这种融合，就是把领导和人民通过媒体的传播手段融合到一起，把中间的代沟消除掉，让人民对党委政府的政策决策产生无隔阂的接收和理解。

如果内容不好，那谁会看你？搭建平台容易，平台就是个工具，没有好的内容，仅仅就是个冷冰冰的平台，有了好的内容平台就火起来了，就会发挥最大的价值；没有好的内容，平台于形式上再创新，把再多的先进技术引进来，花再多的成本，也只能事倍功半。

顶天、立地、居中，这是电视融媒体六字诀。"顶天"是指主题、立意、思想高度，这些都要摸到天；但是在表达形式，这些方面一定要接到底，一定要汇聚人气，会接地气，好的内容永远不会落伍，这即"落地"；"居中"就是客观冷静理智，不走极端、不哗众取宠、不投机取巧。

最后问题归结为一点，21 世纪的媒介如何继续坚持公正、客观、有效的立场，为公众文化、经济和社会服务而努力。要解答好这个问题，第一步要明确从业者的职业目标是为公众服务，第二步是深刻理解媒介工作的基本原则、并能够代表公众坚持这些原则。这也许就是传统电视媒体向融媒体转型要坚持的道路和方向。

第十章　电视报道的跨区域传播策划

电视媒体制作的节目除了在本媒体各种平台推广，对外推介已经成为越来越重要的一项工作。对外推介一是通过增加收视范围，从而扩大节目的影响力，提高传播效率；另外也是节目效益的体现，只有更多的收视份额和更广泛的收视认可，才能充分实现影像作品的自身价值。

跨区域传播首先指地域延展：对国内地方电视媒体，需要对上报道，如地市级电视台的新闻部门担负对省台、央视新闻频道和栏目的供片、发稿任务，省台则主要对央视传送节目。除了新闻类节目，其他如文艺节目、纪录片等，各级地方电视媒体一般会力求在更高层次的平台播出，以扩大节目的收视效果。跨区域传播的另一方面是通过节目联合体交换节目或者通过供求市场以质论价对外出售节目。

跨区域传播还可以利用新媒体手段借助互联网络实现即时的广域覆盖。像目前电视媒体纷纷转向融媒体，在建设自身各种 App 等独立运营的传播出口以外，大量参与抖快号、头条号、视频号等依托巨舰平台的轻型传播小分队，把传统视频节目化整为零、多头出击，以散花式撒播的形式在无限的网络中挤出一片自我传播的空间。

从周期的常态化和非常态化来划分跨区域传播，一般有固定渠道出口的传播称为常态化跨区域传播。而临时寻找非固定的传播出口，如一些网络直播活动，通过各类传播平台对外推送，这种处置方案的选择具有随机性和灵活性，这类传播活动即为非常态化跨区域传播。

因为之前对融媒体传播策划已经做出粗略解构，所以下面主要针对电视报道，尤其是电视新闻、专题等节目的对上和对外等跨区域传播策划做相应分析。

第一节　电视对上报道策划

　　四级办电视的广电体制决定了信息通道的联结方式和交流方向。绝大多数的地方台因为块块管理，不仅担负着对内宣传当地党委、政府的大政方针和具体工作以及常规电视节目的采访制作任务，而且对外尤其是对上推介本地的正面形象和城市品牌，以求扩大地域知名度，在经济和社会发展中吸引更多的外来资源，这也成为地方台的一项重点工作，有时在危机媒体公关处理中，地方台也当仁不让要发挥联络四方、沟通上下的作用。

　　通常，县区级电视台担负最多层级的对上发片工作，因为上有地市级、省级和央视等电视媒体，所以他们所面对的对上宣传范围也最为广泛；市级台次之，省级台主要针对央视发片；而位于金字塔尖的央视则主要以对境外国家和地区传播为外宣主体。在这里，主要论述地方台对上报道的策划和技巧。

一、尽量做到未雨绸缪　提前做好策划准备

　　央视和各级省台都会定期出台采稿规则和考核办法，并不定期地对外发布诸如重大活动集中策划或者临时事件的应急策划方案，随时对下层电视媒体尤其是其新闻部门征集各类稿件和片源。

　　地方电视媒体应该及时出台并不断调整对上发稿机制，主动适应上级台用稿方向的改变。一方面通过精准指导、政策激励，调动各部室和下层电视台积极性，各台形成一盘棋，紧跟上级台选题提前策划，紧紧抓住如党代会、人代会、政协会召开等关键性节点，立足当地像新发展格局应对、新旧动能转换、重点项目推进、城市文明建设等重点工作，瞄准发生在地方的重大事件、重要活动，充分挖掘新闻资源，积极对上联络，在刷新对上发稿数量的同时，大大提高对上发稿的质量。

　　另一方面，巩固传统媒体优势，创新工作平台，进一步拓宽对上宣传渠道。充分利用中央和省台媒体节目影响大、受众多的优势，多选稿、选好稿，及时有针对性地向上推送，提高稿件的播发率。同时，根据形势发展和需要，

发挥广电网络传播快、内容广的优势，加强与各辖区、各部门的沟通联系，将本地当天发生的新闻第一时间传到省台和中央台。

我曾在所供职的广播电视台长期负责对上报道工作。2016 年的 8、9 月间，经过提前的选题策划、周密部署，一个多月本地电视台共有十多条重头报道在央视各新闻栏目播出，而且题材多样，既有显著的新闻价值和引人注目的亮点，又充满正能量，对当地经济社会取得的成绩和文明城市建设起到了很好的展示和弘扬作用。

8 月 18 日，央视《新闻联播》头条播出《改革调研行——土地流转"转"出农村新活力》，报道了山东省招远市齐山镇前仓村村民孙学杰拿到了土地承包经营确权证，老孙的喜悦之情溢于言表，充分肯定了本地农村土地流转工作对农民权益的保障。8 月 21 日，新闻联播播出了《海关破获 2.3 亿元海鲜走私大案》，报道了烟台海关破获惊天大案并成功抓获犯罪嫌疑人的新闻。8 月 25 日和 30 日，央视《共同关注》栏目以《山东烟台：风大浪高省际海上航线全线停航》《山东烟台：能见度低　上千艘渔船回港避风》《台风"狮子山"靠近山东烟台：大风大浪来袭　部分客船全线停航》为题，报道了本地应对恶劣天气，正确指导，保证航线和渔船安全的多条新闻。

进入 9 月份以来，本地电视台对央视发稿热度不减：9 月 1 日，央视新闻联播以《2016 全国质量月启动》为题，报道烟台检验检疫局查处进口伪劣商品。9 月 2 日，《新闻直播间》栏目对黄渤海休渔期结束、渔民出海进行了报道。中秋之夜，央视《新闻联播》和《新闻直播间》对蓬莱仙阁中秋月圆进行了多次现场直播，也开创了《新闻联播》直播本地假日活动的先河。9 月 18 日晚，《新闻联播》以《先进典型树标杆　引领道德新风尚》为题，报道了莱州市"四德"建设的新闻，对莱州村民树孝德倡新风进行了深入采访。9 月 25 日，央视《朝闻天下》栏目以《新常态经济调查：一家企业的降成本经历》为题，用 6 分多钟的篇幅，报道了烟台招金集团从上下游产业链条、从国家政策和地方支持、从内部创新等方面多管齐下降成本的新闻，剖析了供给侧改革中如何降成本的重大课题。9 月 26 日，《朝闻天下》栏目播出了《山东莱阳：再现大量恐龙化石层世界罕见》，专题报道了莱阳恐龙发掘的最新重大发现。9 月 27 日，央视《晚间新闻》播出《山东烟台：男子当街发病　市民合力施救》的暖新闻，进一步展示了文明城市、热心市民的群英谱。

二、紧抓节点合力策划，形成对上宣传集束效应

在准确把握上级台新闻宣传报道动向的基础上，地方电视媒体要变"紧跟"为"提前介入"，积极主动地与上级台新闻策划部门深入接触，及时掌握最新报道重点，及时调度、深入挖掘地方新闻素材，为对上发稿储备充足的片源，加大地方台在中央台和省台的发稿量，实现精准投放。

例如，为切合中央台推出《凡人善举》专栏主题，我当时在本地新闻栏目策划开设了"寻找好人"专栏，发动各辖区充分挖掘道德领域典型，为对上发稿储备了充足的新闻线索，使本地凡人善举高频率在央视荧屏上出现：仅 2016 年 7 月到 9 月份，就有九篇稿件在央视播出，大力传播与展示了城市的文明形象。

在获得全国社会治安综合治理七连冠和全国文明城市五连冠后，本地电视台积极协调央视，在表彰大会上对其进行突出展示，并在央视和省台主要新闻栏目播出本地经验，鼓舞了全市人民的自信心；在央视播出的反映十八大以来发展成就和喜迎党的十九大的大型政论专题片《将改革进行到底》和央视喜迎十九大主题大型纪录片《辉煌中国》中，都有当地元素，其中在《辉煌中国》第二集中，更是大篇幅讲述当地企业科技创新的成就。2017 年 10 月 18 日，党的十九大召开当天，本地电视台在中央电视台《新闻联播》栏目播发报道《【十九大时光】社会各界群众喜庆十九大胜利召开》；党的二十大召开前后，融入当地典型案例的新闻《山东烟台市大海阳社区居民赞美新时代 团结奋斗向未来》在央视《新闻联播》的《喜迎二十大》栏目中播出，《中集来福士为高水平科技自立自强贡献青春力量》则在《新时代新征程新伟业——团结奋斗 强国复兴》栏目中推出。这些报道紧扣节点，产生广泛影响，与电视通联工作着眼改革、发展和稳定大局，高效统筹运作密不可分。

2017 年 5 月 19 日，我获悉中央电视台《新闻联播》栏目拟在端午节期间推出专栏《千帆竞渡中国梦——为了我的国》，展现各行各业劳动者的辛勤劳动后，马上展开调研策划。本地在推动工业转型升级方面有诸多亮点和先进经验，以中集来福士为代表的一大批工业企业在全国擦亮了烟台制造的品牌。特别是由中集来福士建造的超深水半潜式钻井平台"蓝鲸 1 号"成功完成了我国首次可燃冰试采任务，在全国引起了极大的反响。经过反复筛选和比较，我指挥当地电视媒体记者选取了端午节期间在海上进行试航测试的中集来福士 CR600 生活平台作为采访对象，迅速与中央电视台新闻中心编辑部、地方部联系，汇报选题情况。经过反复争取，央视决定将 CR600 项目划入栏目备选范围。

面对这一艰巨的报道任务，我们安排电视新闻部以骨干记者组成报道小组，制订了详细周密的采访计划，准备了便携式非线编辑机、广角镜头、滑轨等拍摄采编装备。5 月 22 日，报道小组乘坐拖轮，经过两个半小时的航程，到达 CR600 平台的试航海域。由于平台在试航过程中必须关闭旋梯，要登上平台必须通过吊篮从拖轮悬吊至 30 多米高的平台甲板上。报道小组的成员克服恐高、晕船的困难，抱住吊篮绳索，踩住吊篮边缘，成功登上平台。

由于 CR600 平台试航海域距离岸边有近 40 海里，平台上没有手机和互联网信号，无法边采访边和央视沟通。报道小组成员依靠提前策划制定的报道方案，对平台的生活区、工作区、各种设施进行了详细的拍摄，为了追求最佳的航拍及延时拍摄效果，报道小组转遍了平台的每一个角落，选择最佳的拍摄位置和拍摄时间，力求每一个画面都精益求精。在采访试航工程师的过程中，既要在甲板上选择视野开阔，能见度好的位置，又要注意避免海上强光和风噪，报道小组在甲板上一蹲就是几个小时，等候最佳的天气条件进行拍摄，并采取手机和摄像机"双保险"的拍摄方式。每天十五六个小时的工作强度，高温日晒和晕船反应对从未出过远海的人来说是一种精神和身体的双重考验，但是报道组成员经受住了考验。经过海上三天的努力，采访获得圆满成功，报道组返回烟台后，又立刻对拍摄素材、采访内容进行编辑剪辑，5 月 25 日此次采访的素材传到了央视，受到了央视领导的好评。5 月 28 日，该篇报道在央视《新闻联播》以提要播发，再一次在全国叫响了本地的知名度。

在得知央视在全国广泛征集光盘行动典型做法之后，记者积极联络驻烟各高校，从多条线索中筛选出滨州医学院的做法，并得到央视记者的肯定。5 月 28 日在《朝闻天下》播发《"光盘行动"并非一阵风　警惕"舌尖上的浪费"回潮》、5 月 29 日，在中央台《新闻联播》播发新闻《"光盘行动"减少浪费　校园在行动》，突出介绍了滨州医学院餐厅通过自由选择饭菜量，来实现节约的典型做法。烟台高校因为光盘行动登上央视屏幕。

三、加强合作有效沟通，形成电视宣传整体声势

长期有效的沟通是保持通联活力的基础，是电视节目生产与品牌建设的动力源泉。在每年的重大主题、重要节点宣传以及日常节目运营中，作为地方电视媒体，要发动各辖区第一时间提供大量优秀素材，协助节目拍摄，为提高节目质量、形成电视舆论整体效应发挥重要作用。

围绕当地党委、政府的重要会议精神，配合本地的战略部署，立足重点工作，地方电视媒体可以在新闻栏目中开设相应的专栏，围绕这些主题精心策划节目，做到天天有主流声音，每周有主题报道。要鼓励各辖区积极挖掘推送各地亮点工作，为本地中心工作调度全面落地发挥出强有力的引导推动作用。

元旦、春节、中秋等节日的节点主题策划都要广泛采用来自各辖区具有地方特色的采访报道，像跨年直播、"我们的节日"系列策划中，引导各辖区台准确把握采访基调，做到采访内容丰富、镜头到位、上传及时，为每一次主题报道增添光彩。

地方电视媒体各栏目采制需要大量来自各地的线索和素材，要鼓励各辖区台抢抓基层一线的热点亮点，及时上传大量专业性强、意义深远的节目，既确保本地高质量电视节目的输出，又提高对上发稿率。

地方电视台可以每年设定一系列重大主题，圈定若干的选题范畴，如好人系列主题、经济社会发展系列主题、"中国梦"红色主题、现代交通发展系列主题、中秋国庆春节假期旅游产业系列主题、应对极端天气系列主题报道等。这些主题每年都可以做，而且可以常变常新。

电视对上宣传中，要强化"360度新闻线索收集、点对面发稿渠道定位、点对点节目精准推送"的对上发稿工作方法，畅通沟通渠道，多倾听辖区台的意见和建议，及时交流电视宣传新理念、新经验，抓好对上发稿的一体联动，精准投放。从日常采编播各环节下功夫，全面增强新闻宣传舆论引导力，注重上传稿件的时效性。另外，因片而异，在策划中体现不同的风格。比如，一些天气新闻，要注重稿件的现场感；比如，一些公安办案、实施救援的新闻，注重民生新闻叙述语言的亲和力。在对上宣传中，注重上大稿、发头题，将发稿分量作为主攻方向，在保证数量的前提下，全力实现发稿质量的突破。

第二节 电视对外宣传策划

各地、各级电视台都有着对上或者对外的宣传任务，有的甚至有量化的指标和位次考核。对上报道主要指下级台对其以上各级台供片供稿，对外报道主要指对国外和本台所覆盖地域以外的供片和供稿。

一、对外宣传的概念和作用

电视对外宣传一般指利用本国电视作品在国内对外频道、国外频道或者其他媒体对外传播平台播出，以期达到希望获取的宣传目的和效果。一般泛指本地电视作品在本地范围以外的地域进行传播，对本土的经济社会人文历史等对外推介，提升城市形象和地方美誉度。

二、对外宣传的原则

对外宣传的原则就是要多渠道对外推介，彰显本地魅力，传播本土声音。

在对外宣传时，媒体要增强电视策划能力，发挥对外联络优势，扩大在国外和本土外的报道力度。城市广播电视台要紧密围绕党委政府的重点工作，选角度、抓典型，尽可能多地在本土之外宣传本地正能量，树立城市好形象。充分调动全台各部室和各辖区台的力量，具体对外部门实行一把手责任制，台长常抓不懈，总监全面统筹，主任直接卡实责任，记者编辑分组对外。形成全员对外、市县台一个拳头出击的氛围，从电视、网站、新媒体等全方位全领域传播本土声音，多角度多渠道讲述城市故事。

三、对外宣传的技巧

对外宣传要避免空洞的说辞和没有实际内容的镜头。不少对外宣传电视片充斥满眼风光的航拍镜头和精致的万能生产线画面组合，开始还有一定新鲜感，看多了一个模式，令人生厌。李子柒的美食中国风之所以在国外受追捧，在于她纯正的民族背景、服装以及美食工艺流程处处流淌的独具特色的汉风华韵。

电视外宣作品也要讲求抖包袱和设情节，记者和编导要学会用电视语言讲述通行世界的中国故事。因为结合了画面、音乐和声音，电视语言在各类艺术门类中最有张力和弹性，所以从孩子到成人、从本民族到外民族都可以理解和接受，但前提必须风格鲜明、引人入胜，方能达到最佳表现效果。

电视媒体因为技术和资源的可借鉴和可共享的共性，一直有上下级和同级媒体互通有无的传统或者直接成立紧密型的联合体，从节目交流、办台理念、营收联合、产业合作等方面可以互相交流。

在各级广播电视政府奖评奖项目中，电视外宣奖往往作为评奖体系几大类别之一，其他类为新闻类、社教类、网络电视新闻类、文艺类、广告类和播音主持类等。由此可见外宣节目的重要性。

四、地方电视媒体抱团出击形成合力

地方电视媒体因为体制和经营特点，目前正遭遇融媒转型的阵痛期。越是在这种危急时刻，越要发扬抱团出击、合力前行的优良传统。

抱团取暖离不开一个强有力的组织，而中广联城市电视台新闻委员会即是其中之一。

中国广播电影电视社会组织联合会城市广播电视台（电视新闻）工作委员会，是中广联合会下属的专业委员会，接受中广联合会和城委会的领导，是由各城市电视台自愿联合组成的专门研究城市电视新闻业务，促进城市电视新闻事业发展的专业性社会团体组织。

它的宗旨是：以马克思列宁主义、毛泽东思想、邓小平理论、"三个代表"重要思想、科学发展观、习近平新时代中国特色社会主义思想为指导，组织城市电视节目交流协作和精品节目评析，开展电视新闻业务学术研究，促进城市台电视事业的共同发展。

中国广播电影电视社会组织联合会城市台（电视新闻）工作委员会于1990年6月成立于武汉，并举办第一次新闻节目评比会议（评出1989年度新闻作品奖）。1990年成立至今，受中广联合会（学会、协会）的委托，已经举办了32届电视新闻节目创优评析会议，举办了22届全国城市台社教节目评奖（评析）会议，举办了28届新闻理论研讨会议。截至目前，全国有上百个城市电视台的新闻和社教节目参加了其举办的年度评奖（评析）活动和理论研讨活动。

中广联城市台新闻委员会不仅举办每年几次的理论和节目评析交流会议，而且成立了稳固的节目交流联合体——节目交换中心，以广州台为基地，从过去的邮寄录像带到卫星、微波传送，再到2016年建成网络平台，每天成百上千条视频和融媒体节目可以云端共享。近几年来，每年交换新闻在55000条以上。交换中心每天择优精选各台节目，汇编成一档30分钟的全国城市报道，向各成员台传送。同时，每到重大节庆或者各地有重大活动，由中心或者成员台牵头，可以很顺畅、很高效地开展各类直播活动。城市台的信息资源与传播得到了更充分的共享和发挥，进一步提高了各台的凝聚力与影响力。

近年来，各台创作的精品节目有时对外传播渠道狭窄，制作成本高，但是因为体裁限制囿于一隅，城市台新闻委员会联合大家进行精品创作。近十年先后联制联播了《城市的味道》《血筑河山》《四十城　四十年》《与共和国同行》《复兴路上》等大型系列纪录片或者专题片，参与台从二三十家到五六十家。统一策划、统一主题、统一包装；然后分头采访、分头出稿、分头制作；最后集体审片、联合播出。几十倍扩展覆盖区域，联制联播节目非常好地扩大了各个城市的影响力和美誉度。这些节目屡获大奖，数度折桂全国广电政府奖最高奖项——中国广播影视大奖，锻炼和增强了各台精品创作的队伍和力量。

目前，各级电视媒体或松散或紧密的联合体还有不少，在一体化对外传播中发挥着重要作用。各级电视媒体应该借助团队的智慧和力量优势互补、各取所长，力争走出一条融媒大背景下的广电复兴之路。

第十一章　用户服务策划

对广电媒体而言，必须坚持以社会效益为中心，同时兼顾经济效益的原则，这是由我国广电媒体的意识形态属性和上层建筑特点决定的。

广电媒体对外服务的职能从"三对三满意"几方面表现：对决策者负责，对客户有效，对受众有用，服务标准就是让三者满意。而这里的客户指有产品或者服务项目通过广电媒体进行推广的群体和个体，既包括企事业单位，也涵盖了需要借助电视媒体手段进行宣传的个人。

第一节　服务公众　滋养最大范围的受众

武汉台为了提高收视率，总结出了"三个转变"：从最早的眼睛向下俯视观众，即我做什么节目你就看什么节目；到眼睛平视观众，即加强沟通，互通有无；到现在眼睛向上仰视观众，即一切根据观众的需求出发，甚至求着观众看自己的节目。因为现在激烈的电视频道之间的竞争和不同媒体之间的竞争，逼迫着电视台要放下身价，想办法、出点子"讨好观众""拉观众"。

作为衣食父母的受众载起电视栏目这艘船：它是流动的，也是至柔和至刚的。船的生命力流动在水里。没有水，船就是无用之木，船因为水的存在而存在。

我在媒体工作时，曾经担任一档当地知名新闻直播栏目的制片人。有一天，一对夫妻拿着锦旗来到我的办公室，说是代表全家感谢记者帮助他们解决了养子的户口问题，孩子终于能上学了。当我问他们是哪个记者去采访的，夫妻两个已经记不清了。回头我查看稿子是一位年轻记者几个月前过去采访的，当我叫来记者，他竟然也记不起来了。当时每个记者一个月要采访几十条新闻，对一些看似不大的新闻事件可能很快就淡忘了。但是一些看似不大的新闻却帮了当事人的大忙，他们会铭记一生，作为媒体工作者又怎能不精挑细选、字斟句酌，把好每一关呢？

还有一个小饭店的帮厨小伙，在栏目创办播出五周年时来到台里，拿出几个厚厚的本子，上面密密麻麻、一笔一画地记录着每天我们播出的新闻题目，甚至作者是谁都有，因为每天收看我们的新闻成了他必不可少的生活内容。电视媒体的民生电视新闻栏目走进了千万家庭，从陌生到熟悉，从接受到喜爱，很多栏目已经变成了众多观众家庭的一名成员了。担任制片人时，每次我回老家，父母都会讲起节目播过什么片子，然后发一番议论，他们作为普通的观众品评节目的同时，也在关心着节目幕后劳作的子女啊。

"十四五"规划和2035年远景目标纲要提出：坚持为人民服务、为社会主义服务的方向，坚持百花齐放、百家争鸣的方针，加强公共文化服务体系建设和体制机制创新，强化中华文化传播推广和文明交流互鉴，更好保障人民文化权益。其中指出要"推进媒体深度融合，做强新型主流媒体"。

据国家广播电视总局发布的最新数据，地级以上广播电视播出机构及频道频率名录、教育电视台及频道目录和县级广播电视播出机构名录，共包括408家地级以上广播电视台、36家教育电视台和2106家县级广播电视台。毫无疑问，开拓公共服务领域潜力最大的当属其中数量最多的城市广电媒体。

占据全国广电媒体数量绝大比例的省会、单列市、地市级和县级广播电视机构为主体的城市广电媒体在媒体融合的大潮下，面对内部机制转型的迫切需要和外部巨大的生存压力，需要破解诸多难题和困局，坚持把握以社会效益为核心的原则，在广电公共服务领域开拓新路、探索出一条既能推动顺利转型，又能服务于社会和公众的机制体制、内容形式的创新之路。

城市广电媒体属于它所在的城市，源于本土的文化基因在城市之中体现出时空的统一，是一座城市的根与魂。而城市电视台的视音频制作能力对一座城市的传统文化而言是最为理想的纪录和整理工具，更是理想的传播和弘扬传统文化的工具。同时，城市广电又与广袤的农村相连，"十四五"规划和2035年远景目标纲要提出："把乡村建设摆在社会主义现代化建设的重要位置，优化生产生活生态空间，持续改善村容村貌和人居环境，建设美丽宜居乡村。"实现全面小康后的新农村要接续向社会主义现代化国家进军的接力棒，而且实现共同富裕的目标达到与否很大程度体现在缩小城乡差距和新农村建设的水平上。城市广电媒体在弘扬城市的优秀文化根脉和助力乡村振兴的领域都有着不可推卸的公共服务的义务，也有施展广电服务功能的广阔空间和充裕条件。

目前城市广电媒体在纸媒衰落、新媒体兴盛的环境中，既要担负起更加繁重的传统媒体公共服务的广覆盖、公益性、普惠制的职能，又要在十面埋伏的新媒体和自媒体的包围圈中寻求制胜之道。

大多数城市广电媒体面临的困境主要表现在：转型需求迫切、内容生产品质退化、活动项目创新乏力、资金缺口逐步加大、人员素质普遍下降等不足。

城市广电转型以融媒体为核心的全媒体为主攻方向，但是在新媒体开发和传播过程中，在适合公众需要上做得不够，很多只是在和社会媒体拼形式和技术；广电的传统大屏优势失地趋多加速，因为收视率和占有率下降，同时向融媒体倾斜，反而在传统传播渠道投入减少，造成恶性循环；对于传播渠道分流的过于重视，反而忽视了内容生产，导致品质退化，在公众需求的调研、定位、策划、采编等环节呈现弱化趋势；本来城市广电是最接地气的媒体，除了发扬本体媒体传播优势，还可以针对本地特色产业、特殊少数弱势人群等深耕公共服务的延展项目，但是很多媒体和主管部门或者急功近利，或者缺乏激励政策而造成严重的服务短板现象；城市广电受新媒体冲击，资金不足的生存压力也使他们在公共服务领域的投入捉襟见肘，甚至直接舍弃；由此引发的人员流失和员工缺乏积极性问题比较突出。

在新时代新阶段，以上问题只是发展中的阶段性状况，所以要把重点放在如何发现城市广电公共服务存在的缺项，破解危局中的抵牾。研究如何提质升级和形成对策，引导和规范城市广电在公共服务的健康先进文化之路上行稳致远。

思路对策之一：整合频道、频率，提高资源利用水平

对目前城市广电电视频道、广播频率进行合并、缩减，可以参照西欧做法：法国电视 5 台是教育台与欧洲文化台 ARTE 共用频道，在每天上午 6：00

到下午 19：00 之间播放教育和职业培训类节目，目标受众是学校和年轻人。其他时间播放别的节目。

主管部门可以规定市级以上有三个频道或者频率以上的必须开设公共服务频道或频率，少于这个数量的要开设公共服务栏目。因为绝大多数城市广电媒体所在的区域，目前仍是农村人口占大多数。城市广电可以依据本地域农民的成分，如果农、粮农、茶农的数量和占比；还有老年人（农民工等弱势群体）比例，如占到20%以上等，把这些固定指标，作为主管部门评价审核开设或者转型专业化频道的依据。农民工群体受工作环境和生活环境限制，缺乏针对打工者这样流动性强的群体的公众服务节目，抖音、快手等短视频平台是他们接收信息的主要阵地，城市广电媒体要抓住这一变化，联合相关部门进行维权等公益活动。另外，广播频率应该针对农民工开设相应的服务节目。城市广电网络公司在机顶盒软件中必须开设诸如救援、医疗、金融、交通、天气等对公众服务的互动区域，并不断引进应用新技术，整合完善服务功能。

思路对策之二：强化考评体系，跟踪审核资金流向

目前因为城市广电收入压力增加，地方政府对很多城市广电媒体采取财政差额拨款或者全额拨款的支持手段。广电媒体所设公共服务频道、频率、栏目财政差额拨款数量要与担负的公共服务责任对等，完全差额拨款的县市区台则尽量以公共服务为主，减少或者不播放商业广告（目前也没有多少品牌广告）。

同时，公益资金和财政扶持政策应该尽量用于公用服务网络、有线电视的公共服务内容、公共服务频道频率栏目的建设以及对公共服务的新媒体渠道的投入，如一些地区农民的视听节目通过手机等设备获取，对"三农"节目通过客户端和公众号发布应该给予财政补贴或者公益资金项目扶持。目前都是广电媒体自我建设，在开通运营上存在长期技术投入、维护、人员运营等成本，需要当地财政和中央相关政策的支持和鼓励。

可以由主管部门牵头，成立由各界代表参与的委员会这样的民间组织，对城市广电机构在节目制作、服务活动、收视效果、公共资金使用进行审核。另外，广电媒体在服务中，要转变提供者的身份，让公众从被动接受变为主动参与，对服务领域、形式、方向、具体内容等提出意见，并且变为具操作性的制度和方案。即便是营利性的有线网络公司，也应该在服务性方面多做双向交流的工作，打造公用服务的窗口，把公众需要的服务项目作为优先考虑的对象，拿出人财物进行技术研发。相应的组织对其进行监督和调控，并可以管控其价格和服务质量。主管部门和公共委员会对相关工作进行审核、评价，提出指导性意见。

现在城市广电公共服务节目内容趋向单一、僵化，如农业栏目带有浓浓的城市气息，节目制作者高高在上，难以深入田间地头体察农民的多变需求；同时，不注重与农民的互动交流，缺少节目反馈机制。从而导致对农公共服务内容故步自封，难以与农民的文化诉求相适应。可以利用大数据和点击率、收视率结合的技术模式和公众调查打分的形式，对公众服务节目（包括广电媒体的新媒体内容）以质论价，给予财政和公益资金双向的扶持和补贴。同时，可以采用双向激励和奖惩机制，对公共服务频道、频率和节目进行取舍、壮大或者缩减。

思路对策之三：汇聚各类资金，形成公共投入机制

对城市广电的公共服务项目，除了政府资金投入为主以外，还可以引入金融资金、国内民间资金和境外资金，借用市场手段为公共服务。可以借鉴把商业开发与经济适用房开发同步进行的操作模式，引导市场资金进入传媒文化公共服务领域，实现各类来源资金的有机融合，利用广电媒体的党媒性质和公共服务提供者的双重特点和叠加优势，找到公众、政府与市场的结合点。这样一方面使用政府资金，另一方面借助市场和金融资本等为公众提供服务最大化，并增强持续发展的动力。

在内容生产和项目推广模式上，推行公共服务节目和项目联合体，统一策划、制定选题，以现有的城市广电媒体为主体，吸引市场企业资金和商业节目制作公司进入。另外，优化考评模式、协调机制、资金融通的合理化流程，对城市广电媒体的节目和服务项目采取政府购买辅助市场运作的方式，提高财政投入和公益资金的使用效率。

对其经营性收入以其服务的对象和领域为公共领域作为限定，如公益晚会、慈善活动、教育普及等的节目、会展、转播等，利润可以按照限定比例拨付。

思路对策之四：深挖公众需求，提高服务效率

城市广电媒体整合本地信息资源和把控行业趋势的能力是任何一个企业

甚至机关事业单位做不到的，可以依托传统媒体现有的制作和播出、人才和资源优势，整合本地的各种公共服务类新媒体，增强服务功能，探索新的服务领域和形式。

依托节目和频道频率资源，城市广电媒体要深耕公共服务的广电爆点。不论融媒体中的新媒体平台还是传统传播渠道，作为城市广电媒体关键要了解公众的深层次需求，致力广电公共服务的供给侧改革，做到宽度一厘米，深度一万米，最终用优质服务项目和内容来引导社会公众的需求走向。如城市广电媒体围绕媒体核心优势，为社会和公众提供策展、晚会、品牌、营销等衍生服务，由政府、市场购买，主要为公众提供优质服务，同时为自身壮大孕育可持续发展的动力。

在节目呈现方式上，采取适合本地风俗、文化传统的雅俗共赏的表现形式，如用讲故事、说评书、情景剧等手法来表达公共服务的内容，可能更受农民欢迎。要根据地域特色制作节目，使节目内容在某一地域具有普适性。

总之，在建设社会主义现代化国家的进程中，为公众服务的理念要始终放在首位。

思路对策之五：创新小众节目理念与策划方法

小众节目是除了大众新闻、娱乐、影视剧等节目以外的其他针对特定收视群体的节目。为什么单独挑出大众新闻、娱乐节目呢？因为军事新闻、教育新闻节目，它还是针对小众的，娱乐节目中的特殊类型像苏州台办的老年相亲节目，主要是针对老年观众的。

小众节目要办出特色，既做到小众爱看，欲罢不能，成为长期观众，又能做到其他人群看了也喜欢，因为其独特的内容和喜闻乐见的形式也能吸引打开电视的其他人群。像烟台广播电视台的《绿色田园》，本来主要办给农民看，以讲农业技术为主，但是用演播室表演，角色是农村的，说的话是胶东各地的方言，而且每段演播室语言有包袱、有笑点、有情节、有矛盾，所以城里人也爱看。内容选择也经常穿插一些农村的节日、乡村的民俗风情，勾起城里人的乡村情结和怀旧心态。再如，少儿节目既要办给孩子看，还要给他们的父母、亲属、朋友看。《爸爸去哪儿了》就是很好的例子，做得成功除了明星效应，还有作为家长和孩子之间共同的交流、矛盾，并且通过设计一些比赛、劳动等悬念，让观众期待，故事性和情节化的处理也是节目成功的亮点。

研究特定群体的收视兴趣点，从内容和题材上研究不同受众群体喜欢的节目形态和播出时段等宏观策划和微观细节。

小众节目分为三农、青少、妇女、知识分子、老年人等几大类。也可以根据职业分类：如对医护人员受众，策划《相伴康乃馨》这样的医疗健康类节目；对司机群体，则开设路况信息栏目；对商务人士开设各类商业经济类节目；对军警人员，又能创办军事警务节目，像《某某国防》《某某警界》等。不管是什么分类，在栏目策划时，时刻谨记以服务为原则，要能进得去、还能跳得出。要把职业审美感、神秘感传达出来，审美、实用给内行看，神秘、新奇给外界人看，形式则需要雅俗共赏。

小众电视栏目如何贴地气？宁波台曾在市区200多个居委会中设立电视情报站，由居委会调出一个专人担任情报员，居委会配备一台电脑，电视台给他（她）配置一台便携式摄像机。整个辖区的大事小情都可以由情报员拍摄，通过QQ等传输给电视台，后来建成几十个站点。每天这么多的情报员相当于电视台一下子多了数倍于专业记者的队伍，提供的素材也是最鲜活、最贴近最基层百姓的。而且，宁波台联系了银行、绿色蔬菜商家等几个赞助商，一方面赞助商提供广告，另一方面直接在情报站设绿色蔬菜购买点、银行保险业务代办点，方便基层群众。与之异曲同工，英国一度产生了20多种新的电视片样态，其中一种是用固定摄像机拍摄相对封闭环境内的人物故事，比如学校、医院急诊室、产房里面的现场故事，通过五花八门的故事表现各色人物的不同情绪和性格，24个小时的内容足够支撑一期节目，而且像现场直播一样真实而富有戏剧性。

这些都可以为其他电视媒体所用：制作成本不高、素材丰富、极具收视价值，对其衍生出的经济效益可想而知。一些城市的广场、车站等也可以作为外景地，城市各辖区也有众多居委会和村庄可以利用。

南京台的《创赢未来》节目，选择四位投资者和六个创业者，由电视台牵线搭桥，由创业者讲出创业故事和设想，由投资者确定愿意向谁投资。既好看又能解决一些社会问题，并且寄托了人们的理想，反映了社会走向。这在其他台，同样可以操作。

山东农科频道主打就是《乡村季风》《农资超市》《热线连连看》《农科

直播间》等几档节目，其中的《农资超市》经营创收达到了数千万元，其他三个栏目达到两三千万元。

农科频道以农资广告为主，基本自主经营，节目高度频道化。他们注重20万元农资经销商群体，以观众和这个群体为节目收视对象。节目来源其中很重要的是建立各种QQ群和微信群，利用不同群的信息。

第二节　服务决策　当好党、政府和人民的喉舌

电视事业必须坚持党的领导。作为党和政府的喉舌，电视事业声画并茂的特性，决定了其一言一行、一幅一画要言之有物、物有所源，这个源头就是党的领导。中国共产党代表着广大人民最根本的利益，作为最为受众喜爱的大众媒体的电视，必然应该体现党的思想，并且把党的方针政策贯穿到频道设计和节目策划中。

从我国电视事业萌芽的二十世纪五六十年代末期到地方电视台纷纷成立的八十年代中期，正是拨乱反正、改革开放的初期。我国的电视事业从无到有，人员来自五湖四海、装备硬件简陋，但是各地党委政府给予了大力支持，专门出政策从各地引进各类人才组成电视台的初创班底，财政拨款配套基础设施、购买设备，这为四级办电视注入了原生动力。各级电视媒体从呱呱坠地到蹒跚学步就在党的引领和呵护下成长。

从二十世纪八十年代到二十世纪九十年代，电视事业蓬勃发展。除了央视和各省台，作为当地仅有的几家媒体，地方电视台白手起家，从台长、部室主任到一线编辑记者、主持人，大家心气足、干劲高，恰逢其时、百业俱兴，一批批优质节目应运而生，富有创新力和地域特色的栏目和新闻、专题、文艺节目极大丰富了本土观众的精神文化生活。这些节目定位准确，充分体现时代特点，勇立潮头，在改革开放的推进期敏锐捕捉社会热点，为党委政府的重点工作铺垫舆论根基，为当地快速发展充任舆论先锋。

进入21世纪，我国电视事业发展掀起高潮，随着一批现象级节目的诞生，四级电视媒体推出诸多名牌栏目。一个个贴地气、唱响本土腔调的电视节目在各地大受欢迎，节目形态多元化源于受众欣赏趣味的多元化。但是节

目百变、不离其宗，这个宗旨就是时刻牢记为党和人民服务的宗旨，从节目
定位、内容和形式上坚持党的领导，为地方发展和进步鼓与呼，为城市文明
和城乡富强添砖加瓦。

第三节　服务客户　勇当巧做市场经济参与者

为民众代言和喉舌功能并不能完全解决媒体的生存问题，沿袭传统体制
的各级广电多少都具备一定的营收功能，较早与市场经济接轨。目前尽管遭
遇新媒体冲击，硬生生被切走很大一块蛋糕，但是突破发展的路径仍然很多，
而且逼迫竞争式和共存共生式的形势也让传统媒体摸索和走出了新路。而这
些都离不开以媒体为核心发散式的市场和产业策划意识以及开拓精神。

一、如何突破重围

内容为王，以视频和传媒产品为营收手段仍然是主流；一些传统媒体已
经探索出成功的商业化、产业化运营模式，有的已经做强甚至上市；少数通
过具体产品作为营收手段，像一些媒体利用当地资源和优势企业合作或者独
立经营，做出自己的品牌产品，再借助电视媒体广泛宣传，亦不乏成功案例；
技术服务也成为很多力量雄厚的电视媒体增收做强的优势领域。在融媒体建
设风起云涌的当下，很多市县级宣传机构都在成立融媒体中心，急需设备采
购、网络互联、信息互通、新门户开发、人员培训等技术服务，很多已经初
具雏形的融媒体先行媒体，在自身成功运营、消化吸收外来技术同时创新面
对未来的融媒系统的同时，对外输出服务，提供融媒体中心一体化或者分段
建设项目和软件内容开发运营，既受到发包方欢迎，又能借机构建同类共享
互联网络，不仅在初期建设中获益匪浅，而且意图在长期技术支持和信息共
享中形成细水长流的不间断收益；迎合市场的新生营收模式如雨后春笋般由
传统媒体主导而纷纷亮相。

二、依托本体，利用内容优势提升附加值

追溯过往，湖南卫视开发芒果 TV，不仅卖硬件芒果盒子，而且利用自身

节目制作优势销售内容，成功试水，比肩爱奇艺、腾讯和哔哩哔哩等知名视频网站。还有浙江卫视打造蓝天下，都是搭船出海、造船出海。一流的卫视台在这方面的成功探索很多，值得以内容为核心打造衍生产品的媒体思索和借鉴。

城市电视媒体像长沙台早已实行制播分离，成立中广天择传媒公司，现在已经主板上市。2014年当时公司大约有500人，专门负责制作、引进和出售节目。他们不仅把节目当成产品，而且把政法、民生、专题等节目的制作模式也变成了产品，分别在昆明、南昌、合肥等市台承包频道，负责制作栏目，根据收视点位收取制作费。实际上，他们把本台成功的栏目选题、策划、生产总结出了规律，变成了流水线生产模式，关键又把这种模式变成产品，打包对外出售；再是根据各台情况，派出本台人员到外地直接参与节目制作，甚至把栏目名称都原封不动地推出去，如《夜线》《政法时空》等。这是利用频道和栏目实现产业化经营的典型。

很多地方台策划了与局委办等部门合办的电视栏目，改变过去无偿人情类习惯，通过政府购买服务，在电视节目中穿插这些单位要告之于众的信息或者自身工作动态，达到服务民众和沟通民意的目的，有的直接开设相关栏目或者冠名，定期定时播出。这类栏目的策划由媒体和单位双方商定，一般合作方提供素材和选题，媒体按照电视节目规律安排人员采编制作播出。这样的合办节目在各级电视媒体中均有设置，而且有不断扩大之势。在一些地县级电视媒体中，已经达到每年数百万元甚至几千万元，构成营收比例较大的一部分。

三、与市场和产品深度融合，直接做参与者

常规的电视购物节目已经弱化，近十年很多电视频道开设了直通原产地栏目，如五常大米直销、当地的水果等农产品的电视直销。近年来电视媒体积极和电商合作搭建平台，通过电视屏幕、媒体公众号和客户端等，加入网购电商的产业链之中，更多、更灵活的商业推广模式与电视有机融合：现在的直播带货、融媒体销售等形式在电视媒体中方兴未艾，电视媒体利用自身的人员和传播优势，或者主持人或者网红上场，与生产者、经销商在田间地头、车间商场互动，现场展示产品，同时利用公众号、抖音号和App等现场

直播，收到过去电视节目因为制作周期，播出滞后所达不到的宣传效果。

很多台拓展形象宣传片、专题等制作业务，依托 App、公众号等多样化移动产品，推广微直播、拓展 H5 业务，帮助企业和商家对外推介产品和服务，传统和新兴、大屏和小屏、录播和直播、线上和线下结合，达到传统广告不能达到的广覆盖、深耕耘的理想营收目标。

四、推出技术服务，占据媒体融合的本土市场

广电近半个世纪稳扎稳打，积累了大量的人才和技术资本，尤其党的十九大以来，习近平总书记提出发展融媒体占领舆论高地，从中央到地方，融媒体建设百花齐放，从借鉴外来技术、引进进口设备到自主创新发展模式，引进同时进行适合国情和本地实情的更新式改造，硬软件建设都取得很大成就。

很多省级台在先行一步，建好自己的融媒体中心，把人员、节目、传播平台、营收渠道有效整合后，积极对外输出成熟的先行经验和系统集成方案。并利用省内外、上下级台的原有传输供片基础，构建信息共享互通的双赢格局，为同级尤其地县级融媒体创建出谋划策。有的深度介入，为服务对象提供整体化建设和运维方案，并进行人员培训，从中双方各享其利、各取所需。

地市级电视媒体也尝试在融媒体发展初期更多分一杯羹。浙江长兴台作为一个县级融媒体集团，因为起步比较早，所以他们就开始参与各类融媒节目的打造，而且有的业态已经比较成熟。一些 H5、小游戏业务等纷纷推向市场，产生了不错的经济效益。例如，他们制作的新媒体节目：《秸秆漫游记》《紫笋茶的前世今生》，用小漫画制作的作品既好看，同时还可以让受众参与，作为掌上游戏来把玩。他们还很注重技术的融合，加强技术升级，另外专注培养专业技术团队，坚持联合研发很多媒体产品，为本地客户打造量身定做的个性化宣介方案。这些举措都短平快地为媒体带来了良好的经济收益。

同时，他们还推进产业融合，走出去到延安的安塞区接盘当地的融媒体项目，软硬件全部由他们来建设。同时，他们筹备建设融媒学院，包括传统的艺考培训等，力争向多产业、跨领域拓展。

五、做融媒体服务资源的整合者和组织者

电视媒体在通往融媒体改革进程中，依托新的网络台、手机台、公众号、百家号、抖音号、App 等传播手段，前期投入到一定规模，再转化为新的营收渠道。从比较早期利用行政手段整合地方公用事业等服务平台到主打新闻资讯牌，再到各种专业传播平台的联合开发，如和公交公司、出租公司、餐饮企业合作的 App 和公众号等，都在传统媒体的资源基础上深度融入市场，试水新营收业态，争取打破传统营收乏力的瓶颈。

很多传统媒体虽然开设了公众号、头条号、抖音号、快手号、视频号，用群发的渠道把内容铺设得漫天遍野，但是带不来明确的效益，有的内容粗制滥造，反而降低了好不容易积累的美誉度。尽管出力不少，实则大多在组织内传播，看似沸沸扬扬，却墙里开花闷头香、墙外行人自匆忙，落得自我欣赏、事倍功半的结局。

传统电视媒体必须打破旧模式，转换角色定位，勇于走出适应传播规律和市场需求的新路径。

全国城市台十佳栏目《绿色田园》节目组初期根据新媒体的规律，单独开发制作新媒体视频节目，既有农业技术，也有行业趋势和热点等，因为人手紧张，所以占用了大量资源。经过几年的运营，现在他们在调研中发现，新媒体平台每个企业和组织都可以建立，很多企业的新媒体平台播出的技术视频，更系统、更细致，与之相比传统媒体并不占优势。那么怎么挖掘传统媒体的新媒体平台优势，如何体现出传统优势电视栏目的存在感呢？他们逐渐认识到，传统媒体最大的优势是整合资源的能力，这一点是任何一个企业做不到的。

这些资源就包括众多的合作企业、院校、市场、组织等。他们不仅在节目和运营上深度合作，而且开始逐步与这些市场主体展开新媒体运营方面的联手开发。

2021 年 3 月 10 日，栏目组策划了线上中国防冻论坛，针对这几年每年到了初春农民们关注的倒春寒问题，邀请了国家级的专家来到演播室，西北几省的专家发来视频，德国、日本、韩国、加拿大的专家则从国外参与节目。他们还邀请各个企业的专家来到现场。大家针对共同的问题，各抒己见，然后通过前期的预热、中间的直播和后面的延伸反馈，制造一系列的爆点来提升新媒体平台的影响力。这种形式是单一企业做不到的，体现了官方媒体做新媒体的优势。企业自身的新媒体在转播电视融媒体产品的过程中也无形中提升了电视媒体的知名度和影响力，一举两得。不停探索、长此以往，无论对客户还是媒体，一定会收到累积扩大的社会效益和逐渐显现的经济效益。

《礼心·中庸》有言：凡事预则立，不预则废。言前定则不跲，事前定则不困，行前定则不疚，道前定则不穷。电视节目制作和经营活动的策划都应本着行成于思的超前思维，站在时代和社会发展的潮头，顺势而为、谋定而动，尤其在网络化智能化的今天，超前一步的策划之因就很可能成为占得先机的明日之果。

参考文献

一、中文文献

1. 专著

［1］比尔·科瓦齐，汤姆·罗森斯蒂尔. 新闻的十大基本原则［M］.
刘海龙，连晓东，译. 北京：北京大学出版，2011.

［2］克劳斯·布鲁恩·延森. 媒介融合［M］. 刘君，译. 上海：复旦大
学出版社，2018.

［3］马歇尔·麦克卢汉. 理解媒介［M］. 何道宽，译. 南京：译林出版
社，2019.

［4］尼古拉·尼葛洛庞蒂. 数字化生存［M］. 胡泳，范海燕，译. 北
京：电子工业出版社，2017.

［5］威尔伯·施拉姆，威廉·波特. 传播学概论［M］. 北京：北京大
学出版社，2007.

［6］沃尔特·李普曼. 舆论［M］. 常江，肖寒，译. 北京：北京大学出
版社，2018.

［7］尼尔·波兹曼. 娱乐至死［M］. 章艳，译. 北京：中信出版
社，2015.

［8］张成良. 融媒体传播论［M］. 北京：科学出版社，2019.

［9］胡智锋. 电视节目策划学［M］. 上海：复旦大学出版社，2018.

［10］胡百精. 危机管理传播［M］. 北京：中国传媒大学出版社，2005.

［11］PEREBINOSSOFF P, GROSS B, GROSS L. 电视、广播和网络的节

目编排［M］．北京：人民邮电出版社，2009.

［12］项仲平．电视栏目与频道策划研究［M］．北京：中国广播影视出版社，2007.

［13］彭兰．网络传播概论［M］．北京：中国人民大学出版社，2017.

［14］匡文波．新媒体概论［M］．北京：中国人民大学出版社，2019.

［15］张静民．电视节目策划与编导［M］．广州：暨南大学出版社，2016.

［16］谭天．电视节目策划实务［M］．广州：暨南大学出版社，2015.

［17］巨浪．广播电视节目策划［M］．杭州：浙江大学出版社，2009.

［18］王井，智慧．电视节目策划［M］．武汉：武汉大学出版社，2011.

［19］景春寒．电视对外传播：探索与思考［M］．北京：中国广播电视出版社，2013.

［20］孙克文．焦点外的时空［M］．北京：生活·读书·新知三联书店，1997.

［21］袁丰雪，等．融媒体时代新闻采访与写作［M］．北京：新华出版社，2019.

［22］张成良．新媒体素养论：理念、范畴、途径［M］．北京：人民出版社，2015.

2. 期刊

［1］杨保军，李泓江．新闻学的范式转换：从职业性到社会性［J］．新闻与传播研究，2020（08）.

［2］杨振武．抓独家新闻和深度报道，增强报纸的竞争力和影响力［J］．新闻战线，2008（04）.

［3］张成良．偏见比无知距离真相更远——西方媒体对拉萨"3·14"事件报道解析［J］．新闻记者，2008（05）.

3. 电子资源

［1］刘扬．从马航失联报道看媒体清晰"分工"［EB/OL］．浙江记协网，2014-03-25.

二、英文文献

1. 专著

［1］ ETTEMA J S, GLASSER T L. Custodians of Conscience － Investigative Journalism and PublicKeyon, G. M. Guided Autobiography：In Search of Ordinary Wisdom ［M］//ROWLES G D, SCHOENBERG N E, Eds. Qualitative Gerontology：A Con－temporary Perspective. 2nd ed. New York：Springer, 2002.

［2］ BOIS J W D. The stance triangle ［M］//Englebretson R, eds. Stanc-etaking in Discourse：Subjectivity, Evaluation, Interaction. Amsterdam/Philadel-phia：John Benjamins Publishing Company, 2007.

［3］ BURGH H D. Investigative Journalism ［M］. 2nd Edition. New York：Routledge, 2008.

［4］ TONG J. Investigative journalism in China：Journalism, power, and so-ciety ［M］. UK：A&CBlack, 2011.

2. 其他

［1］ Open Society Institude. Television across Europe：Regulation Policy and Independence ［R］. 2005.

［2］ LI D F. Grey Relation Analysis for Local Government Public Service Eval-uation ［A］. IEEE International Conference on Grey systems and Intelligent Serv-ices, 2009.

后　记

　　面对新媒体和自媒体的高速发展，传统电视媒体似乎穷途末路。人手一部手机占据了受众有限的注意力空间，电视机俨然成为摆设。由机顶盒内几百个电视频道的内斗演变为和人人皆可为媒的亿万群众的视频竞争，电视媒体的灭顶之灾好像正在来临。

　　据国家广播电视总局发布的最新数据，目前全国共有广播电台、电视台、广播电视台等播出机构2527家。电视行业在媒体融合的大潮下，面对内部机制转型的迫切需要和外部巨大的生存压力，如何破解诸多难题，在内容形式探索上走出创新之路，这个研究课题对数千家各级电视媒体未来走向具有一定的启发和引领作用。

　　作者从事广播电视行业一线节目策划和制作工作20多年，从记者、制片人到总监，对电视各类频道、栏目均有触及，在广电融媒体改革中，参与其中，主持客户端、公众号开发、制作等各项任务，具备比较丰富的实践经验。结合调入大学任教后接触的各类中外专家、学者的经典和新锐观点和理论，对中国电视媒体未来发展，尤其在节目开发、策划方面有了越来越明晰的框架式认知。

　　融媒体环境下，实际更多的出口和平台是对手也是伙伴。在媒体融合的传播潮流中，受传互融和新旧互融是两条通道：受传互融即受众与传播者在电视节目传播过程中的角色渗透和身份互动；新旧互融指传统媒体借鉴新媒体传播形式、利用其传播渠道，既做好自身的传播出口，又无限放大融媒体传播路径，同时新旧的概念还包括原有技术体系与新兴科技的加速结合和落地应用。

一、关于频道和栏目的未来策划理念

要以和客户、观众互动式的三维立体编排的频道和节目设置为主导方向。三维立体编排体现了媒体、受众和客户三者之间的互动式关系，在节目编排策划中充分考虑三者需求和立场，形成双向沟通交流，更多地让媒体之外的收视主体成为参与频道编排的主角。

电视媒体的节目和运营要以客户和受众为主体，让他们有充分的发言权和参与机会。让受众尽可能参与到电视栏目选题、策划、采访、拍摄、写稿、剪辑、录制、播出等流水线的各个环节，这样才是真正以需求拉动供给、让受众成为创作者。

二、资源整合策划是未来电视媒体开拓的一条主路

在麦克卢汉媒介即信息的判断和尼葛洛庞帝提出的数字化生存理念因为新媒体的风起云涌而日益得到确证的今天，电视媒体已经失去其固有优势。如何在与新媒体竞争的同时积极融合、拥抱新媒体，成为电视传媒生存和获得新生的关键。

面对新媒体的推陈出新，广电媒体从传统的广播电视制作发射机构开始向节目提供、内容生产转变，从大一统的垄断性行业向需要与新媒体平台合作甚至"屈尊"变身为其他平台和渠道的视频生产的"打工者"转型。今天，电视大屏播出仅仅是一个出口，整个电视节目的采访、写作、编辑等流程随时要以新媒体的连续性报道在各个传播平台和出口发送，运用全程、全员、全息传播，达到全效的受众接收效果。

电视媒体要依托打造融媒体，整合网媒线索于一体的新型线索大网。"两微一端"架构线索爆料入口，与传统的爆料平台融合；同时主动出击，从PC端和手机端网媒中收集有价值、适合自身媒体属性的线索，归纳整理或者提炼引发新的报道预燃点，通过电视媒体集纳传统和新媒体于一身的集团作战优势，力求开发出爆款作品。

当然，这种重新整合的能力必须以较高的媒体敏感和对受众契合点高锐度的把握功夫为基本功，因此我们一直倡导的策划意识必不可缺。电视媒体从业者需要不断学习，具备更多的知识素养，同时在策划节目时要有清晰的

逻辑性和条理性。

三、在媒介技术创新风起云涌的时代，电视媒介内容的革新也必须借鉴新媒体的特点和优势

1. 电视融媒体的内容创新既要传递有价值的信息同时要表达主流观点

电视节目的优势更多体现为信息传递，因为其声画俱备的形象特点，更易让受众感受画面和声响的魅力。在观看和收听过程中，事件类和富含硬信息的节目较之平面媒体表意传情直接而有效，也最有力量；从平面媒体到利用互联网即时连接的 PC 端网站，再到拿在手中可以反复观看和即时互动的手机端的 App 和公众号、微信群等，无论媒体主办者还是参与互动的受众表达观点更为灵活和方便。所以，在节目策划时，要充分考虑到电视媒体与新媒体的异同，在策划思路、节目创意、整体结构、起承转合、案例选择、采访设计、拍摄准备、稿件组织和后期剪辑中都要随时因媒而异，做好把传统媒体的内容和出口嫁接转移到新媒体的准备，并付诸实施。

2. 渠道整合变单向流动为双向互动，从信息传递者到多方意见组织和平衡者转变

在互动渠道和传播载体变化过程中，无法发声的信息接收者向跃跃欲试积极发言的观点表达者转变，被动的受众向主动传播者改变，电视媒体需要改变单纯的信息传递和意见表达的角色，向信息组织和意见平衡的新角色转变。

四、做融媒体服务资源的整合者和组织者

电视媒体在通往融媒体改革进程中，依托新的传播手段，在传统媒体的资源基础上深度融入市场，试水新营收业态，争取打破传统营收乏力的瓶颈。很多传统媒体虽然开设了公众号、头条号、抖音号、快手号、视频号，用群发的渠道把内容铺设得漫天遍野，但是带不来明确的效益，有的内容粗制滥造，反而降低了好不容易积累的美誉度。在这方面，有的媒体和栏目变换思路，巧做新媒体和自媒体资源的整合者和组织者，反而事半功倍。

融媒环境里，电视媒体要先做好受传互融、新旧互融，电视策划要立足节目和运营，让受众、客户和政府三者满意，同时做好内部机构、流程融合

和外部资源、平台融合。面对这种信息无处不在、触之即来的新媒体时代，电视媒体必须结合移动视频的小屏传播，开辟各类新的传播平台，与新媒体融合。由此传播渠道的融合势在必行。

首先需要整合传播出口，求准求快。

从什么渠道传播或者以什么形式传播，传播者就要考虑接受者喜欢的形式和传播渠道，从过去传播者主动地往外推送，变为传播的内容要被接受者方便地提取出来。形象地说，就是被他们拉出来，而不是单纯推出去完事，而要变推为拉。这个"推"是过去传播者的"推"，变成接受者的主动去"拉"。这就需要研究接受者的特点：如他们的心理特点、兴趣点等。那么这个拉手是什么呢？拉手就是传播作品讨巧的形式和内容。传播要求就是求新求快。

其次要利用资源优势，求新求变。

全媒体的全息特点是指传统媒体不拘于自身的原始技术特点，而是汲取互联网、智能便携设备融合的先进传输手段，利用大数据、虚拟情境等人工智能技术，软件技术和硬件设备结合，制作出视频、H5、AR、VR 等作品，从传统媒体和新媒体出口传输到受众的接收端。

作为电视媒体灵魂的策划工作，在愈来愈复杂和多样的传播形态中，作用更为重要。如何把电视媒体的节目和运营、资源和团队与媒体融合的发展趋势贯通操作，是本书重点考虑的核心问题。而在借鉴和传承传统电视节目策划的经典理念基础上，作者更着力并用心探索和寻求未来电视媒体从内容与运营上的创新模式，力求通过小荷才露尖尖角的尝试之举，总结和提炼能适应和引领电视行业内容完善和体制改革方向的思路。

因为作者的视野所囿，对融媒体的未来发展趋势在结合最新的国内外理论成果与先行先试的模式做出更深层次的预测和分析方面仍存在不足；在案例选择中，更具说服力的作品仍不充分，项目的范围尚嫌面窄。

2020 年春深之季，作者从业界来到学界，在教学之余的一年多时间里埋头写作，终于完成书稿。在此，要热切感谢山东政法学院胡晓清副院长（时任鲁东大学文学院院长），她持续的激励给了我莫大的信心，并给予了我大力的支持；感谢董希文院长的关心和鼓励；感谢张成良副院长自始至终的鼎力帮助，并作为我的导师一直不厌其烦地具体指导。同时借笔墨向给予关心和协助的各位朋友、同事传抒作者内心深深的谢意。